LA LIBERTÉ D'ENSEIGNEMENT ET L'UNIVERSITÉ SOUS LA TROISIÈME RÉPUBLIQUE

PAR

EMILE BEAUSSIRE

ANCIEN DÉPUTÉ, MEMBRE DE L'INSTITUT

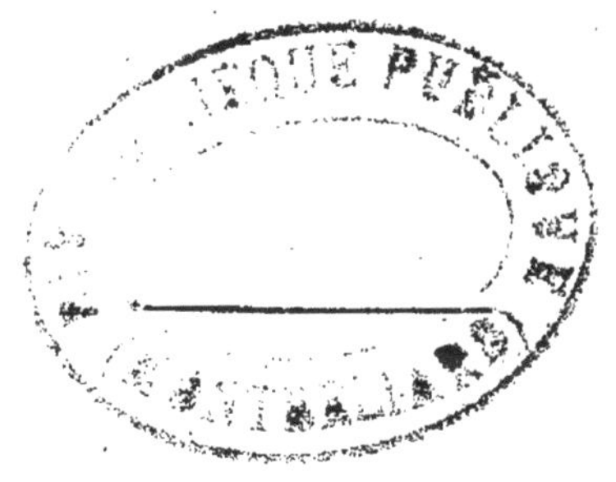

PARIS
LIBRAIRIE HACHETTE ET Cie
79, BOULEVARD SAINT-GERMAIN, 79

1884

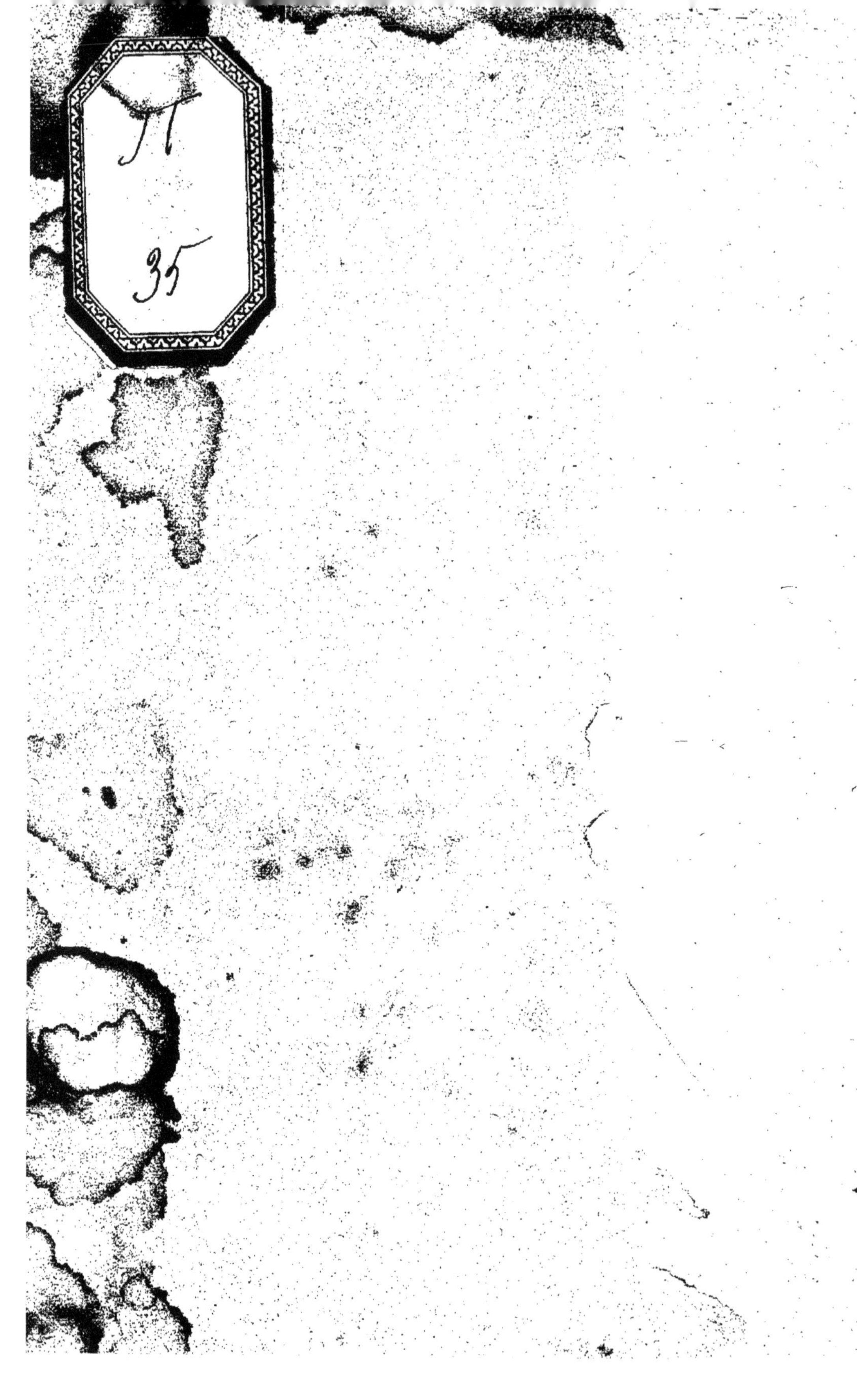

LA
LIBERTÉ D'ENSEIGNEMENT
ET
L'UNIVERSITÉ
SOUS LA TROISIÈME RÉPUBLIQUE

COULOMMIERS. — TYPOGRAPHIE PAUL BRODARD ET Cie

LA LIBERTÉ D'ENSEIGNEMENT

ET

L'UNIVERSITÉ

SOUS LA TROISIÈME RÉPUBLIQUE

PAR

EMILE BEAUSSIRE

ANCIEN DÉPUTÉ, MEMBRE DE L'INSTITUT

PARIS
LIBRAIRIE HACHETTE ET Cie
79, BOULEVARD SAINT-GERMAIN, 79

—

1884

LA LIBERTÉ D'ENSEIGNEMENT

ET

L'UNIVERSITÉ

SOUS LA TROISIÈME RÉPUBLIQUE

PRÉFACE

La troisième république se fait justement honneur du zèle qu'elle n'a pas cessé de déployer pour la diffusion et pour le progrès de l'enseignement à tous ses degrés. Elle a, en peu d'années, accumulé plus de sacrifices que tous les gouvernements antérieurs dans toute leur durée. En dehors de ces sacrifices, d'importantes réformes ont été réalisées. L'instruction publique a eu à sa tête une succession d'hommes distingués, quelques-uns éminents, tous ou presque tous pleins de dévouement pour les nobles intérêts qui leur étaient confiés. Enfin elle a un peu moins souffert que les autres services publics de l'instabilité ministérielle. Elle a pu garder un ministre pendant deux ans et demi, un autre, sauf une courte interruption, pendant plus de quatre ans. Elle a même eu, à deux reprises, l'honneur sans précédent d'avoir à sa tête le président du conseil des ministres. D'où vient cependant que, malgré tant de témoignages d'intérêt, malgré cette série non interrompue d'efforts passionnés et généralement éclairés, toutes les questions aient été soulevées à la fois sans qu'aucune jusqu'à présent ait approché d'une solution définitive?

La question des conseils d'enseignement a reçu la solution la plus favorable à l'Université, qui désormais participe par ses élus à la juridiction disciplinaire exercée sur ses membres ainsi qu'à toutes les décisions concernant les intérêts scolaires. Cette solution serait irréprochable si ces conseils, où domine l'enseignement de l'Etat, où seul il a le droit d'élection, n'avaient en même temps autorité sur l'enseignement libre, et une autorité tellement étendue qu'elle dispose de l'existence même des établissements et de tous les intérêts matériels et moraux qui y sont représentés. Le premier usage qui a été fait de cette autorité a montré combien elle est contraire tant aux plus claires notions d'équité et de liberté qu'à la dignité même du corps universitaire. N'a-t-on pas vu, en effet, des chefs d'institution, jésuites ou non, condamnés à fermer leurs maisons pour s'être trouvés en désaccord avec l'administration supérieure sur un point de droit très contesté et très contestable? Et l'énormité de telles sentences n'est-elle pas encore aggravée devant la conscience publique par la présomption de partialité qui pèse sur ceux qui les ont rendues [1]?

Peut-on davantage considérer comme résolues les questions d'enseignement supérieur, soit dans l'ordre de la liberté, soit en ce qui concerne les écoles de l'Etat? La liberté, si péniblement conquise et si vite entamée, quatre ans à peine après le vote de la loi qui l'avait

1. Le nouveau projet de loi sur l'enseignement secondaire libre aggrave encore cette autorité des conseils universitaires.

consacrée, n'a produit, sous le nom de facultés catholiques, que de pâles imitations des facultés universitaires; elle n'a donné et elle ne promet à la haute culture intellectuelle aucune œuvre originale et féconde [1]. Les facultés de l'Etat ont été dotées d'un personnel plus nombreux et de ressources matérielles plus abondantes. Elles ne comptaient autrefois que des étudiants en droit et en médecine; elles ont désormais, grâce à la création des bourses de licence et d'agrégation, des étudiants ès lettres et ès sciences. Ce sont des progrès sérieux; mais ils s'arrêtent au seuil des grandes réformes qui paraissaient mûres dès les derniers temps de l'empire. Les facultés attendent toujours et leur autonomie et leur réunion, sous une direction commune, dans de grands centres universitaires, et les moyens d'exercer une action directe et efficace sur l'éducation littéraire et scientifique de la jeunesse française. Leurs nouveaux étudiants sont presque tous de futurs professeurs de l'enseignement secondaire. Ils ne pourront que porter dans les lycées les bonnes méthodes auxquelles ils se seront initiés près des facultés. C'est indirectement, sur les élèves de l'enseignement secondaire, que se fera sentir l'influence de l'enseignement supérieur. Il ne verra pas encore, comme dans les autres pays, l'élite de la jeunesse, à quelque profession qu'elle se destine, venir lui demander le couronnement de son instruction générale.

Les questions d'enseignement primaire sont-elles plus près de leurs solutions complètes et définitives? Des lois récentes ont consacré la fameuse trilogie : gratuité, obligation, laïcité. Toutefois la laïcité n'est en-

1. La seule institution d'enseignement supérieur qui fasse vraiment honneur à l'initiative privée, l'*Ecole libre des sciences politiques*, est antérieure à la loi de 1875 et ne doit rien à cette loi.

core qu'à moitié réalisée : les programmes seuls lui appartiennent; le personnel enseignant lui échappe ou, du moins, l'œuvre de « laïcisation » ne peut se poursuivre que par des mesures individuelles et locales, en vertu du bon plaisir des conseils municipaux et des préfets. La question même de la nomination des instituteurs est toujours pendante. Tout le monde semblait d'accord, il y a deux ans, pour enlever cette nomination aux préfets : on invoque aujourd'hui, pour la leur laisser, des intérêts politiques dont l'instruction publique subit plus que jamais la dangereuse pression. Rien encore n'est décidé pour les conseils départementaux, qui doivent exercer sur l'instruction primaire une juridiction de première instance. Sur les points mêmes qui paraissent acquis, le nouveau régime légal n'a fait, je le crains bien, qu'accumuler les difficultés et les équivoques. La gratuité seule s'est fait assez aisément accepter, mais à quelle condition? Il a fallu que l'Etat prît à sa charge, dans les écoles qualifiées encore de communales, la majeure partie des dépenses. Pour l'obligation et la laïcité, c'est un inconnu gros de périls. On ne sait ni jusqu'où iront les exigences des autorités scolaires, ni ce que doit être cette « instruction morale et civique » destinée à remplacer « l'instruction morale et religieuse ». Les interprétations les plus contradictoires se font jour, s'autorisant de part et d'autre des déclarations du gouvernement et des rapporteurs devant les deux chambres. On peut soutenir avec une égale vraisemblance qu'il est interdit et qu'il est permis de donner dans les locaux scolaires, en dehors des heures de classe, une certaine instruction religieuse et, en classe même, de prononcer le nom de Dieu, de lire ou de faire lire des livres dans lesquels ce nom suspect est prononcé. Le plus sûr est une extrême circonspection. Une suspicion générale enveloppe les instituteurs. La classe, comme la commune, comme le pays tout entier, est partagée en deux camps; partout la lutte, légale et pacifique sans doute, grâce à l'attitude modérée qu'ont su prendre à la fois le gouvernement et l'épiscopat; mais une lutte de ce genre, entretenue également par les excitations des partis et par les scrupules les plus respectables des consciences, et s'étendant par la force des choses jusqu'à l'enfance, ne peut que paralyser le zèle des maîtres, encourager la paresse et l'indiscipline des élèves, et répandre dans toute la nation une agitation redoutable.

Pour l'instruction secondaire, tout est encore en question, malgré les réformes accomplies ou en voie d'accomplissement. L'enseignement classique a été plutôt bouleversé qu'amélioré et les esprits les plus libres, ceux qui appelaient les plus larges innovations, M. Michel Bréal à leur tête, jettent déjà un cri d'alarme. L'enseignement spécial attend une réorganisation qui lui assure sa véritable place dans nos institutions scolaires. L'enseignement secondaire des filles a reçu de la loi son état civil et du conseil supérieur de l'instruction publique ses programmes généraux. Il a une école normale supérieure pour former des « professeurs femmes ». Les projets commencent à se multiplier pour lui donner des lycées et des collèges. Il a pour lui, sinon la faveur publique, du moins les faveurs officielles; mais on ne sait pas encore ce qu'il est ni ce qu'il doit être; et le conseil municipal de Paris a pu demander, non sans une apparence de raison, en quoi il différait de l'enseignement primaire supérieur. On ne sait pas non plus quel sera son régime. La loi ne lui concède l'internat qu'à titre exceptionnel, comme une annexe purement municipale : la plupart des villes qui réclament des lycées de jeunes filles ne sont pas loin de considérer l'exception comme la règle et l'accessoire comme le principal. Cette question des internats pèse également sur l'enseignement secondaire des garçons. Soulevée depuis longtemps non seulement par les adversaires, mais par les amis les plus dévoués de l'Université, elle laisse, tant qu'elle n'est pas résolue, les établissements universitaires sous le coup d'accusations passionnées qui les signalent à la défiance des familles. C'est de ce côté qu'auraient dû être dirigées les premières réformes. Rien encore n'a été tenté. Rien aussi de sérieux n'a été fait sur une autre question qui intéresse également les divers ordres d'enseignements : celle du baccalauréat ou de l'examen final destiné à constater les résultats des études. Les jeunes filles vont avoir, je ne sais sous quel nom, leur baccalauréat ; le titre de baccalauréat est déjà acquis au diplôme de fin d'études de l'enseignement spécial ; le baccalauréat classique a subi de nombreuses réformes ; mais ces innovations et ces changements laissent toujours subsister une question préjudicielle, la seule qu'on ne songe pas à résoudre, bien qu'elle ait été posée depuis longtemps par d'excellents esprits : quel est le meilleur jury pour cet examen final, qui, à travers toutes ses transformations, a toujours été plus funeste qu'utile aux bonnes études ? Il eût été infiniment plus opportun de résoudre cette question que d'agiter, dans un esprit illibéral et tracassier, celle de la liberté d'enseignement et des certificats obligatoires.

A toutes les difficultés que l'on a rencontrées ou que l'on s'est créées dans tous les ordres d'enseignement est venue se joindre une dernière complication. Dans le temps même où toutes les réformes effectuées ou projetées exigeaient un accroissement considérable du personnel enseignant, les plus ardents promoteurs de ces réformes se sont avisés que le recrutement déjà si insuffisant des instituteurs et des professeurs se faisait aux dépens de celui des soldats, et ils ont invoqué, non pas les besoins de l'armée, mais « l'égalité démocratique, » pour faire cesser une anomalie aussi choquante. Des congrès pédagogiques ont émis des vœux dans ce sens. Des professeurs ont écrit à M. Paul Bert pour lui exprimer l'humiliation que leur causait le maintien d'un privilège dont ils avaient cependant très volontairement profité. On oublie en effet que la dispense du service militaire n'est pas imposée aux membres du corps enseignant. Ils peuvent la rejeter soit au début, soit au milieu de leur carrière universitaire. Beaucoup l'ont fait pendant la dernière guerre et plus d'un dossier d'instituteur ou de professeur a pu se terminer par la mention : *Tué à l'ennemi*. Toute la question est de savoir si un patriotisme bien entendu doit exiger, s'il doit même encourager, en temps de paix surtout, l'abandon du service pédagogique pour le service militaire. Si j'avais reçu les mêmes confidences que M. Paul Bert, j'aurais répondu à mes correspondants : « Le sentiment auquel vous obéissez vous honore, mais il se trompe d'objet. Réservez pour vos utiles fonctions l'ardeur de votre patriotisme. Quelques milliers de soldats de plus, retenus sous les drapeaux pendant un an ou même pendant trois ans, ne sont pas une compensation suffisante pour des milliers de maîtres enlevés aux écoles et aux collèges. Vous le savez d'ailleurs mieux que moi, votre métier vaut celui du soldat pour le dévouement, pour la fatigue morale et physique, et j'ajouterais même pour le sacrifice de la vie, car il n'est pas de fonctions où les forces s'usent plus vite, où l'âge légal de la retraite soit plus tôt devancé par une mortalité prématurée. Ne croyez donc pas et ne laissez pas dire autour de vous que vous jouissez d'un privilège. La vraie égalité, dans un État bien ordonné, n'est pas l'uniformité, mais l'équivalence des services. Tant qu'il sera plus difficile de satisfaire aux besoins de l'enseignement qu'aux besoins de l'armée, nul devoir patriotique, nul intérêt démocratique ne commandera d'exagérer les seconds au détriment des premiers. »

Quand nous dressons ce bilan des solutions incomplètes, des erreurs commises, des questions témérairement soulevées, nous n'accusons aucun ministre ni aucun parti ; nous n'accusons pas davantage une forme de gouvernement qui n'a pas cessé depuis treize ans de fonder sa légitimité sur sa nécessité même. Le mal vient surtout de la fausse situation qu'a faite à la république après 1870, comme après 1848, la coalition de ses adversaires sous le drapeau des intérêts religieux. Les républicains n'ont pas su se défendre contre la tentation de prendre à leur tour pour programme la résistance à la revendication excessive de ces intérêts, c'est-à-dire à ce qu'on appelle le « cléricalisme ». Rien de plus dangereux que cette confusion des questions religieuses et des questions politiques. On subit bien vite de part et d'autre la pression de l'esprit de secte. On ne voulait que se tenir sur la défensive : on devient intolérant et envahissant; on institue des « gouvernements de combat » contre des excès avérés, et ils tournent bientôt les armes dont ils disposent contre les droits les plus légitimes de leurs adversaires. Dans ces luttes politiques sur le terrain religieux, l'enjeu principal a toujours été l'instruction publique. Maîtres de cet enjeu en 1850, les partis hostiles à la république l'ont fait passer autant qu'ils ont pu aux mains du clergé. Ils ont eu également la partie belle après les élections générales de 1871, et ils n'ont rien négligé pour faire le même usage de l'enjeu toujours disputé. Leur impuissance dans l'ordre politique a déjoué leurs espérances dans l'ordre religieux. Devenus les plus forts, les républicains n'ont pas eu la prudence de leurs devanciers de 1848. Prenant l'offensive, ils n'ont su résister à aucun des entraînements d'une lutte religieuse, et, comme toujours, les partis vainqueurs ont voulu, par l'instruction publique, étendre leur victoire sur les âmes elles-mêmes. C'était inévitablement livrer l'instruction publique aux entreprises de leur fraction la plus ardente, qui, seule, dans une lutte de ce genre, a conscience du but qu'elle poursuit et y apporte un intérêt passionné. Les répugnances des modérés n'ont réussi qu'à faire prévaloir des demi-mesures, et, trop souvent, leur résistance incomplète et timide n'a fait que marquer des étapes après chacune desquelles des concessions plus larges leur ont été arrachées. Voilà le vice qui a gâté et qui menace de gâter de plus en plus tant de généreuses intentions et de louables efforts pour le développement de l'instruction.

Nous voudrions dégager de cette confusion funeste, pour les considérer en elles-mêmes, quelques-unes des principales questions d'enseignement. Nous en avons fait l'objet de notre constante étude, comme professeur de l'enseignement secondaire et de l'enseignement supérieur pendant plus de vingt ans, comme député pendant dix ans, et, dans ces dernières années, comme membre de deux sociétés pédagogiques, la *Société pour l'étude des questions d'enseignement supérieur* et la *Société pour l'étude des questions d'enseignement secondaire*, qui l'une et l'autre nous ont fait l'honneur de nous appeler dans leurs conseils et dont la seconde nous a choisi pour son second président, après l'un des maîtres de la pédagogie contemporaine, M. Michel Bréal. Nous nous sommes toujours tenu en garde, dans l'examen de ces questions, contre les passions de toute sorte dont l'immixtion leur a été si funeste. Nous sommes toujours resté également attaché à ces deux intérêts rivaux, dont l'opposition même est la plus sûre garantie de tous les progrès dans toutes les branches d'instruction : l'enseignement libre et l'enseignement donné au nom de l'Etat par l'Université nationale. Nous les avons défendus tour à tour dans la presse et à la tribune. Il y a quelques années le premier menaçait de tout envahir : il est menacé aujourd'hui dans ses conditions d'existence et dans son principe même au profit mal entendu du second. Un langage impartial, inspiré par le plus ferme dévouement à la double cause de la liberté d'enseignement et des droits de l'Etat, a-t-il aujourd'hui quelque chance de se faire entendre? Nous ne voulons pas en désespérer dans un temps où, de part et d'autre, on affecte le zèle le plus ardent pour le développement de l'instruction. Le nombre est grand encore, nous aimons à le croire, des esprits modérés chez qui ce zèle est éclairé et sincère. C'est pour les soumettre au jugement de tels esprits que nous réunissons ici quelques-uns des écrits que nous avons publiés et des discours que nous avons prononcés depuis douze ans sur les questions d'enseignement.

Ces questions ont été élucidées, dans ces douze années, par de remarquables travaux. Au lendemain de l'avènement du nouveau régime, M. Michel Bréal signalait avec une émotion patriotique l'infériorité de notre enseignement dans le beau livre qu'il intitulait modestement : *Quelques mots sur l'instruction publique en France* [1]. Il vient de reprendre le même sujet dans un autre ouvrage, non moins digne d'attention :

1. *Quelques mots sur l'instruction publique en France.* 3e édit., Paris, 1873; Hachette.

les *Excursions pédagogiques* [1]. Entre ces deux publications se placent les réformes tentées par M. Jules Simon et dont il a lui-même, après sa sortie du ministère, exposé les intentions et le plan complet dans un de ses meilleurs ouvrages : *la Réforme de l'enseignement secondaire* [2]. Puis sont venues les réformes de M. Jules Ferry, conçues dans un esprit semblable, mais plus hardies et plus heureuses, grâce à des circonstances moins défavorables. Ces réformes ont suscité, soit pour les préparer ou les justifier, soit pour les combattre, d'intéressantes publications. Nous nous reprocherions de ne pas citer, parmi les brochures, les articles de journaux ou de revues, les lumineuses études de MM. Bersot, Gaston Boissier, Monod, Lavisse, Charles Jourdain, Boutmy, Schützemberger et, parmi les livres, ceux de MM. Deltour [3], Bouillier [4], Ferneuil [5], Dreyfus-Brisac [6], Cucheval-Clarigny [7]. Nous devons aussi mentionner les travaux des deux sociétés qui se sont fondées pour l'étude des questions d'enseignement en France et à l'étranger [8]. Enfin nous ne devons

1. *Excursions pédagogiques*. Paris, 1882; Hachette.

2. *La réforme de l'enseignement secondaire*. Paris, 1874; Hachette.

3. *L'enseignement secondaire classique en Allemagne et en France*. Paris, 1880; Hachette.

4. *L'Université et M. Ferry*. Paris, 1880; Gaume. — Ce livre, malgré son titre, est mieux qu'un pamphlet; c'est le témoignage d'un esprit indépendant, d'une expérience consommée et d'une rare compétence, sur toutes les questions d'enseignement.

5. *La réforme de l'instruction publique en France*. 2e édition, Paris, 1881; Hachette.

6. *L'éducation nouvelle*, études de pédagogie comparée. Paris, 1882; Masson.

7. *L'instruction publique en France*. Paris, 1883; Hachette.

8. *Bulletin de la Société pour l'étude des questions d'enseignement supérieur*. Paris, 1878, 1879, 1880; Hachette. — *Revue internationale de l'enseignement*, publiée par la même société. Paris, 1881, 1882, 1883; Masson. — *Bulletin de la Société pour l'étude des questions d'enseignement secondaire*. Paris, 1880 et 1881;

oublier ni les travaux parlementaires : exposés de motifs, rapports et discours devant les deux chambres, ni les publications officielles et particulièrement les rapports des deux administrateurs distingués qui se sont succédé à la tête de l'académie de Paris, M. Mourier et M. Gréard [1]. Nous avons largement puisé à ces diverses sources d'informations et nous nous faisons un devoir de remercier publiquement tous ceux qui nous les ont fournies.

Eugène Belin. — *Bulletin pédagogique de l'enseignement secondaire.* Paris, 1882, 1883; Paul Dupont.

1. M. Mourier a réuni ses rapports en un volume publié par la librairie Delalain, 1879.

1er août 1883.

PREMIÈRE PARTIE

LA LIBERTÉ D'ENSEIGNEMENT

CHAPITRE PREMIER

LA LIBERTÉ DE L'ENSEIGNEMENT SUPÉRIEUR

La liberté de l'enseignement supérieur semblait, jusqu'à ces derniers temps, avoir cause gagnée auprès de tous les esprits tant soit peu libéraux. Lors de la chute de l'empire, elle allait entrer dans nos lois sous les auspices d'une grande commission dont la présidence avait été acceptée par l'homme d'État illustre à qui la France avait dû, trente-sept ans auparavant, l'organisation libérale de l'enseignement primaire. Repris par M. le comte Jaubert dans la première session de l'Assemblée nationale, le projet de loi élaboré par cette commission n'avait, dans son système général, rencontré aucun adversaire. Tous les membres de la commission parlementaire chargée de l'examen de ce projet avaient travaillé à l'envi, sans distinction de partis, à l'améliorer dans ses détails. Le rapport avait été confié à l'un des hommes qui ont le mieux mérité des idées libérales dans notre pays, M. Laboulaye, et il semblait ne devoir donner lieu à un débat animé que sur un seul point : celui de la collation des grades.

La situation a bien changé depuis le dépôt de ce rapport. Les prétentions hautement avouées du parti clérical ont fait hésiter beaucoup de libéraux. On avait cru naïvement qu'il s'agissait de la liberté pour tous, sous les garanties du droit commun : on a compris qu'il s'agissait surtout d'un partage du monopole entre l'Université et les congrégations religieuses, et que la liberté de l'enseignement supérieur, entendue dans son vrai sens, était le moindre souci de ceux qui la réclamaient avec le plus d'impatience. On s'est demandé si le monopole de l'État, tel qu'il fonctionne dans nos facultés universitaires, n'offrait pas à la liberté de la pensée et de la science un plus sûr asile qu'une concurrence dont l'effet le plus certain serait de briser ce qui reste encore de l'unité morale de la France. Nos divisions ne sont-elles pas assez profondes pour qu'il soit peu opportun de séparer en deux camps rivaux les jeunes recrues des professions libérales, c'est-à-dire tout ce qui formera demain les classes dirigeantes du pays? Et dans quel temps propose-t-on de faire, au nom de la liberté, cette concession énorme aux ennemis systématiques de toute liberté? C'est quand l'Europe entière cherche à réagir contre les prétentions ultramontaines, quand leur triomphe parmi nous ne pourrait qu'augmenter notre isolement et, après tant de désastres, nous susciter de nouveaux périls! Que si toutefois nous répugnons à sacrifier un principe libéral, faisons du moins en sorte que la lutte ait lieu à armes égales entre l'enseignement laïque, fidèle à l'esprit moderne, et ces nouvelles écoles où menace de revivre l'esprit du moyen âge. Commençons par fortifier l'enseignement de l'État, pour qu'il puisse soutenir la concurrence : ce serait folie d'accepter le combat avant de s'y être suffisamment préparé!

Tels sont les scrupules qui, exprimés tout haut par quelques-uns et secrètement partagés par beaucoup de bons esprits, même sur les bancs du centre droit et de la droite modérée, ont fait ajourner pendant plus d'un an la discussion du projet de loi. Une majorité énorme (531 voix contre 124) parut donner tort à ces scrupules lors de la première délibération; mais il ne faut pas s'y tromper : il ne s'agissait, dans cette délibération, que de la question de principe; d'importantes réserves avaient été faites sur l'application, et quand a eu lieu la seconde lecture, dès le premier article où s'est posée une question pratique, les opinions se sont divisées à tel point qu'un nouvel ajournement est devenu inévitable. Le vote définitif de la loi a eu lieu quatre ans après la présentation du projet, deux ans après le dépôt du rapport, peu de mois avant la séparation de l'Assemblée nationale et, dès l'année suivante, la discussion recommençait devant les nouvelles chambres, non seulement sur les dispositions relatives à la collation des grades, mais sur le principe même de la liberté d'enseignement, directement et énergiquement attaqué dans les deux rapports de M. Spuller à la chambre des députés en 1876 et en 1879. Nous ne voulons pas raconter ces mémorables débats. L'éloquent défenseur de la liberté devant le Sénat, M. Jules Simon, en a retracé toutes les phases dans quelques-unes des plus belles pages de son dernier livre : *Dieu, liberté, patrie*. Nous nous bornerons à rappeler et à apprécier la première discussion à l'Assemblée nationale, parce que tout y a été dit sur les questions de principe qui aujourd'hui encore peuvent diviser d'excellents esprits.

I

Comme on devait s'y attendre, la première et la plus vive attaque devant l'Assemblée est venue du parti radical. Ce parti garde un vieux fond de défiance jacobine contre toutes les libertés dont il n'espère pas pour lui-même un profit immédiat ou prochain. Son orateur le plus complet peut-être, M. Challemel-Lacour, a exposé, avec une franchise qui n'était pas dépourvue d'habileté, ce point de vue nettement et ouvertement autoritaire. Dédaignant des distinctions qui ne sont souvent qu'un artifice, il a pris à partie non pas ce qu'on appelle le parti clérical ou ultramontain, mais l'Église catholique elle-même. Là seulement la liberté de l'enseignement supérieur trouvera toute prête, pour la tourner à son avantage exclusif, une association puissante, fortement organisée, soutenue tout ensemble par la puissance publique et par le zèle des particuliers, habile à faire affluer dans ses mains des ressources de toute nature, habituée de tout temps au maniement des âmes, experte enfin en toute matière d'enseignement. Et cette grande société de l'Église, si fidèle à son esprit d'envahissement, ne l'est plus à ses traditions, qui offraient au moins quelques garanties à la société civile. Il n'y a plus dans le catholicisme d'Églises nationales; tout obéit à une direction unique, acceptée comme infaillible et couvrant de son infaillibilité la négation, la condamnation de toutes les conquêtes de la Révolution française. Une partie de la jeunesse française reçoit déjà cette direction sous la forme d'enseignement primaire et d'enseignement secondaire; si l'enseignement supérieur lui est encore livré, l'antagonisme des principes sera porté à son comble; deux Frances seront en présence, dans toutes les positions élevées, aussi ardentes l'une que l'autre à se disputer la domination politique et sociale. Bien hardi qui peut prédire à qui restera la victoire; bien aveugle qui ne voit pas quels « éléments conbustibles » on va entasser dans le pays « jusqu'à ce que se produisent des chocs et peut-être des cataclysmes! »

Ce sombre tableau, présenté avec une éloquence émue et solennelle, aussi mesurée dans la forme qu'impitoyable dans le fond, n'a soulevé de murmures que lorsque l'orateur, poussant jusqu'au bout son argumentation, y a rattaché la situation périlleuse de la France vis-à-vis de l'étranger, si elle se faisait « l'avant-garde de la restauration catholique ». La colère ne s'est produite que le lendemain et comme par réflexion; elle n'en a pas été moins violente et moins aveugle. Combien il eût été plus sage de s'en tenir à la protestation simple et digne qu'avait fait entendre M. Laboulaye! Je ne reprocherais à cette revendication éloquente de la liberté pour tous qu'un peu trop d'optimisme. Il n'est pas besoin, pour aimer la liberté et pour la servir, d'en atténuer les périls. Il faut savoir les regarder en face, y porter virilement remède et, en mettant à couvert sa propre liberté, se faire honneur, suivant le beau mot de Burke, si heureusement rappelé par M. Laboulaye, de toujours défendre la liberté des autres.

Certes, tout n'est pas exagéré dans les alarmes de M. Challemel-Lacour et de ses amis. Beaucoup les partagent, en grande partie, parmi les catholiques éclairés et sincères. Mais quand elles seraient entièrement fondées, elles ne donneraient aux vrais libéraux que le droit de soustraire la liberté aux empiétements de ceux qui tenteraient de s'en faire un privilège et un monopole; elles ne sauraient les autoriser à en refuser le bénéfice à tout le monde, de peur qu'elle ne profite à ses adversaires.

J'éprouve, je l'avoue, quelque honte à entendre des voix libérales invoquer comme un argument contre une des formes de la liberté le maintien de l'unité morale au sein de la société française. Rien ne montre mieux quel fonds d'idées communes subsiste entre les partis les plus opposés et combien les uns et les autres, fils des croisés ou fils de Voltaire, nous avons peine à nous dégager de l'idéal antique et païen d'une société jetée tout entière, par l'éducation publique, dans un moule uniforme. Nous ne voulons pas comprendre que la liberté vraie, c'est la diversité et la lutte, dans l'ordre moral aussi bien que dans l'ordre religieux ou politique. Ah! sans doute il ne faut pas que l'opposition des idées aille jusqu'au déchirement de la société et de la patrie; mais s'il est vrai, et je ne suis pas de ceux qui ferment les yeux à ce péril, qu'un tel déchirement nous menace, pense-t-on sérieusement qu'il suffirait pour l'arrêter de retenir chaque jour, pendant trois ou quatre heures, sur les bancs des mêmes écoles, quelques milliers d'étudiants en droit ou en médecine? C'est, en effet, à ces étudiants, dans des cours d'une nature toute spéciale, que se réduit en France l'action directe de l'enseignement supérieur proprement dit. Les facultés des lettres, qui seules pourraient avoir une influence générale sur la direction des esprits, n'ont point d'élèves en dehors des futurs professeurs; elles n'ont que des auditeurs bénévoles. Si la liberté d'enseignement doit avoir pour effet, comme on le prétend, de créer et de maintenir deux nations dans la même patrie, le mal est fait et il est sans remède; il faut s'en prendre à la liberté de l'enseignement primaire et de l'enseignement secondaire, sur laquelle aucun parti modéré ne songe à revenir et qui n'est contestée que par les partis extrêmes. Ce n'est pas dans les facultés, c'est à l'école et au collège que l'éducation se mêle intimement à l'instruction et que l'une et l'autre tendent à s'emparer de toutes les puissances de l'âme. C'est dans la diversité radicale de ces premiers enseignements que se pétriraient deux âmes nationales absolument divergentes, si des maîtres, quels qu'ils soient, pouvaient avoir une telle action. Je ne veux rien atténuer de nos divisions; mais viennent-elles vraiment de cette cause unique? Portent-elles, avant toute autre, l'empreinte manifeste, soit de l'enseignement universitaire, soit de l'enseignement congréganiste? L'instabilité des institutions, l'opposition des intérêts, les préjugés des familles, sans parler de l'ignorance et des mauvaises passions, que nul genre d'éducation ne réussit à détruire, n'y ont-ils pas la plus grande part?

Sachons voir de sang-froid les choses telles qu'elles sont. Les influences cléricales, dont on évoque le spectre contre la liberté de l'enseignement supérieur, ont-elles gagné beaucoup de terrain depuis qu'elles sont en possession de la liberté de l'enseignement primaire et de l'enseignement secondaire? Les écoles et les collèges congréganistes se sont multipliés; la foi spontanée des parents, la pression exercée par le clergé sur les mères et par celles-ci sur des pères indifférents ou déjà eux-mêmes à demi gagnés, les entraînements de la mode et d'une certaine vanité très française, ont attiré dans ces maisons une nombreuse population d'enfants; les générations nouvelles, dans les régions les plus élevées des classes moyennes, ont dépouillé en grande partie ce libéralisme anti-clérical qui se montrait si vif et souvent même si intolérant dans les générations antérieures, sous la Restauration et le gouvernement de Juillet; mais la nation française, prise dans son ensemble, est-elle devenue plus docile aux enseignements ultramontains? En 1848, alors que le monopole universitaire n'avait pas encore été entamé, la terreur causée par une révolution imprévue jette dans les bras de l'Église une partie de la société française. L'Assemblée élue en 1849 obéit aveuglément à ces nouvelles tendances, contre lesquelles protestent en vain l'éducation et le passé de la majorité de ses membres. Dans son sein et dans le pays qu'elle représente, il semble qu'il n'y ait plus de place pour les opinions modérées. C'est alors qu'on a véritablement en présence deux nations ennemies sur un même territoire, prêtes à en venir aux mains et, en attendant la guerre civile, ne s'épargnant aucune provocation ni aucune violence. On parle tout haut d'une « expédition de Rome à l'intérieur ». L'auteur du coup d'État de 1851 se fait, à son tour, l'instrument de la réaction religieuse. Pendant les premières années, il gouverne avec le concours du clergé, et le clergé se croit assuré sous son nom de l'empire des esprits. Les pieux soutiens du prince éprouvent, en 1859, après la guerre d'Italie, une première et cruelle déception ; mais ils peuvent croire que, si le prince leur échappe, le pays leur reste. En 1871, les mêmes causes qu'en 1848 semblent justifier leurs espérances. Une Assemblée animée des mêmes passions que celle de 1849 reçoit le dépôt de la souveraineté nationale. Peu de jours après la réunion de cette Assemblée, une guerre civile, auprès de laquelle l'insurrection de juin 1848 peut passer pour un jeu d'enfants, rend presque légitime une réaction sans frein. Que s'est-il passé cependant? Ces générations que l'enseignement clérical avait pu, en toute liberté, façonner à sa guise pendant plus de vingt ans, reviennent dès les premiers jours aux tendances libérales de la société moderne, et si elles manifestent un esprit dangereux, c'est dans un sens tout contraire. Si quelque chose peut étonner un observateur impartial, ce n'est pas la violence, malgré les déclamations furibondes qui s'échangent de part et d'autre dans la presse, dans les réunions publiques ou privées et dans le Parlement lui-même, c'est la patience ou, pour mieux dire, la lassitude des partis.

Cette lassitude n'est pas la paix ; elle n'est pas même une trêve volontairement et sincèrement acceptée ; mais ce n'est pas en nous forgeant des fantômes que nous ferons disparaître les causes de nos divisions. Décourageons les entreprises révolutionnaires ou réactionnaires en consolidant nos institutions; pacifions les intérêts sous un régime de droit commun fortement établi ; faisons appel à toutes les forces intellectuelles du pays, sans esprit d'exclusion et de défiance, pour combattre l'ignorance et les préjugés ; sachons enfin accepter virilement les conséquences naturelles et légitimes de la liberté sans nous laisser décourager si elles ne répondent pas à toutes nos espérances ou si elles autorisent quelques-unes de nos craintes. Que s'il nous faut absolument, pour conjurer les mauvais effets de la liberté, une éducation commune, nous la trouverons dans les camps plus sûrement que dans les écoles de l'État. Quand le service universel et obligatoire réunit pour les mêmes devoirs, pour la même vie, pour une cohabitation de tous les instants, toute la jeunesse française, sans distinction de naissance ou de fortune, que voulons-nous de plus pour maintenir l'unité morale de la nation?

II

Fallait-il s'arrêter davantage à la proposition d'ajournement soutenue par M. Paul Bert, dans l'intérêt d'une réforme de l'enseignement supérieur public dont il est lui-même l'ardent et intelligent promoteur?

Tout le monde est d'accord sur la nécessité de promptes et larges réformes dans l'organisation de l'enseignement supérieur public. Cette nécessité était manifeste avant même que les facultés de l'État fussent menacées d'une concurrence prochaine et redoutable. Elle a été exposée bien des fois dans des articles de journaux et de revues, dans des brochures spéciales, dans de brillants et savants ouvrages, au premier rang desquels il faut citer les *Questions contemporaines* de M. Renan. En 1870, la grande commission présidée par M. Guizot, en même temps qu'elle rédigeait un projet de loi sur la liberté de l'enseignement supérieur, indiquait les principales améliorations que réclame l'enseignement supérieur public. Quelques mois plus tard, au lendemain de nos désastres, à la veille de la Commune, l'Académie des sciences s'associait aux mêmes vœux dans une importante discussion qui ne remplit pas moins de deux séances. Ces vœux enfin ont trouvé place dans le rapport de M. Laboulaye, et l'Assemblée elle-même, en renvoyant le projet de réforme de M. Paul Bert à la commission de l'enseignement supérieur libre, a reconnu la connexité des deux questions. Elles se tiennent, en effet, par toutes sortes de liens. Comme le dit très bien M. Renan, quelques fruits qu'on puisse attendre de l'initiative privée en matière d'instruction, rien de grand, et j'ajoute rien de vraiment libre, ne pourra se faire d'ici longtemps en dehors de l'État. L'État seul, en France surtout, est assez puissant, assez désintéressé et, même avec un gouvernement de parti, assez impartial pour assurer à la science pure, aux hautes et fortes études, de grandes et durables fondations et pour respecter dans une large mesure l'indépendance et la dignité de ceux à qui il en confie le dépôt. Les écoles privées ont beau être affranchies de la tutelle de l'État, elles ne peuvent se soutenir qu'en se pliant aux exigences du parti ou de la secte qui les soutient, des familles ou des particuliers dont elles sollicitent la confiance. Sans échapper entièrement à de semblables exigences, les écoles publiques, même sous les régimes les plus despotiques, même aux époques de révolution ou de réaction, ont pu maintenir à peu près intacte la liberté de la science, à laquelle sont partout intéressés la gloire de l'État lui-même et l'honneur des gouvernements qui le représentent. Que faut-il pour que l'État continue à remplir, en faveur d'un enseignement scientifique élevé et libre, cette mission nécessaire? Il faut que ses écoles, non seulement défient toute concurrence, mais soient indépendantes de toute concurrence. Le propre de la concurrence, pour la plupart des enseignements, est l'avilissement des produits. L'instruction se recherche rarement pour elle-même, mais pour son utilité professionnelle : aussi la veut-on au meilleur marché et dans le moindre temps possible. Son niveau ne peut être maintenu que par des écoles désintéressées, telles que celles de l'État, et il tendra sans cesse à baisser si ces écoles elles-mêmes ne peuvent se dégager de toute préoccupation mercantile. On l'a vu, depuis 1850, pour l'enseignement secondaire; on le verra, en un degré plus déplorable encore, pour l'enseignement supérieur si, en passant sous la loi de la rivalité commerciale, il ne trouve pas dans les écoles de l'État un asile assuré contre les funestes effets de cette rivalité.

Pour apprécier jusqu'à quel point notre enseignement public répond à cet idéal, il ne faut pas, comme on le fait communément, se borner à comparer nos facultés, — sans lien entre elles, sans autonomie, sans ressources suffisantes, réduites à un petit nombre de chaires et, sauf les écoles spéciales de médecine et de droit, à peu près sans élèves, — avec les facultés correspondantes des universités allemandes qui forment des corps libres et puissants, richement dotés, et réunissent devant un nombre considérable de chaires presque toute la jeunesse des classes élevées et des classes moyennes. En Allemagne, l'enseignement supérieur est concentré dans les universités; en France, il est distribué non seulement par les facultés universitaires, mais par le Collège de France, le Muséum d'histoire naturelle, l'École normale, l'École polytechnique, l'École des Chartes, l'École des langues orientales vivantes, l'École pratique des hautes études. Il convient même d'y ajouter les classes supérieures des lycées, qui n'appartiennent pas proprement à ce qu'on entend ailleurs par enseignement secondaire ou moyen, et dont les professeurs tiennent dans les lettres et dans les sciences un rang aussi éminent que les professeurs de tout ordre des universités allemandes. Si nous faisons entrer en ligne de compte toutes ces sources d'instruction, l'enseignement supérieur français, par sa solidité et par son éclat, peut soutenir la comparaison avec les plus illustres universités des autres nations. Il peut la soutenir à plus forte raison avec ces universités de l'ancien régime dont Mgr Dupanloup se plaisait à lui opposer les glorieuses traditions. Elles avaient gardé depuis le moyen âge leur organisation autonome, leurs dotations et leurs privilèges, et cependant, quand elles disparurent dans la tourmente révolutionnaire, il y avait longtemps qu'elles étaient en pleine décadence. Les institutions qui leur ont succédé n'ont ni leurs richesses ni leur indépendance, elles sont en partie paralysées par un déplorable éparpillement de forces, et cependant elles comptent, après trois quarts de siècle, plus de noms justement célèbres dans toutes les branches des connaissances humaines que tous les corps enseignants de l'ancien régime dans une durée de plus de six cents ans.

La force de l'enseignement tient beaucoup moins, en effet, aux institutions qu'au mouvement général des esprits et des idées dans un siècle et dans un pays. Ce n'est pas une raison, toutefois, pour négliger les conditions extérieures de l'enseignement : sans être décisive, leur influence est considérable en mal comme en bien, et le législateur doit d'autant plus s'en préoccuper que c'est par elles seules qu'il peut quelque chose dans le domaine de la pensée, pour favoriser le progrès ou pour arrêter la décadence. Or, il n'est que trop vrai que notre enseignement supérieur public, sans mériter tous les reproches que lui adressent des réformateurs trop absolus, est mal armé pour un régime de concurrence et de lutte. Il appelle incontestablement une organisation meilleure ; mais il ne l'appelle pas avec une telle urgence qu'il faille y procéder à la hâte, en ajournant tout le reste. C'est en matière d'instruction surtout qu'il faut se défier des changements précipités et systématiques. Le progrès le mieux justifié, quand il prétend se réaliser brusquement et tout d'une pièce, avorte presque toujours en laissant après lui la trace d'un bouleversement et d'une désorganisation dont l'effet se fait longtemps sentir. Il ne suffit pas de l'initiative intelligente d'un ministre ou d'une assemblée, il faut que le corps enseignant lui-même sente le besoin et les avantages de la réforme, se l'assimile par un effort général et spontané et mette tout en œuvre pour la faire réussir. Rien ne sera plus efficace, pour provoquer et pour activer ce travail dans l'Université de France et dans les grandes écoles qui lui servent d'auxiliaires, que le stimulant de la concurrence. Loin donc qu'il y eût lieu d'ajourner la liberté de l'enseignement supérieur, il fallait, au contraire, attendre en grande partie de son influence la régénération si désirable de l'enseignement supérieur public.

S'il suffisait de poser quelques principes généraux, les réformes seraient mûres et il serait facile de les rédiger en articles de loi. Elles avaient été résumées par la commission extra-parlementaire de 1870 dans les quatre points suivants, que s'est appropriés la commission parlementaire de 1872 et sur lesquels sont d'accord tous les esprits éclairés qui se sont occupés de la question :

Inamovibilité des professeurs;

Autonomie des facultés;

Institution, dans quelques grandes villes, d'un enseignement supérieur complet réunissant et groupant toutes les facultés;

Accroissement des dotations de l'État.

A ces quatre points, le rapport de M. Laboulaye en ajoute un cinquième qui répond également à un vœu depuis longtemps et souvent exprimé : c'est l'admission de professeurs libres dans les écoles de l'État, en concurrence avec l'enseignement des professeurs titulaires.

Ces cinq points font l'objet de la proposition en 53 articles dont l'Assemblée avait été saisie par M. Paul Bert; mais rien ne prouve mieux que cette proposition quelle distance il y a entre la proclamation de quelques principes et les détails de leur application. M. Bert en use librement avec la carte universitaire de la France. Ici, il crée de toutes pièces une grande université dans une ville qui ne possède encore aucune faculté; là il supprime des facultés en possession d'une existence séculaire et de traditions qui ne sont pas sans gloire. Il n'en use pas moins librement avec le budget. Dans les facultés qu'il crée ou qu'il conserve, il multiplie les chaires avec une prodigalité qui serait peut-être de la parcimonie en Allemagne, mais à laquelle l'état de nos finances opposera, d'ici bien des années, un obstacle insurmontable. Il faut l'avouer, d'ailleurs, outre le nerf de la guerre, il manquerait, en France, à ces créations plus ou moins justifiées un personnel enseignant suffisamment préparé. Il ne suffit pas d'une loi ou d'un décret pour faire des professeurs et, dans l'enseignement comme dans l'armée, si l'on veut trop vite élargir les cadres, on donne aux moins dignes des titres durables qui de longtemps fermeront la porte aux capacités sérieuses. D'un autre côté, M. Bert ne tient pas compte de tous ces établissements de haut enseignement qui font concurrence aux facultés et qui leur enlèvent la meilleure partie de leurs élèves naturels. Or, comme l'a très bien montré M. Boissier dans un article déjà ancien de la *Revue des deux mondes* [1], et plus récemment M. Monod dans une conférence que la *Revue politique et littéraire* a reproduite [2], la réforme la plus urgente, et en même temps la plus difficile, serait d'assurer des élèves aux facultés qui n'en ont pas. Enfin, sur une foule de points secondaires, la proposition a le tort d'entrer dans des détails qui ne sont pas proprement du ressort de la loi et dont il vaut mieux laisser la réglementation, soit à l'administration supérieure, soit à l'autonomie des facultés elles-mêmes.

Cette autonomie est la seule réforme qui soit susceptible, dans une certaine mesure, d'une réalisation immédiate. Elle devrait trouver place dans une loi sur la liberté de l'enseignement supérieur; car, si l'on veut sincèrement la liberté, il faut l'accepter partout, dans l'enseignement public comme dans l'enseignement privé. Beaucoup de bons esprits sont même d'avis que

1. *Les réformes de l'enseignement supérieur.* — *Revue des deux mondes* du 15 juin 1868.

2. *De la possibilité d'une réforme de l'enseignement supérieur.* — *Revue* du 23 mai 1874.

si elle était complètement introduite dans le premier, elle rendrait le second inutile. Mgr Dupanloup semblait d'accord sur ce point avec M. Paul Bert. L'un et l'autre trouvent le type le plus parfait de l'enseignement libre dans ces vieilles universités que la Révolution a supprimées en France et qui subsistent encore en Allemagne, institutions de pur monopole, qui n'ont jamais admis à côté d'elles un enseignement privé, mais qui, par leur libre gouvernement, en donnant satisfaction à presque tous les intérêts qu'un tel enseignement pourrait protéger, ont pu empêcher d'en sentir le besoin.

Si, en effet, les écoles de l'État pouvaient s'ouvrir à tous les hommes de savoir ou de talent, sans distinction d'opinions ou de doctrines; si la plus complète indépendance leur était assurée dans leur gouvernement intérieur; si enfin elles pouvaient compter sur tous les genres de libéralités publiques ou privées, il ne faudrait pas chercher ailleurs la liberté de l'enseignement supérieur. C'est malheureusement un idéal qui n'a jamais été réalisé entièrement et qui, dans notre pays, rencontrera toujours des résistances à peu près invincibles. En Allemagne, il a été favorisé par l'heureuse émulation, non seulement des universités, mais des divers États dont elles étaient la richesse et l'honneur, par le grand mouvement intellectuel qui a commencé au milieu du dernier siècle, et aussi par un tour particulier du génie allemand, qui sait allier une extrême audace dans l'ordre spéculatif à beaucoup de timidité, parfois même de servilité, dans l'ordre pratique. Toutefois l'indépendance du professorat allemand a subi plus d'une atteinte dans les temps de réaction, et elle doit compter aujourd'hui avec les tendances centralisatrices du nouvel empire aussi bien qu'avec l'esprit dominateur et jaloux de la politique prussienne. Dans nos anciennes universités, l'autonomie était loin d'être l'indépendance ; elles se gouvernaient elles-mêmes sous le contrôle de l'État et de l'Église, mais elles ne se gouvernaient pas dans un esprit de liberté : comme toutes les corporations de l'ancien régime, elles ont été presque toujours l'asile de la routine et souvent même des instruments de persécution et d'intolérance. Aujourd'hui encore, ni notre caractère ni nos mœurs ne nous préparent à un régime de liberté sous le couvert et aux frais de l'État. Hélas! à peine comprenons-nous la liberté quand elle s'exerce à ses risques et périls, sous une responsabilité toute privée. Il n'est aucune sphère où elle ne rencontre toutes sortes d'entraves, et, dans l'enseignement lui-même, elle est encore contestée en principe. Réclamer pour elle autre chose que sa place au soleil, lui ouvrir toutes grandes les portes des établissements publics, reconnaître à toutes les doctrines le droit de s'y introduire et d'y battre en brèche, sous la responsabilité de l'État, l'esprit et les tendances de son gouvernement, ce n'est peut-être pas demander l'impossible, mais c'est une révolution qu'il est plus facile de décréter que de réaliser et de maintenir.

Un corps qui est comme le sommet de nos établissements d'instruction, l'Institut de France, a bien pu s'approcher de ce haut degré d'autonomie : s'il appartient à l'État par son organisation et par son budget, il ne dépend que de lui-même dans son recrutement et dans ses travaux. Ses privilèges ont été respectés parce qu'il n'exerce sur les esprits qu'une action très indirecte et, à tout prendre, très restreinte, et qu'il est protégé par l'illustration personnelle d'une partie de ses membres; mais son indépendance a été plus d'une fois en péril, et elle ne s'est conservée à peu près hors d'atteinte qu'à force de prudence et souvent même de souplesse. L'enseignement public s'est conquis une assez grande indépendance de fait, alors même qu'elle ne trouvait dans les lois aucune garantie; mais, telle qu'elle est, il lui serait impossible de la faire consacrer en droit et, à plus forte raison, de l'étendre au point d'en faire la pleine et entière liberté de l'enseignement. On pourra bien, dans un accès de libéralisme, décréter l'autonomie universitaire; mais pour peu qu'elle se manifeste, sur un point ou sur un autre, en opposition ouverte avec les idées régnantes, on criera bien vite au scandale. L'autonomie municipale nous est un avertissement et un exemple. Elle avait séduit presque tout le monde il y a treize ans. L'empire lui-même y donnait les mains. Il n'a pas eu le temps de la détruire après l'avoir établie; mais, sauf d'honorables exceptions, les anciens adversaires de l'empire, les libéraux de toutes nuances, n'ont pas pu en supporter l'expérience. Nous l'avons vu démolir, en 1874, par ceux-là même qui avaient mis le plus d'empressement et d'ardeur à l'édifier en 1871 et, malgré le retour de faveur qu'elle a obtenu plus tard, dans une courte période d'entraînement libéral, elle n'a pas cessé d'exciter tour à tour la défiance de tous les partis qui se sont succédé au pouvoir.

Bien loin qu'on puisse espérer, pour les écoles de l'État, une complète et durable indépendance, il faut craindre qu'elles ne deviennent, sous prétexte d'autonomie, des corporations fermées, comme les universités de l'ancien régime, et qu'elles ne se laissent dominer par un esprit étroit et exclusif, qui ferait bientôt regretter l'action plus intelligente et au fond plus libérale du pouvoir central. Ajoutons que des établissements publics, quelle que soit leur indépendance, n'attireront jamais les souscriptions des particuliers comme des établissements privés. Les plus zélés pour le bien public ne s'intéressent volontiers qu'à des œuvres qui répondent directement à leurs convictions ou à leurs préférences personnelles et où ils se trouvent en quelque sorte chez eux; ils sont peu portés à venir en aide au Trésor public pour des institutions d'un caractère général et impersonnel, et ils y seraient d'autant moins portés que ces institutions seraient plus dégagées de tout esprit exclusif de parti ou de doctrine. Sauf la rétribution des élèves, qui nulle part ne peut satisfaire à tous les besoins d'un enseignement élevé et complet, tout retomberait à la charge de l'Etat : système fâcheux à tous les points de vue; car, à égalité de résultats, l'initiative publique ne remplace jamais sans désavantage les initiatives privées; système, de plus, incompatible avec une réforme sérieuse des hautes études dans notre pays, tant que de dures nécessités financières nous feront une loi de l'économie en matière d'instruction comme dans tout le reste.

III

Les facultés ou les universités de l'État, quelques réformes qu'on puisse introduire dans leur organisation et dans leur enseignement, ne suffisent pas à la liberté. Il est juste et il est également utile qu'à côté d'elles puissent se fonder des établissements privés, de même qu'à côté de l'Institut national la liberté scientifique appelle des sociétés savantes ne relevant que d'elles-mêmes. Les établissements privés ont le droit de revêtir toutes les formes : simples conférences; cours permanents, individuels ou collectifs ; facultés constituées, soit isolément, soit en corps d'universités. Toute autorisation préalable, toute condition absolument restrictive, doit être écartée. L'intérêt public n'exige que la surveillance des agents de l'État et, s'il y a abus, le renvoi devant les tribunaux compétents.

Ces principes sont consacrés sans réserve par le projet de loi dont M. Laboulaye a été le rapporteur; mais ils étaient loin d'être admis par ceux qui réclamaient avec le plus d'ardeur la liberté de l'enseignement. Dans un intérêt qu'il est facile de comprendre et auquel viennent en aide, chez des esprits plus impartiaux, les scrupules exagérés de l'intérêt conservateur, on voulait restreindre la liberté de l'enseignement supérieur aux seuls établissements qui peuvent offrir une large surface; on la demandait ou on l'acceptait sous la forme de facultés ou d'universités embrassant un grand nombre de cours et représentant de puissantes associations; elle devenait suspecte dès qu'elle devait profiter à de simples professeurs dont toute l'ambition se borne à exposer les résultats de leurs études dans des conférences ou des cours isolés. On affectait de craindre que ces conférences ou ces cours ne servissent de prétexte à des manifestations subversives, et l'on prétendait leur retirer le bénéfice du droit commun.

Si cette prétention était dictée par un souci sincère ou éclairé de l'intérêt social, il serait trop facile de la réfuter. De tout temps on avait cru, en effet, que les dangers de la liberté croissent avec le nombre et l'organisation de ceux qui l'exercent; de tout temps on avait imposé des conditions plus restrictives aux associations qu'aux individus. Pourquoi la liberté de la presse a-t-elle toujours rencontré plus d'entraves pour les journaux que pour les livres? C'est que les journaux sont des œuvres collectives et les livres des œuvres individuelles. D'où vient donc que l'on raisonne d'une manière différente quand il s'agit de la liberté d'enseignement? Une telle inconséquence ne peut s'expliquer que par un seul motif: on veut la liberté pour les associations enseignantes parce qu'on a surtout en vue les associations religieuses ; on n'en veut pas pour l'enseignement individuel parce qu'on sait d'avance qu'il sera exclusivement laïque.

Je conviens qu'un ensemble de cours, organisé sur de larges bases et pour une longue durée, présente une responsabilité plus sérieuse qu'une simple conférence qui n'aura peut-être pas de lendemain ; mais si la responsabilité est mieux assurée pour l'œuvre collective et durable que pour l'œuvre individuelle et précaire, elle pèse moins sur chacun des collaborateurs de la première que sur l'individu qui s'est engagé seul et tout entier dans la seconde. Celui-ci peut payer de sa liberté et de sa fortune un excès d'audace ; ceux-là n'ont rien à craindre pour la plupart que la ruine de l'œuvre à laquelle ils se sont associés. D'ailleurs, il ne faut pas seulement considérer dans l'enseignement collectif les garanties de responsabilité, il faut aussi tenir compte des moyens d'action et de résistance. Sans existence légale, à la merci d'une simple mesure de police qui peut, sans forme de procès, les réduire à néant, certaines congrégations enseignantes sont des puissances dans l'État et, malgré les inimitiés acharnées qui les poursuivent depuis des siècles, elles ont pu affronter les plus violentes explosions des passions révolutionnaires, toujours debout, toujours prospères et puisant dans la persécution et dans le martyre une force nouvelle. Que le parti libéral abdique, à l'égard des congrégations, ses vieilles défiances, ou, s'il ne peut s'empêcher de les considérer comme ses plus dangereux adversaires, qu'il sache respecter en elles la cause sacrée de la liberté : rien de mieux assurément ; mais que la même cause protège aussi, dans des conditions moins redoutables, l'enseignement isolé et personnel !

Au point de vue de l'utilité, cet enseignement personnel est celui dont on peut attendre les fruits les plus immédiats et les plus sûrs. Les grandes créations ne peuvent pas plus s'improviser dans l'enseignement libre que dans l'enseignement public. Si elles prétendent se multiplier à la hâte et à tout prix, dans un intérêt de rivalité et de concurrence, elles seront pour les études un abaissement, non un progrès. La liberté nouvelle risquera beaucoup moins de manquer son but si elle permet à quelques hommes d'un vrai mérite, exclus des écoles de l'État par l'indépendance de leur esprit ou par la spécialité de leur savoir, de grouper autour d'eux quelques disciples sans avoir à craindre l'intervention de la police ou l'opposition de l'autorité universitaire. Les innovations les meilleures ont des commencements modestes, et leurs chances de durée sont d'autant plus grandes qu'elles ne prétendent pas produire du premier coup tous leurs effets.

Le projet de loi faisait une distinction entre les conférences et les cours. Il n'affranchissait les premières de l'autorisation préalable que si elles se rattachaient à l'enseignement général d'une faculté. La distinction est impossible à justifier. Le nom de conférence est devenu un terme vague qui désigne tantôt un enseignement plus familier et plus intime, tantôt, au contraire, un plus grand apparat et une publicité plus étendue. On paraît attacher au nom de cours l'idée d'une série de leçons, tandis que la conférence ne serait qu'une leçon isolée ; mais la distinction, ainsi entendue, n'est pas conforme à l'usage. De tout temps un enseignement suivi a pris le nom de conférences aussi bien que celui de cours. Les cours qui se font à l'École normale s'appellent des conférences. Plusieurs des cours libres qui se sont créés dans ces dernières années avec l'autorisation et souvent avec l'encouragement de l'État, ont pris le même nom, sans se condamner pour cela à ne donner que des leçons sans lendemain. Pourquoi d'ailleurs une série de leçons éveillerait-elle moins d'alarmes qu'une leçon isolée? Rien enfin ne serait plus facile que d'éluder la loi en annonçant un cours complet et en s'arrêtant après la première conférence. Ne gâtons pas une institution excellente par des subtilités sans utilité et sans effet pratique.

Que si l'on craint de voir s'élever, sous le nom de cours ou de conférences, de véritables tribunes ouvertes à toutes les passions politiques ou religieuses, les précautions prises par le projet de loi de 1875 et consacrées par la loi de 1880 sont plus que suffisantes pour écarter le danger. Le législateur a institué, en effet, une surveillance active et efficace, et il lui a donné une sanction pénale qui peut passer pour rigoureuse. Il exige, d'un autre côté, pour l'ouverture des cours, des conditions analogues à celles qui sont exigées pour les réunions publiques. On peut réclamer d'autres précautions; mais, si l'on veut interdire les cours ou les conférences, qu'on ne parle plus de liberté de l'enseignement supérieur!

Un éminent professeur de droit, l'honorable M. Bertauld, avait cru trouver dans la publicité obligatoire des cours la meilleure garantie contre les abus de la liberté de l'enseignement supérieur. La publicité est la règle dans les facultés de l'État. Elle est prescrite, dans les termes les plus formels, par un décret du 22 ventôse an X, qui n'a jamais été abrogé [1]. Elle a pu être restreinte pour certains cours, dans un intérêt d'ordre public; elle peut être suspendue pour couper court à de graves désordres; mais, en fait comme en droit, ainsi que l'a très bien dit M. Bertauld, elle n'a

1. L'article 69 de ce décret est ainsi conçu : « Les leçons seront publiques et, pendant leur durée, l'entrée ne pourra être refusée à personne. »

jamais souffert que ce genre d'exception qui confirme la règle. On peut même dire que l'enseignemeut supérieur ne se distingue essentiellement de l'enseignement secondaire que par sa publicité. Il n'est pas une des matières du premier qui ne trouve place, en un certain degré, dans le second. Sans parler des lettres et des sciences, dont les matières sont communes aux deux enseignements et qui sont quelquefois professées d'une façon plus approfondie dans les lycées que dans les facultés, l'enseignement secondaire, par ses conférences religieuses, par ses leçons de droit usuel et d'hygiène, empiète sur le domaine des facultés de théologie, de droit et de médecine. Sans doute l'enseignement supérieur exige, en général, de plus amples développements et une plus haute science; mais la limite est impossible à marquer exactement; rien de plus clair, au contraire, que la différence entre les classes fermées des lycées et les cours publics des facultés. Imposer la publicité aux cours libres d'enseignement supérieur, ce ne serait donc leur imposer que la loi propre de cet enseignement et la condition à laquelle il est soumis dans les écoles de l'État; ce serait en même temps exercer sur eux le seul contrôle efficace. Pour que les hautes études portent leurs fruits, il ne faut pas les entraver par des garanties préventives, mais les soumettre à une surveillance intelligente et assidue et, s'il y a abus, en appeler à la justice pénale. Or des inspecteurs, si bien choisis et si zélés qu'on les suppose, ne pourront assister à tous les cours, et il est peu probable que les plus graves écarts de parole ou de doctrine se produisent en leur présence. L'opinion publique seule, si tous les cours se font sous son contrôle, peut veiller partout et toujours sur un enseignement qui, s'adressant à des hommes faits ou presque faits, est avant tout son justiciable.

Ces raisons sont spécieuses; elles ne sont pas décisives. L'opinion publique, avec ses entraînements, avec sa légèreté ordinaire et, disons le mot, avec son ignorance, n'est pas un bon juge pour l'enseignement supérieur. Telle doctrine théologique, métaphysique ou scientifique peut faire crier au scandale et cependant, pour des esprits éclairés et libres, avoir sa place légitime dans le haut enseignement. Le discours de l'honorable M. Bertauld est lui-même une preuve du danger qu'il y aurait dans un contrôle incompétent. Quelques-unes des doctrines qu'il prétend mettre au-dessus de toute controverse sont discutées librement, dans les chaires de l'État, par les professeurs les plus respectables, en Allemagne, en Angleterre, en France même. Si un esprit aussi distingué et, en d'autres matières, aussi libéral a pu faire une telle concession à l'intolérance, que ne faut-il pas craindre des jugements de la foule? Ajoutons que certains enseignements peuvent être dangereux s'adressant au public, qui cesseraient de l'être devant un auditoire choisi et suffisamment préparé. Tout le monde reconnaît que la publicité absolue n'est pas de mise pour certaines parties des sciences médicales; elle ne l'est pas davantage pour certaines questions du ressort des sciences morales. Le professeur libre, enseignant sous sa responsabilité personnelle, doit avoir le droit et peut avoir le devoir de ne livrer son enseignement qu'à des intelligences assez mûres et assez fortes pour se l'assimiler sans danger. « Nul n'entre ici, s'il n'est géomètre, » disait l'inscription placée devant l'école de Platon. Si vous me forcez à recevoir tout le monde, ou bien vous assumez dans toutes ses conséquences la responsabilité de mes leçons, ou bien vous en restreignez la liberté au préjudice de la science.

Là même où la publicité obligatoire serait plus acceptable, elle ne serait jamais sans inconvénient. L'auditoire fait jusqu'à un certain point le professeur. Il est difficile de garder la sévérité d'un enseignement vraiment scientifique devant un public mondain, désœuvré, mobile, qui ne vient chercher dans un cours que des distractions et un passe-temps. On a reproché non sans raison à quelques-unes de nos facultés des lettres d'être devenues des *athénées* et de faire plutôt des conférences brillantes que des leçons solides. Ce n'est pas assurément faire une œuvre inutile ou de peu de prix que d'instruire les gens du monde en les amusant. Ces cours élégants, spirituels, parfois éloquents, qui, après avoir envahi l'enceinte austère des facultés, se sont multipliés partout et ont place aujourd'hui jusque dans les théâtres, sont une des formes les plus distinguées et les plus heureuses de l'esprit français. Il ne faut pas les décourager; mais il ne faut pas davantage en faire le type obligé de l'enseignement supérieur. Quelque éclat que jette cet enseignement dans certains cours publics et dans les salles de conférences, il porte encore ses meilleurs fruits dans des cours fermés, tels que ceux de l'École polytechnique et de l'École normale. Ce serait bien mal entendre la liberté, que d'interdire à l'enseignement libre des cours du même genre.

Un enseignement subventionné par tous les contribuables, investi d'un monopole pour la préparation aux grades et, par suite, aux carrières libérales, a pu se faire un devoir de la publicité. En l'imposant à la plupart de ses grandes écoles, l'État a d'ailleurs les moyens d'en prévenir, d'en restreindre et d'en corriger les abus. Ses représentants, dans l'enseignement et au dehors, peuvent la suspendre et, au besoin, la supprimer, et contre les désordres qu'elle peut entraîner ils ont la double action disciplinaire et pénale. Et cependant, malgré ses droits, malgré sa puissance, l'État, sous tous les régimes, a plus d'une fois capitulé devant des manifestations publiques d'hostilité contre ses professeurs. L'enseignement libre, ne représentant qu'un droit privé, serait plus impuissant encore ; il n'aurait par lui-même aucune arme légale, soit pour se faire respecter, soit pour faire respecter l'ordre public dans ses cours. Dans toute réunion publique, autorisée par l'administration ou permise par la loi, la police a sa place et elle est armée du droit de dissoudre la réunion, en cas de désordre grave ou de tumulte. A plus forte raison son intervention serait-elle nécessaire si la publicité était ordonnée par la loi elle-même, et l'on aurait ce spectacle d'un professeur enseignant, non seulement sous l'œil, mais sous l'autorité de la police. S'il fallait choisir entre la publicité et la non-publicité comme condition absolue de l'enseignement supérieur, nous préférerions la seconde. Sans nous dissimuler ses inconvénients au point de vue du contrôle, ils nous paraissent moins grands que ceux du système contraire. Le plus sage est de s'en rapporter à la liberté en organisant dans les deux cas, par les voies du droit commun, la surveillance et la répression.

Nous croyons également qu'il faut entendre dans le sens le plus libéral la définition de l'enseignement supérieur, dont la publicité n'est qu'un signe accidentel et sans valeur. Sans doute on ne peut accepter comme enseignement supérieur toute conférence ou toute prédication sur n'importe quel sujet; mais il vaut mieux laisser aux autorités scolaires, sous la sanction des juges de droit commun, le soin d'apprécier, dans un cas donné, quel sujet doit être exclu, que de procéder par des déterminations ou des exclusions générales qui seront toujours arbitraires et plus gênantes pour la liberté.

Les conditions restrictives sont impossibles, ou du moins elles seraient la négation même de la liberté à l'égard d'un enseignement dont l'universalité n'exclut, en principe, aucun sujet et qui a le droit, pour se maintenir dans une sphère vraiment élevée, de se faire à lui-même ses programmes. On a proposé d'exiger le grade de docteur et un enseignement similaire de celui des facultés de l'État [1]. Avec une telle restriction, a dit éloquemment M. Laboulaye, on ne ferait plus une loi de liberté; on ne ferait qu'un partage du monopole entre l'État et certains établissements. La liberté de l'enseignement supérieur n'est pas seulement le droit de faire concurrence aux écoles de l'État sur leur propre terrain; c'est aussi celui de suppléer à leurs lacunes en se plaçant sur un terrain encore inexploré par elles, et s'il fallait choisir entre les deux droits, l'exercice du second serait sans contredit plus utile et plus opportun que celui du premier. D'ailleurs l'enseignement supérieur public n'est pas lui-même enfermé dans les facultés; il embrasse bien d'autres établissements et même des cours isolés, pour lesquels n'est exigé aucun grade universitaire et qui ne supposent que la spécialité de la science. Sauf pour les professeurs titulaires des facultés, il n'est exigé également aucune condition d'âge dans l'enseignement supérieur public, et une telle condition imposée à l'enseignement libre serait bien peu sérieuse.

Il appartenait à l'écrivain qui a le plus fait pour nous initier aux institutions américaines, de réclamer pour les femmes l'accès de l'enseignement supérieur. Aux États-Unis, les femmes se sont fait leur place à tous

1. C'était l'objet d'un amendement de MM. Adnet, Jules Buisson et Henry Fournier, dont le renvoi à la commission fit ajourner et faillit faire sombrer la loi dès le début de la seconde délibération.

les degrés d'enseignement et nul ne s'étonne de voir des jeunes filles professer les plus hautes sciences devant un auditoire des deux sexes. En France, la séparation des sexes, depuis l'école primaire jusqu'aux cours les plus élevés, est la règle générale. Toutefois nous commençons à voir sans trop d'étonnement des femmes disputer aux hommes les grades de l'enseignement secondaire et de l'enseignement supérieur, et nous sommes accoutumés depuis longtemps à rencontrer à nos cours publics de lettres et de sciences un auditoire féminin qui n'est ni le moins intelligent ni le moins attentif. Nous souffrons que les femmes reçoivent l'enseignement supérieur : pourquoi leur serait-il interdit de le donner, sinon aux deux sexes, comme en Amérique, du moins à leur sexe? Nul ne leur conteste les deux premiers degrés d'enseignement; il n'y a rien de déraisonnable, comme l'a très bien dit M. Laboulaye, à leur ouvrir le troisième.

Ces principes dont l'application avait paru trop hardie au législateur de 1875 ont prévalu dans la loi de 1880 et cette loi, en effaçant toute distinction entre les conférences et les cours, s'est même montrée plus libérale que n'avait osé l'être M. Laboulaye. C'est un progrès dont les amis de la liberté ont d'autant plus le droit de se réjouir que rien n'a justifié les alarmes des conservateurs.

IV

Dans des camps opposés, les facilités nouvelles données par le projet de loi aux associations enseignantes et les droits qu'il leur confère soulevaient d'assez profondes défiances. Ce n'était rien moins, en effet, que l'abrogation, au profit de ces associations, des articles 291 et 292 du Code pénal, si longtemps considérés comme une arche sainte par le parti libéral aussi bien que par les partis conservateurs. Le rapport de M. Laboulaye donne d'excellentes raisons pour justifier cette innovation :

« Dans sa haine des corporations et de leurs abus, la Révolution a porté un coup terrible au droit d'association : elle a mis la France en poussière et l'a livrée sans défense au pouvoir absolu. On revient aujourd'hui à des idées plus saines ; on commence à comprendre que l'association est un des plus fermes remparts de la liberté. On sent également qu'il n'est possible de diminuer l'omnipotence de l'État qu'en facilitant le libre jeu des associations. Ce ne sont pas des individus isolés et impuissants, ce sont des sociétés libres et riches qui seules peuvent décharger l'État des fonctions qui ne lui appartiennent pas essentiellement. Aussi, en attendant qu'une loi, depuis longtemps promise, assure, en le réglant, le droit d'association, nous avons cru nécessaire de déclarer, par notre article 9, que les dispositions de l'article 291 du Code pénal ne seraient pas applicables aux associations formées soit pour encourager, soit pour propager l'enseignement supérieur. Nous ne nous sommes pas demandé si ces associations seraient religieuses ou laïques. Que des citoyens adoptent un genre de vie et un habit particuliers, c'est là un engagement de conscience, un lien spirituel, absolument étranger à l'ordre civil et dont l'État n'a point à s'inquiéter, à moins que l'association n'ait un objet politique. La liberté religieuse n'est pas moins respectable que toute autre forme de la liberté, et nous n'avons aucun droit d'exclure de l'enseignement des Français et des citoyens, parce qu'ils s'y croient appelés par une vocation sacrée. »

Est-ce à dire que la liberté du costume et de la vocation soit seule en jeu en ce qui concerne les congrégations religieuses? Nulle liberté n'est absolument inoffensive, et il faut savoir aimer assez la liberté pour lui rester attaché sans méconnaître aucun de ses périls; mais ici il y a une situation exceptionnelle, sur laquelle ne pouvait s'aveugler un esprit aussi clairvoyant et aussi libéral que celui de M. Laboulaye. Les autres genres d'associations puisent toute leur force en eux-mêmes, dans les idées, les passions ou les intérêts qu'ils représentent, dans le nombre et le zèle de leurs adhérents. Ils sont d'ailleurs soumis, comme toutes les choses humaines, à la loi de la diversité et du mouvement : ils ne peuvent durer qu'à la condition de se transformer sans cesse. Les congrégations, outre leur force propre, outre une organisation qui a de profondes racines dans le passé et des ramifications dans le monde entier, prennent leur point d'appui dans une société infiniment plus vaste, à laquelle sont attachés par les plus forts liens, depuis la naissance jusqu'à la mort, la très grande majorité des Français et la portion la plus considérable des peuples civilisés. Elles participent à tous les moyens d'action de l'Église catholique; elles ont le même chef, infaillible et unique; elles obtiennent des indifférents et parfois même des adversaires ce respect involontaire qui se refuse difficilement aux manifestations de la foi religieuse; elles sont enfin les organes les plus actifs de doctrines et de prétentions immuables, dont le principal et constant effort a pour but de se soustraire à l'action du temps, au mouvement des idées, aux vicissitudes des institutions. Tant que l'État ne se confondra pas avec l'Église, quelques égards qu'il ait pour elle, quelque soumission même qu'il lui témoigne, il redoutera toujours des corps aussi puissamment organisés, non seulement pour le bien et pour les œuvres utiles, mais pour tous les excès de zèle et toutes les ambitions. Aussi, depuis que les congrégations ont été supprimées par la Révolution, nul gouvernement n'a consenti à les rétablir; tout ce qu'elles ont obtenu, en 1825, sous un gouvernement d'extrême droite, c'est une loi qui leur permet d'être reconnues dans certains cas et à des conditions plus rigoureuses que les autres associations. La loi nouvelle leur était beaucoup plus favorable, et il ne faut pas s'étonner si elle a soulevé, sur ce point, de sérieuses et vives objections. Ce qui devait rassurer les libéraux et les confirmer dans leur respect de la liberté, c'est l'impuissance de toutes les précautions qui ont été prises, sous tous les régimes, contre la formation et le développement des congrégations. Les associations laïques profiteraient bien plus que leurs rivales de la suppression d'obstacles légaux que ces dernières ont toujours su déjouer. L'esprit laïque est plus timide; il ne représente que des forces disséminées; il s'est habitué, par l'effet même de sa faiblesse, à chercher son point d'appui dans l'État. Il faut lui apprendre à compter sur lui-même en le débarrassant de ses lisières. Les congrégations, même après les décrets de 1880, qui n'ont été à leur égard que des actes de violence impuissants à les dissoudre, impuissants même à les entraver dans ce qui fait leur réelle influence, peuvent se passer de la reconnaissance de leurs droits : les associations laïques ont besoin, pour se former et pour agir, que leur liberté soit, non seulement reconnue, mais encouragée par la loi.

Nous comprenons toutefois qu'on hésite à changer sur un point le régime légal des associations quand on le maintient sur tout le reste. Ce changement soulève d'ailleurs une très grave question, qui peut-être n'est pas encore mûre : celle de la propriété de main-morte. Le projet de loi éludait cette question en maintenant la législation antérieure et en se bornant à faciliter, pour les associations enseignantes, la déclaration d'utilité publique. « Une association n'est viable, dit M. Laboulaye dans son rapport, qu'autant qu'elle a des ressources suffisantes pour fournir à des dépenses nécessairement considérables. Dénier à une association le droit d'acquérir et de posséder, c'est la condamner à languir dès le premier jour et à périr dans un bref délai. Sans un patrimoine solidement assuré, il ne peut pas y avoir un grand établissement d'enseignement supérieur. » Très bien, mais s'il en est ainsi, que deviendront les établissements qui ne pourront obtenir la déclaration d'utilité publique? Comment soutiendront-ils la concurrence de leurs rivaux plus favorisés? La liberté appelle l'égalité, sous peine de n'être qu'un privilège.

Nous croyons qu'il eût été plus sage de renvoyer à une loi générale tout ce qui concerne les associations enseignantes ou autres. On n'eût pas provoqué quelques années plus tard la réaction de l'article 7 et des décrets. La liberté de l'enseignement supérieur ne restait pas pour cela sous le régime de l'autorisation préalable. Sa condition eût été celle que la loi de 1850, sans rien innover en ce qui touche le droit d'association, a faite à la liberté de l'enseignement secondaire. Les sociétés commerciales, les sociétés par actions, lui seraient ouvertes pour les plus grandes et les plus durables fondations [1]. Sous cette forme, rien ne l'em-

1. Le régime de la société par actions, adopté depuis longtemps par d'importants établissements d'enseignement secondaire, l'institution Sainte-Barbe, le collège Stanislas, l'a été également, dans ces dernières années, par un établissement d'enseignement supérieur qui a devancé la loi nouvelle, l'*École libre des sciences politiques*.

pêcherait de se développer par des acquisitions de toutes sortes, à titre onéreux ou gratuit. Il ne lui manquerait que la personnalité civile incarnée dans une propriété de main-morte; mais s'il paraît encore dangereux de faire de cette personnalité un droit absolu au profit de toutes les associations, il serait peu équitable d'en faire un privilège au profit de quelques-unes.

V

Quelques difficultés que présente la liberté de l'enseignement supérieur, il serait facile de les résoudre si l'on pouvait écarter la question de la collation des grades. Cette question accessoire, par les intérêts qu'elle met en jeu, par les espérances ou les alarmes qu'elle fait naître, est devenue la question principale, la seule, à proprement parler, dont se préoccupe l'opinion publique.

La collation des grades, telle qu'elle est réglée dans notre pays, sous l'empire des lois existantes, intéresse directement une autre liberté que celle de l'enseignement supérieur : la liberté des professions. Les grades universitaires ne sont pas seulement, en effet, la constatation d'études bien faites et, par suite, des titres à la considération publique; ils sont la condition exclusive et privilégiée de l'exercice de certaines professions, de l'obtention de certaines fonctions, de la jouissance de certains avantages légaux. Ce caractère obligatoire des grades ne leur est pas inhérent; il leur est étranger dans d'autres pays, et, en France même, il ne leur est pas attaché par leur institution primitive; il est le fait des règlements ou des lois spéciales qui régissent les professions libérales ou les services publics. Ce n'est pas la loi universitaire qui veut qu'on soit bachelier ès lettres ou ès sciences pour entrer dans telle administration publique : ce sont des décrets rendus sur la proposition des chefs de service compétents. Ce n'est pas davantage la loi universitaire qui a fait entrer le baccalauréat parmi les conditions requises pour l'engagement volontaire d'un an : c'est la loi militaire. Ce sont également des lois étrangères à l'enseignement proprement dit qui exigent qu'on soit docteur en médecine pour exercer la profession de médecin, licencié en droit pour exercer la profession d'avocat ou pour obtenir une nomination dans l'ordre judiciaire. Établies sans la participation du corps universitaire, ces conditions peuvent être modifiées ou même entièrement supprimées sans qu'il soit rien changé à l'institution des grades considérée en elle-même. Les facultés continueraient à faire des bacheliers, des licenciés et des docteurs, en appliquant les mêmes programmes d'examen, alors même que ces titres seraient purement honorifiques et ne conféreraient aucun privilège.

Cette distinction n'est pas toujours comprise. Combien de fois n'a-t-on pas accusé les facultés d'entraver par leurs exigences l'accès des professions libérales ou des fonctions publiques ! A ces plaintes l'Université a toujours opposé une fin de non-recevoir : « Mes examens, a-t-elle répondu, n'ont pour moi qu'une signification : ils sont destinés à constater les résultats des études. S'ils ont acquis dans la pratique une autre valeur, c'est la preuve de la confiance qu'ils ont su mériter; ils seraient moins dignes de cette confiance si leur niveau devait s'abaisser. Que si ce niveau paraît trop élevé dans certains cas, les pouvoirs compétents sont toujours maîtres d'y substituer d'autres garanties.

de capacité. C'est donc à ces pouvoirs seuls que doivent s'adresser les réclamations ou les plaintes. »

La même distinction doit servir à résoudre la question de la collation des grades dans ses rapports avec la liberté de l'enseignement supérieur. La loi ne saurait dénier aux établissements libres le droit de faire passer des examens et d'attester par des diplômes les résultats de ces examens. Nous ne verrions même aucun inconvénient à ce que les diplômes de l'enseignement libre prissent les mêmes noms que les grades universitaires, pourvu qu'il fût interdit de s'en prévaloir sans en indiquer le caractère et l'origine. C'est sous la même réserve que le projet de loi permettait aux établissements privés de prendre les noms de facultés et d'universités, et l'État n'a pas lieu de se montrer plus jaloux à l'égard des dénominations de grades ou de diplômes. Il ne faut rien marchander à la liberté dans les limites du droit commun et de l'ordre public. Le seul point sur lequel aucune concession n'est possible, ce sont les avantages ou les privilèges attachés par la puissance publique aux titres conférés en son nom par les facultés de l'État. Une telle concession, en effet, revendiquée pour des établissements particuliers, sous la condition d'une responsabilité toute privée, ne peut invoquer aucun principe de liberté; elle est repoussée par tous les principes d'une bonne administration. Il ne s'agit plus ici de la liberté d'enseignement : il s'agit uniquement de la liberté des professions et de ses restrictions légales.

Les avantages attachés aux grades, on ne saurait trop le répéter, ne sont pas des droits, ce sont des mesures de police et d'utilité générale. L'État ou ses représentants, dans les limites de leurs attributions, jugent nécessaire, à tort ou à raison, d'exiger des garanties de capacité pour l'exercice de certaines professions et pour l'obtention de certains emplois. Dans beaucoup de cas, ils instituent des examens spéciaux; dans d'autres, ils acceptent les examens subis devant les facultés; quelquefois ils exigent la réunion de ces deux ordres de garanties; mais, dans tous les cas, le choix des examinateurs est un acte propre et exclusif de la puissance publique. Personne ne le conteste s'il s'agit d'examens spéciaux. Le seul droit qu'on réclame est celui de se présenter librement à ces examens devant des juges choisis par l'administration, non celui de leur opposer d'autres juges ne relevant que d'eux-mêmes ou de corporations privées. Lorsque la loi sur l'instruction primaire acceptait les *lettres d'obédience* de certaines congrégations de femmes comme l'équivalent des brevets de capacité exigés des institutrices laïques, c'était une exception unique, pour laquelle on n'invoquait aucun principe de droit, mais seulement des raisons de convenance et la confiance particulière que paraissent mériter ces congrégations. On sait avec quelle difficulté s'était établie et maintenue cette exception, combien elle était restée suspecte aux défenseurs les plus impartiaux des idées libérales et des légitimes intérêts de l'instruction primaire. Elle a disparu aujourd'hui et tous les examens professionnels sont soumis à la même règle, universellement acceptée. Qu'il s'agisse de la profession d'instituteur libre ou de la fonction d'agrégé près d'une faculté, tout le monde reconnaît comme bon et valable le jugement des examinateurs officiels. Pourquoi en serait-il autrement quand les examens professionnels prennent la forme de grades universitaires? Pourquoi des établissements privés, en dehors de toute désignation officielle, auraient-ils ici un droit qu'on ne leur reconnaît dans aucun autre cas? Le titre qui permet de tenir une école de village ne peut être conféré qu'au nom et sous le contrôle direct de la puissance publique : le titre qui permet d'occuper une chaire de faculté pourrait être conféré par des particuliers sans mandat! Un jury d'État peut seul faire des vétérinaires ou des sages-femmes : un jury privé pourrait faire des médecins!

Il ne faut pas se laisser abuser par une fausse égalité entre les facultés libres et les facultés de l'État. Les premières peuvent revendiquer tous les droits des secondes pour l'enseignement, pour les examens, pour les grades eux-mêmes, en tant que les examens et les grades ne sont que la constatation du savoir acquis; mais quand les facultés de l'État font l'office de jurys officiels pour les conditions de capacité imposées à certaines professions ou à certaines fonctions, elles remplissent un mandat spécial, et les facultés libres ne pourraient faire le même office que si elles avaient reçu des mêmes pouvoirs un mandat semblable.

Quelques esprits plus ou moins modérés se bornent à demander que la collation des grades professionnels soit déléguée, au nom de l'État, à certains établissements privés, soit par la loi même qui consacre la liberté de l'enseignement supérieur, soit par des lois spéciales (c'était le système proposé par le rapport de M. Laboulaye), soit enfin par des décrets du pouvoir exécutif. Quelle que soit la valeur de ces divers systèmes, il est évident qu'aucun d'eux ne peut invoquer des raisons de liberté et de droit. Déléguée par l'État sous une forme ou sous une autre, la collation des titres professionnels est une faveur; que cette faveur soit accordée aux seules facultés de l'État ou qu'elle soit partagée entre deux catégories d'établissements privilégiés, elle prête le flanc aux mêmes objections, et, dans le dernier cas, elle en soulève de particulières et de plus graves. L'État peut exercer comme il l'entend un pouvoir qui n'appartient qu'à lui; mais s'il en investit des établissements d'instruction, il leur concède, au préjudice de leurs rivaux, un triple avantage : les grades officiels sont une source directe de bénéfices pour les corps qui les confèrent; ils exercent une influence indirecte sur le recrutement des étudiants, qui, toutes choses égales, choisiront toujours plus volontiers les cours de leurs futurs examinateurs; ils donnent enfin aux professeurs-examinateurs une certaine juridiction sur les simples professeurs, dont l'enseignement, par les examens, est soumis à leur contrôle et, par suite, placé plus ou moins sous leur dépendance. Or, peu importe que ces avantages appartiennent exclusivement aux facultés de l'État ou que celles-ci les partagent avec certaines facultés libres; ils n'en pèseront pas moins sur les établissements auxquels ils seront refusés. Ces derniers souffriront même d'autant plus de leur état d'infériorité qu'ils auront à le subir à l'égard d'établissements n'ayant comme eux qu'un caractère privé et se mouvant avec eux dans le cercle de la libre concurrence. L'inégalité est naturelle entre les particuliers, associés ou isolés, et les représentants de l'État; elle est d'ailleurs compensée, pour les premiers, par l'avantage d'une action plus indépendante, plus accessible aux réformes, moins esclave des considérations de tout ordre qui, sous tous les régimes, s'imposent aux pouvoirs publics. L'inégalité la plus choquante est celle qui s'introduit, de par la loi, entre des particuliers, dans l'exercice d'une même profession, dans la jouissance des mêmes droits. Les journaux acceptent sans murmurer la situation privilégiée du *Journal officiel;* le sentiment de la justice n'est blessé en eux que lorsque des privilèges plus ou moins grands sont assurés aux journaux officieux.

Contraire en lui-même à l'équité, le partage des examens professionnels entre les facultés de l'État et certaines facultés privées le serait plus encore aux intérêts de l'enseignement. Toutes les garanties générales que l'on peut mettre dans une loi ou dans un décret ne seront jamais l'équivalent de la nomination personnelle des professeurs par un ministre responsable. On paraît d'accord pour exiger le grade de docteur. Quelque élevé que soit ce grade, il n'est, pour la médecine, qu'un titre purement professionnel, et s'il a, dans les autres facultés, un caractère plus scientifique, on ne saurait prétendre que tout docteur ès lettres, ès sciences ou en droit puisse indifféremment être chargé d'un cours d'enseignement supérieur et des fonctions d'examinateur public pour les plus hautes études. On s'accorde également à demander, pour la collation des grades, un ensemble de professeurs formant, soit une faculté complète, soit une université. Une telle garantie me semble tout à fait illusoire. Pour qui ne se paye pas de mots, plus l'enseignement libre voudra réunir de chaires dans une même ville, pour une œuvre animée d'un même esprit, plus il sera forcé d'accepter le concours de professeurs médiocres. Si des professeurs libres doivent être investis des mêmes attributions que les professeurs de l'État, j'aimerais mieux qu'ils fussent choisis isolément et nominativement, que de confier les examens officiels à une faculté ou à une université tout entière. Il n'y a d'ailleurs, dans l'état actuel, que l'Église catholique et ses congrégations qui puissent fonder ces corps universitaires auxquels on voudrait confier la collation des grades professionnnels. Le partage n'aurait donc lieu qu'entre l'État et le clergé, au détriment de l'enseignement libre laïque. Non seulement ce n'est ni la liberté, ni l'égalité, mais c'est un abaissement inévitable du niveau des grades. Le clergé séculier ou régulier a de merveilleuses aptitudes pour l'enseignement proprement dit, mais depuis longtemps, sous l'empire d'autres préoccupations ou d'autres devoirs, il a laissé aux laïques à peu près entièrement la haute culture scientifique. Il suffit de parcourir les annales des corps savants : parmi les travaux dont les cinq classes de l'Institut ont entendu la lecture ou qu'elles ont jugés dignes de leurs couronnes, la plupart sont l'œuvre de professeurs laïques et la part du clergé y est insignifiante. J'ajoute que les esprits les moins prévenus se défieront toujours de l'impartialité du clergé en matière d'examens : « Les prêtres et les femmes, a dit un homme d'esprit, ont toujours plus de peine à comprendre la justice que la grâce. »

Ce n'est pas tout. Si les examens n'avaient qu'une valeur d'opinion, la concurrence entre les examinateurs pourrait être favorable à l'élévation de leur niveau; elle tendra, au contraire, à l'abaisser, s'il s'agit d'examens obligatoires, conférant des droits ou des privilèges. Les exigences de ces examens ne peuvent monter au-dessus d'une certaine médiocrité sous peine d'entraver le recrutement des professions ou des fonctions dont ils sont la condition nécessaire, et comme ils auront la même valeur légale, de quelque façon qu'ils aient été passés, les examinateurs les moins sévères seront toujours préférés par la majorité des candidats. Il y aura donc inévitablement, entre les établissements rivaux investis de la collation des grades, une émulation d'indulgence, non pas, si l'on veut, sous la pression d'un intérêt matériel ou mercantile, mais sous celle de mobiles plus nobles : l'esprit de corps, l'esprit de parti, l'esprit de secte, le désir naturel et jusqu'à un certain point respectable, quand on représente ou qu'on croit représenter la bonne cause, d'attirer à soi le plus grand nombre de disciples. Même entre les facultés de l'État, appartenant à un même corps et soumises à une direction commune, on accuse déjà la concurrence de contribuer à la faiblesse des examens et des études :

combien le danger sera-t-il plus grand quand il n'y aura pas simple concurrence, mais rivalité complète d'intérêts et d'idées !

Les mêmes raisons doivent faire écarter l'institution d'un jury spécial pour les élèves de l'enseignement libre qui récuseraient la juridiction des facultés de l'État. Cette institution avait trouvé place dans le projet de loi élaboré en 1870; le nouveau projet l'a repoussée pour donner la préférence à la collation des grades par certaines facultés libres. Un jury spécial dont les membres seraient nommés par la puissance publique offrirait assurément plus de garanties que des établissements d'un caractère privé; mais le danger serait le même quant aux effets de la concurrence en matière d'examens professionnels. Il faut également rejeter le système du jury mixte, c'est-à-dire de la concurrence, au sein d'un même jury, entre les représentants de l'enseignement officiel et ceux de l'enseignement libre. Ce système, universellement condamné en Belgique où il était pratiqué depuis longtemps et où il avait pu porter tous ses fruits, ne comptait en France, dans les partis de droite, que de rares partisans, lorsque M. Wallon l'imposa à l'Assemblée nationale comme la seule transaction qui pût assurer le vote de la loi. Un an plus tard, avant même que l'expérience en eût commencé, la Chambre des députés en votait l'abrogation. Maintenu par le Sénat, il a disparu définitivement en 1880, sans laisser de sérieux regrets à ceux même qui l'avaient défendu avec le plus d'ardeur. Il avait rencontré peu de faveur près des familles qui confiaient leurs fils aux nouvelles facultés libres, et la plupart lui préféraient hautement les examens subis devant les facultés de l'État.

L'abolition du jury mixte et le retour à la juridiction exclusive de l'Université ne peuvent être acceptés que comme un ajournement de la question des grades. Cet ajournement eût été en 1875, il est encore aujourd'hui la meilleure solution jusqu'au moment où l'expérience de l'enseignement libre sera assez complète et se sera poursuivie dans des conditions suffisamment impartiales pour permettre l'étude et l'adoption d'un système définitif.

La question des grades professionnels ne comporte que deux solutions logiques : ou bien ces titres pourront être conférés par tous les établissements d'enseignement supérieur, publics ou privés, ou bien ils ne seront conférés que par des jurys spéciaux, dégagés de tout intérêt dans la préparation aux examens. La première solution ne serait pas autre chose que la liberté complète des professions; car des titres que tout le monde pourrait donner n'auraient évidemment aucune valeur. Les raisons ne manqueraient pas pour soutenir théoriquement une telle liberté ; mais il serait impossible, dans l'état de nos mœurs, de lui donner une consécration légale et pratique. Nous pourrions l'accepter pour l'exercice de notre art, a dit un médecin : ce sont les malades qui n'en voudraient à aucun prix. L'autre solution consisterait à substituer aux grades, comme titres professionnels, des examens spéciaux. C'est le système qui a prévalu en Allemagne et en Angleterre. Il a été préconisé en France par les meilleurs esprits, et il est permis d'espérer que l'avenir lui appartient. Il aurait le double avantage de maintenir intacts les droits de l'État et l'unité de juridiction, condition nécessaire du bon exercice de ces droits. D'un autre côté, il rendrait aux grades eux-mêmes leur valeur scientifique en leur ôtant ce caractère professionnel qui les voue à la médiocrité. Toutefois une innovation aussi radicale ne peut être improvisée, et il n'est pas même permis d'en espérer la réalisation prochaine. On peut bien, dans une loi sur l'enseignement supérieur, déclarer que les grades, de quelque façon qu'ils soient conférés, ne sont plus que des titres scientifiques et honorifiques, lorsqu'ils auront été remplacés, comme titres professionnels, par des examens spéciaux; mais, pour instituer de tels examens, il faut l'expérience et les études des diverses administrations compétentes; il faut, de plus, une révision des lois spéciales qui règlent l'exercice de certaines professions et l'admission aux fonctions les plus importantes. Les Chambres ont été saisies, depuis longtemps, de projets de lois sur deux de ces objets : la médecine et la magistrature; aucun n'a pu aboutir, et il paraît impossible, soit de les faire revivre, soit d'en présenter de nouveaux, avec quelques chances de succès, sur les mêmes objets ou sur d'autres objets semblables.

La seule solution pratique est donc le maintien provisoire de l'état de choses actuel pour la collation et pour la valeur des grades. C'était, au fond, la solution proposée par le rapport de M. Laboulaye. En déclarant qu'une loi pourra accorder aux facultés libres, sous certaines conditions, le droit de conférer les grades, le projet de loi ne contenait qu'un engagement superflu et tout à fait illusoire. Le législateur peut faire, sans qu'on ait besoin de lui tracer d'avance sa voie, tout ce qui n'est pas interdit par un article de Constitution ou par un principe évident de droit naturel, et il n'est lié en aucune façon par les conditions que le législateur présent jugerait à propos de lui prescrire. « De tels engagements ont la valeur du testament de Louis XIV, » a dit, dans une autre occasion, M. Laboulaye lui-même [1]. Tout le titre III de son projet ne fait qu'exprimer une

1. Rapport sur la prorogation des pouvoirs du maréchal Mac-Mahon.

préférence théorique pour un certain système; or, non seulement une préférence de ce genre ne doit pas trouver place dans un acte législatif, mais le système qui en est l'objet, le partage d'un droit inhérent à la puissance publique entre les représentants de l'État et des établissements privés, est le plus défectueux de tous. Ce qu'il y a de plus sage, puisque la loi présente ne peut résoudre la question, c'est de ne pas chercher à préjuger, par de vaines et trompeuses promesses, les décisions des lois futures.

L'état de choses actuel est loin d'être le meilleur système; mais il ne faut exagérer ni ses inconvénients en lui-même, ni les conditions d'infériorité qu'il fait peser sur l'enseignement libre. Il est toute une catégorie d'établissements libres qui est absolument désintéressée dans la question : ce sont les établissements qui ne se proposent aucun but de concurrence ou de rivalité à l'égard des écoles de l'État et qui ne veulent être, pour ces dernières, que des auxiliaires indépendants, explorant des terrains nouveaux sur lesquels la science officielle n'ose pas encore s'aventurer. Sur ces terrains en quelque sorte abandonnés à son initiative, l'enseignement libre pourra instituer des examens qui ne porteront ombrage à personne, et espérer pour ces examens d'autant plus de crédit que leur équivalent ne se trouvera nulle part ailleurs. L'enseignement libre compte déjà plus d'une création de ce genre : l'*École libre des sciences politiques*, l'*École d'Anthropologie*, l'*École libre des sciences religieuses*. Ces excellentes institutions se multiplieront sans aucun doute, pour le plus grand profit des hautes études, sous le bénéfice de la liberté de l'enseignement supérieur.

Même sur le terrain où il se rencontre avec l'enseignement officiel, l'enseignement libre peut, dans beaucoup de cas, opposer ses examens à ceux des facultés de l'État. On affecte à tort de dédaigner comme un droit purement platonique la délivrance de diplômes auxquels n'est attaché aucun privilège. Les grades universitaires, en dehors de leur valeur obligatoire pour certaines carrières, sont recherchés comme un honneur et appréciés comme la meilleure des recommandations. Le grade qui est l'objet de l'ambition la plus générale, le baccalauréat, n'est exigé que pour les professions d'avocat et de médecin et pour la moindre partie des fonctions publiques. Il n'est pas même indispensable pour le volontariat d'un an, car il peut être remplacé par d'autres examens d'un caractère spécial. Beaucoup ne le recherchent que pour prouver qu'ils ont fait leurs classes, comme on dit vulgairement, ou pour pouvoir y ajouter d'autres grades dont il est la condition et qui n'ont également pour eux qu'une valeur honorifique. Il en est, en effet, des grades en droit comme du baccalauréat : plus de la moitié de ceux qui tiennent à les posséder pourraient s'en passer pour leur carrière future. Une de nos grandes écoles spéciales, l'École centrale, délivre des diplômes qui n'ouvrent aucune carrière et auxquels cependant s'attache un très grand prix dans les professions industrielles et dans plus d'une fonction publique. Les diplômes de l'enseignement libre peuvent acquérir la même valeur que tous ces titres officiels qui sont une garantie de mérite et un gage de succès là même où ils ne sont pas l'objet d'une exigence administrative ou légale. Leur valeur intrinsèque peut être égale; leur crédit, aux yeux du public, est subordonné aux mêmes influences que celui des diplômes de l'État; il montera ou baissera au gré des passions de parti, de secte ou d'école qui les prendront sous leur patronage ou qui tendront à les déprécier. S'ils ne doivent être qu'un honneur, on les demandera aux établissements dont l'enseignement sera le mieux vu dans le monde auquel on appartient. Si l'on y cherche une recommandation en vue d'une carrière, ils pourront toujours compter, quelle que soit leur origine, sur la faveur d'une certaine clientèle.

Les élèves de l'enseignement libre qui sont forcés, pour leur carrière future, de demander leurs grades aux facultés de l'Etat, peuvent se croire sans doute dans une situation moins favorable que les élèves de ces facultés, interrogés par leurs propres professeurs. Ces appréhensions toutefois sont-elles entièrement fondées? Beaucoup de candidats, parmi ceux même qui appartiennent, nominalement ou réellement, à la clientèle des facultés de l'État, n'ont pas suivi les cours de la faculté devant laquelle ils se présentent; les uns se sont formés près d'une autre faculté; les autres, et c'est le cas le plus ordinaire, surtout pour le droit, se sont contentés des leçons d'un répétiteur ou se sont préparés seuls à l'aide de livres : si la préparation a été sérieuse, elle n'a jamais été, quel qu'en soit le mode ou l'origine, une cause sensible d'infériorité et d'insuccès. Les élèves mêmes qui ne se sont pas préparés au dehors n'ont pas toujours pour examinateurs les professeurs dont ils ont suivi les leçons. Il se forme dans les facultés, pour chaque examen, des jurys restreints, dont les membres sont souvent appelés à interroger sur d'autres cours que ceux qu'ils ont faits eux-mêmes. Les élèves de l'enseignement libre, en se présentant pour les grades devant les facultés de l'État, sont donc dans des conditions analogues à celles d'un grand nombre d'élèves de l'enseignement officiel et ces conditions ne leur sont pas plus défavorables.

La question des grades peut donc être ajournée sans que la liberté de l'enseignement supérieur en soit sérieusement compromise. Ce sont déjà des progrès immenses que la suppression de l'autorisation préalable, la libre préparation aux examens officiels, le droit de conférer des titres qui rivalisent avec les diplômes de l'État, partout où ceux-ci ne sont pas investis d'un privilège exclusif. Il faut s'en tenir à ces conquêtes de la liberté et il serait peu libéral de les dédaigner parce qu'elles ne peuvent recevoir, dès à présent, tous leurs compléments. Il serait d'ailleurs peu prudent de fournir des prétextes, par des revendications excessives ou intempestives, aux entreprises des sectaires qui affectent de ne voir dans ces conquêtes de la liberté que des victoires de la réaction cléricale, dont ils sont impatients de prendre leur revanche.

CHAPITRE II

LA LIBERTÉ DE L'ENSEIGNEMENT SECONDAIRE

M. Paul Bert, présidant en 1881 l'inauguration des nouveaux bâtiments d'une institution libre d'enseignement secondaire, l'école alsacienne, prononçait les paroles suivantes : « Oui, vous êtes un établissement d'enseignement véritablement libre. Vous êtes de ceux si rares qui, avec votre aînée l'école Monge, dont je vois avec plaisir le directeur à côté de moi, fournissent un actif au bilan de cette loi funeste de 1850, dont le passif formidable se résume en un mot : séparation en deux camps hostiles de la jeunesse française. Oui, vous étiez de ceux dont le souvenir et l'exemple gênaient et retenaient dans l'expression complète de leur pensée les hommes publics qui s'écriaient dans des discussions récentes : « La liberté d'enseignement, elle n'a produit en politique que la discorde, en pédagogie que l'abaissement des études! »

Ces paroles résument très bien les griefs persistants des adversaires de la liberté d'enseignement et leur embarras pour donner à ces griefs la seule satisfaction que réclamerait la logique : le rétablissement du monopole. La liberté, suivant eux, a produit presque partout des œuvres détestables, mais elle en a produit aussi d'excellentes, et ces dernières ont assez de prix à leurs yeux pour qu'ils craignent de les sacrifier à leur animosité contre les premières. En un mot, leur point de vue est le même que celui d'une orthodoxie intolérante ; ils ne reconnaissent que « la liberté du bien » et ils cherchent des biais pour lui permettre de se maintenir sans abriter sous les mêmes garanties « la liberté du mal ».

Le « mal », c'est l'enseignement ecclésiastique ou congréganiste, et, en général, tout enseignement, même laïque, où les intérêts de la foi religieuse tiennent la première place. Nous ne voulons discuter ici ni la réalité ni la gravité de ce prétendu mal, ni le dégré de liberté qu'il convient de lui laisser. Nous ne voulons que montrer dans quelles difficultés on s'engage et à quelle impuissance on se condamne quand on n'admet pas franchement la liberté de droit commun, la liberté pour tous.

La première arme de combat forgée contre l'enseignement clérical a été ce fameux article 7 qui, introduit dans une loi sur l'instruction supérieure, visait surtout l'instruction secondaire. Nous ne reviendrons pas sur les objections qu'il a soulevées et sous lesquelles il a fini par succomber. Il est vrai qu'il a reparu aussitôt sous une autre forme et que les décrets du gouvernement, les décisions du tribunal des conflits, les jugements des conseils académiques et du conseil supérieur ont permis de poursuivre avec une meilleure fortune le but devant lequel avait reculé la prudence du Sénat. Nous laisserons également de côté la discussion de ces divers actes. Il nous suffit d'en rappeler les résultats. Il n'y a plus de collèges de jésuites; il n'y a plus même, dans les établissements qui ont remplacé ces collèges, de directeurs, de professeurs, d'employés quelconques appartenant ou ayant appartenu à la compagnie proscrite, ou du moins ils savent si bien se déguiser qu'ils échappent à l'œil de l'administration et des partis. Les autres congrégations non autorisées ne conservent leurs collèges qu'en vertu d'une tolérance précaire ou de certains accommodements auxquels de part et d'autre on n'a pas cru pouvoir se refuser. Le nombre des établissements où domine « l'esprit clérical » est-il sensiblement diminué? Les collèges de l'Etat ont-ils beaucoup plus d'élèves? Si la pression exercée sur les familles qui dépendent plus ou moins du gouvernement leur en a valu quelques-uns, les tiennent-ils sans partage sous leur direction intellectuelle et morale? La « séparation en deux camps hostiles de la jeunesse française » paraît-elle près de cesser? N'est-elle pas accrue au contraire par une division de plus en plus profonde entre les familles? Et ces éléments de « discorde », qui seraient, suivant M. Paul Bert, le produit le plus certain de la liberté d'enseignement, ne se sont-ils pas multipliés par l'effet même des moyens que l'on a employés pour la détruire?

On le sent si bien que l'on n'a pas cessé, depuis trois ans, de chercher d'autres moyens plus efficaces. Deux ont été l'objet de propositions législatives. Ils ont le mérite de ne pas sortir du droit commun. Ils s'appliquent à toutes les institutions libres, laïques, ecclésiastiques ou congréganistes. Ils frapperaient aussi bien l'école alsacienne et l'école Monge que ces maisons suspectes, contre lesquelles on retourne le nom d'*écoles de pestilence*, inventé il y a quarante ans contre les collèges universitaires. Nous essayerons même de prouver que de telles mesures seraient surtout funestes aux institutions laïques et, parmi elles, aux institutions qui méritent le mieux de l'esprit de liberté et de progrès.

Le projet de loi qui exige de nouvelles garanties de capacité de toute personne participant à la direction, à l'enseignement ou à la surveillance dans une institution libre, ne soulève aucune objection de principe. Il ne fait qu'étendre à l'enseignement secondaire les règles suivies pour l'enseignement primaire [1]. Les garanties que l'on demande sont de deux sortes : des grades universitaires et un certificat d'aptitude pédagogique. Elles sont empruntées aux dispositions législatives que la monarchie de juillet avait préparées sur la liberté de l'enseignement secondaire, et c'est un héritage que la république actuelle peut s'approprier sans renier ses prétentions libérales. Il y a toutefois cette différence que le projet de 1844 était destiné à régir un état de choses tout nouveau, tandis que celui de 1882 va porter le trouble dans un état de choses consacré par une longue possession. Il y a, d'un autre côté, cette objection capitale qui pouvait déjà être faite en 1844 et qui a plus de force encore en 1882 : c'est que l'Etat, pour suffire aux besoins croissants de ses collèges, a été entraîné à accepter pour leur personnel des garanties moins rigoureuses que celles qu'il voudrait imposer au personnel des institutions libres. Le baccalauréat est seul exigé dans les collèges communaux, même pour les classes supérieures. Les classes inférieures et la surveillance peuvent y être confiées à de simples instituteurs; en outre, les recteurs, les proviseurs et les principaux ont un droit de délégation ou d'engagement provisoire, pour un certain nombre de

1. Ce projet de loi a été le sujet, à la Chambre des députés, d'une brillante discussion qui a fourni à M. Mézières l'occasion de défendre éloquemment l'Université; mais l'Université aurait-elle besoin d'être défendue si l'on n'avait pas, sans son aveu et contre le sentiment de ses membres les plus éclairés, menacé ses rivaux dans la jouissance d'une liberté dont ils sont en possession depuis plus de trente ans?

fonctions, sans justification de titres. Est-il prudent, pour le vain avantage de gêner l'enseignement libre, d'appeler l'attention sur ces misères de l'enseignement public?

Vain avantage, en effet, pour le but que l'on poursuit; car les séminaristes et les novices des congrégations ont plus de facilités que les jeunes laïques pour la préparation aux examens et aux grades. Ils y ont, je le sais, des succès plus nombreux que brillants; ils n'y produisent, en général, que la moyenne ou, pour mieux dire, la médiocrité de savoir dont tout examen obligatoire est forcé de se contenter; mais le travail en commun, sous une direction habile et avec une grande régularité d'habitudes, les élève assez aisément à ce modeste niveau. Si jusqu'à présent ils n'ont pas recherché les titres universitaires, c'est qu'ils n'en avaient pas besoin; c'est aussi que leurs chefs ne tenaient pas beaucoup à les pourvoir de titres qui pouvaient encourager parmi eux des sentiments d'orgueil ou des velléités d'indépendance; mais quand il ne sera plus permis de s'en passer, ce n'est pas l'enseignement clérical qui éprouvera le plus de difficultés à remplir toutes les conditions exigées. Il ne visera pas sans doute à l'agrégation et au doctorat; mais il aura plus aisément et plus promptement que l'enseignement libre laïque le nombre légalement suffisant de licenciés, de bacheliers, de brevetés de l'enseignement primaire, voire même de directeurs pourvus du certificat d'aptitude pédagogique [1]. Quel sera donc le résultat le plus net de ces

1. On avait pu craindre que ce certificat, dont l'objet est assez difficile à bien définir, ne devînt un instrument d'inquisition, dans un intérêt politique ou religieux contre les méthodes ou les doctrines suspectes. La discussion de la Chambre des députés a en partie dissipé ces craintes, mais elle a en même temps mis en lumière l'inutilité de cette institution qui ne sera qu'une entrave pour la liberté, sans profit pour l'autorité.

nouvelles exigences? Quelques maisons d'ordre inférieur seront forcées de se fermer; les plus prospères et surtout les maisons ecclésiastiques, non seulement se mettront en règle avec la loi, mais elles trouveront une recommandation de plus dans les titres de leurs maîtres; elles auront d'autant mieux le droit de s'en prévaloir dans leur rivalité avec les établissements de l'Etat, dont beaucoup sont dépourvus du même ensemble de garanties, que ces titres sont conférés par l'Etat lui-même et que leur possession, de son propre aveu, est une preuve de supériorité.

II

Il serait beaucoup plus difficile de justifier l'autre projet, qui exige, pour être admis au baccalauréat ou même, suivant un amendement, pour obtenir un emploi quelconque dépendant du gouvernement, un certificat d'études dans un établissement public d'instruction secondaire. C'est le retour pur et simple au monopole, tel qu'il existait avant la loi de 1850. On propose même de l'aggraver, car il n'imposait que deux années d'études, et on en demande trois. Le gouvernement, il faut l'en féliciter, s'est nettement prononcé contre une atteinte aussi directe et aussi violente à la liberté d'enseignement. Il n'a pas convaincu la commission législative saisie du projet et il n'est pas certain qu'il convainque la Chambre des députés, ni même qu'il persiste jusqu'au bout et sur tous les points dans sa résistance. Nous ne nous donnerons pas le facile mais stérile avantage d'invoquer les principes libéraux là où il n'y a qu'une machine de guerre. Sur cette question comme sur les précédentes, nous ne voulons considérer que les résultats. Ils seraient funestes à la plupart des institutions libres, mais ils le seraient surtout à celles qui prétendent vivre d'une vie propre et rivaliser avec les collèges de l'Etat sans les copier, sans leur emprunter l'organisation de leurs classes et leurs méthodes d'enseignement. Les institutions qui envoient déjà leurs élèves aux classes des lycées ne souffriraient aucune atteinte. Celles qui ont les mêmes classes que les lycées seraient décapitées ; mais si elles avaient l'avantage de ne pas être trop éloignées d'un établissement universitaire, elles y gagneraient de pouvoir se décharger sur cet établissement des frais d'enseignement pour les classes supérieures, et elles pourraient en même temps se faire honneur des succès qu'y obtiendraient leurs élèves. Bien autrement fâcheuse serait la situation de ces institutions à l'esprit indépendant et progressif, si justement chères à M. Paul Bert, l'école Monge et l'école alsacienne. Elles ont, pour toutes les classes, leur plan d'études, leurs méthodes, leurs moyens d'action sur l'intelligence et le caractère de leurs élèves. Ce n'est pas seulement une mutilation qu'elles subiront si elles ne disposent plus de leurs classes supérieures, c'est un bouleversement total, car les classes mêmes qui ne leur seront pas disputées ne seront plus que la préparation à un enseignement extérieur, imbu d'autres idées, dirigé dans un autre esprit. On nous dira que l'Université s'est approprié les procédés qui ont réussi dans ces écoles et qu'elle peut leur enlever leurs élèves sans que ceux-ci aient à en souffrir. C'est reconnaître étrangement le bien dont on se déclare redevable à ces établissements modèles ; c'est une façon non moins singulière d'entendre le progrès ! On affirme dans le passé les bienfaits de l'initiative privée et on fait tout pour les rendre impossibles dans l'avenir ! L'Etat se fait honneur d'imiter des établissements particuliers et il voudrait forcer désormais tous les établissements particuliers à se faire les humbles satellites et les pâles imitateurs de ses propres collèges!

Y gagnerait-on au moins de détruire l'ennemi, d'arracher au cléricalisme l'éducation de la jeunesse française? Les institutions ecclésiastiques attachent le plus grand prix à l'instruction proprement dite. Elles sont fières de leurs succès dans la préparation aux examens officiels, depuis le baccalauréat jusqu'à l'École polytechnique. Ce n'est pas, toutefois, les calomnier que de reconnaître que l'instruction littéraire ou scientifique ne tient que le second rang dans leurs préoccupations et que l'éducation morale et religieuse y a de beaucoup la place prédominante. Elles n'ont fait aucun usage pour le progrès de l'enseignement de la liberté qu'elles ont conquise en 1850. Elles ne peuvent se faire honneur d'aucune méthode nouvelle; elles ne peuvent même se faire honneur du maintien de leurs meilleures traditions. On y citerait plus difficilement qu'il y a trente ans des exemples de fortes études classiques. Disputer à l'Université et aux institutions laïques les candidats aux divers examens paraît être, au point de vue de l'enseignement, leur principal souci. La plupart ne visent pas plus haut qu'à « fabriquer » le plus de bacheliers possible; on a tout dit des plus distinguées quand on les a reconnues pour d'excellentes « fabriques » de saint-cyriens et de polytechniciens. Les seuls modèles qu'elles offrent à l'Université sont ceux d'une préparation habile, qui n'a rien à voir avec les études désintéressées et véritablement fructueuses. Voilà pourquoi on a pu dire, non sans fondement, que l'effet le plus certain de la concurrence entre le clergé et l'Université avait été l'abaissement des études. Nous croyons et nous essaierons de démontrer qu'il est injuste d'imputer cet abaissement à la liberté elle-même et qu'il faut en chercher la cause dans notre système d'examens. Quoi qu'il en soit, le rétablissement du certificat d'études serait assurément un coup très sensible pour les institutions ecclésiastiques, mais le coup ne les atteindrait pas dans ce qui a le plus de prix à leurs yeux, dans la formation et la direction de l'âme des enfants. Forcées d'envoyer leurs élèves dans les collèges de l'Etat pour quelques-unes des classes supérieures, elles ne livreraient à leurs rivaux que des esprits qui auraient déjà reçu leur pli et sur lesquels elles continueraient à veiller pour tout ce qui tient à la culture morale. Le gain serait petit pour l'Université et pour le but que l'on poursuît en son nom et sans son aveu. Quelle action aurait-elle sur des élèves qui lui viendraient tardivement, par contrainte, mieux préparés à se défier de ses leçons qu'à les recevoir avec docilité et à en retirer un sérieux profit? Leur instruction y gagnerait peu; leur éducation n'y gagnerait rien. C'est en effet nourrir de singulières illusions que de croire qu'on rétablira « l'unité morale de la France », parce qu'on réunira sur les mêmes bancs, pendant quelques heures par jour, dans des classes de lettres ou de sciences, voire même d'histoire ou de philosophie, des enfants séparés dès le berceau par les idées et par les sentiments dans lesquels ils ont été élevés, et que tout continuera à séparer hors des classes, dans leurs familles ou dans leurs pensions respectives? On se plaint que les élèves des grandes écoles de l'État y forment comme deux sociétés différentes, suivant qu'ils appartiennent, par leur éducation antérieure, à l'enseignement laïque ou à l'enseignement ecclésiastique. Et cependant le régime de ces écoles leur impose des rapprochements de tous les instants, non seulement pour les études, mais pour tous les exercices, pour tous les actes de la vie. Si les divisions subsistent dans une vie commune, quel espoir de les faire cesser par la simple communauté des classes dans les dernières années de l'instruction secondaire?

Nous avons connu, comme élève et comme professeur, avant 1850, le régime du certificat d'études. Nous nous rappelons encore ces élèves du dehors qui venaient demander aux collèges de l'Etat leur certificat de rhétorique ou de philosophie. Ils étaient un embarras quand ils n'étaient pas un danger. On s'arrangeait pour exiger d'eux le moins possible. Dans les collèges de Paris on les dispensait de toutes les classes du matin. Ceux qui semblaient prendre intérêt à l'enseignement universitaire n'étaient souvent que les instruments inconscients ou malicieux d'un espionnage organisé. Ils rapportaient à la maison ou à la pension des notes qui servaient de base, soit aux attaques de la presse hostile, soit à des dénonciations plus redoutables, envoyées à l'administration supérieure. Ils se plaisaient même à jouer le rôle d'agents provocateurs, en posant aux professeurs des questions captieuses que leur avaient dictées leur parents ou leurs maîtres. Loin d'apporter la paix et l'union, le *Compelle intrare* du certificat d'études n'avait pour résultat que de mettre l'ennemi dans la place.

Le mal serait infiniment plus grand aujourd'hui, parce que les collèges de l'Etat rencontrent devant eux d'un côté la concurrence d'un plus grand nombre d'institutions privées, de l'autre l'hostilité ou la défiance d'un plus grand nombre de familles. Ce n'est, dira-t-on, qu'un effet passager de la loi de 1850. Quand cette « loi de malheur » aura disparu, l'Université regagnera aisément le terrain qu'elle a perdu. Rien n'est moins fondé qu'un tel espoir. Le rétablissement du certificat d'études ne désarmera aucune des influences qui, depuis 1850, ont mis en si grande faveur, près d'une partie des classes moyennes, l'enseignement clérical. Il ne fera, par une apparence de persécution, que donner à ces influences encore plus de force. On se trompe singulièrement quand on croit qu'elles doivent toute leur puissance aux leçons données dans les collèges ecclésiastiques et qu'elles dominent seulement parmi les anciens élèves de ces collèges. Elles se sont trouvées toutes-puissantes, il y a trente ans, pour recruter la nouvelle clientèle des rivaux de l'Université parmi les anciens élèves de l'Université elle-même. Elles avaient profité, après 1848, du désarroi qu'avait jeté dans la bourgeoisie l'avènement inattendu du suffrage universel et du rapprochement que ce désarroi avait opéré entre les vaincus de la dernière révolution et ceux des révolutions précédentes. Elles n'ont pas été moins bien servies, depuis 1870, par tous les mécontentements qu'une série de défaites ou de tentatives avortées ont accumulés parmi les diverses nuances des partis conservateurs ou soi-disant tels. Partout on signale comme les plus ardents dans les campagnes engagées contre l'Université, au profit de l'enseignement ecclésiastique ou congréganiste, d'anciens libéraux formés par l'Université. Qu'on ait tort ou raison de les accuser de défection, ce n'est pas un bon moyen pour les ramener ou pour les empêcher de faire des prosélytes que de justifier par d'odieuses exigences le rôle plus ou moins sincère qu'ils aiment à se donner de défenseurs de la liberté.

III

Une proscription directe et radicale réussirait-elle mieux que des demi-mesures contre des adversaires que l'on semble redouter davantage depuis qu'ils sont déchus du pouvoir et réduits aux armes de l'opposition? Telle avait été l'opinion de M. Madier-Montjau lors de la discussion de l'article 7, et il avait présenté un amendement qui prononçait l'interdiction absolue du droit d'enseigner contre tout membre d'un clergé ou d'une congrégation religieuse quelconque. Écarté comme trop radical en 1879, cet amendement n'a pas été reproduit depuis cette époque, et je ne sais s'il pourrait espérer aujourd'hui une meilleure fortune. Il faut pousser bien loin les passions anticléricales pour se décider à fermer d'un seul coup plus de deux cents maisons et à priver d'instruction plusieurs milliers d'élèves qui ne pourraient immédiatement trouver place dans les institutions laïques ou dans les établissements de l'Etat. On s'applaudirait du moins d'avoir supprimé l'enseignement clérical sous la robe du prêtre ou du moine : l'aurait-on rendu moins cher aux familles dont il a les préférences? et pense-t-on qu'elles ne sauraient faire aucun effort pour le retrouver, soit à l'étranger sous la même robe, soit en France même sous l'habit laïque? Elles n'y réussiraient pas sans une grande dépense de temps et d'argent; mais l'État aussi aurait besoin de beaucoup de temps et d'argent pour mettre ses lycées et ses collèges en situation de recueillir l'héritage des maisons qu'il aurait fermées, et quand on se rappelle quels prodiges le zèle religieux a su accomplir en peu d'années, après le vote de la loi de 1850, on peut se demander si ses créations nouvelles ne sauraient pas devancer et dépasser celles qui s'imposeraient au triple budget de l'État, des départements et des villes.

Il faudrait, pour porter un coup vraiment mortel à l'enseignement clérical, aller plus loin que M. Madier-Montjau lui-même dans la voie de la proscription. Il faudrait abolir toute liberté d'enseignement, toute liberté d'éducation, en revenir au fameux plan de Lepelletier Saint-Fargeau, que la Convention, dans ses plus mauvais jours, n'osa pas adopter entièrement et qu'elle se hâta de remplacer, avant même la chute de la Terreur, par des dispositions plus libérales. Si l'on recule soit devant l'odieux d'un tel système, soit devant la crainte de la réaction qu'il ne manquerait pas de provoquer, le plus sage est de s'attacher, franchement et complètement, aux principes de liberté et de droit commun. Je ne veux pas rechercher, comme on le faisait en 1848 et comme on a essayé de le faire dans nos récentes discussions, si la liberté d'enseignement est ou non un droit naturel : il me suffit qu'elle soit un intérêt social de premier ordre. En la reconnaissant, ce n'est pas simplement un avantage que nous concédons à nos adversaires, c'est une garantie que nous nous assurons contre nos propres entraînements dans le présent et contre un retour de fortune dans l'avenir. L'expérience de 1848, si elle était mieux comprise, devrait nous éclairer. L'Université et ses amis avaient subi avec regret la liberté d'enseignement. Les anciens libéraux de la monarchie de juillet, qui l'avaient acceptée, étaient accusés de sacrifier leurs convictions de tous les temps aux nouvelles alliances dans lesquelles les avaient engagés leurs rancunes politiques, et cette accusation n'était pas sans fondement. La loi de 1850 dépassait le but : elle se proposait moins de consacrer la liberté pour tous que d'assurer la prépondérance aux influences catholiques. Elle méritait sur bien des points son impopularité, mais elle méritait aussi la reconnaissance de l'Université par cela seul qu'elle la débarrassait de l'odieux et des périls du monopole. La fin du monopole fut aussi la fin de la guerre acharnée que le clergé et ses amis faisaient depuis dix ans à l'enseignement universitaire. On a trop oublié ce qu'avait été cette guerre, quelles violences, quelles calomnies s'accumulaient, non seulement dans des journaux et dans des pamphlets, mais dans les prédications de la chaire et dans les mandements de l'épiscopat. Rien n'était négligé pour alarmer les consciences des familles et pour inquiéter le gouvernement lui-même. Des ministres dévoués à l'Université, M. Villemain, M. de Salvandy, se laissaient arracher les plus regrettables concessions; une prudence excessive était imposée aux professeurs et plus d'un s'est vu sacrifié pour un manquement plus apparent que réel à cette circonspection nécessaire. Si telle était la condition de l'Université sous un gouvernement ami, que devait-elle être après la réaction qui suivit de si près la révolution de 1848? et qu'aurait-elle été après cette autre réaction, plus terrible encore parce qu'elle était sans contrôle, qui suivit le coup d'Etat de 1851? La liberté d'enseignement sauva véritablement l'Université. L'auteur du coup d'Etat aurait volontiers oublié, pour donner un gage de plus au clergé, que l'Université était une création du premier empire. Le clergé eut la prudence de s'en tenir aux droits que la loi de 1850 lui avait rendus. Content d'avoir ses collèges, non seulement il ne voulut pas prendre ceux de l'Etat, mais il s'occupa moins de ce qu'on y faisait. Les polémiques s'apaisèrent; les dénonciations furent plus rares. La guerre ne reprit que vers la fin de l'empire, sur le terrain de l'instruction supérieure. On attaqua l'enseignement des facultés comme on avait attaqué vingt ans auparavant l'enseignement des collèges. Ce dernier respirait alors sous un ministre sorti de ses rangs, M. Duruy. Dans la période précédente, il n'avait pas été à l'abri des actes de persécution; il avait compté plus d'une victime du coup d'Etat, et même des victimes volontaires, par de courageuses démissions; mais, dans les plus mauvais jours, après 1852, il eut moins à souffrir du fanatisme religieux que de la compression politique. Le zèle maladroit des inspecteurs ou des préfets eut la principale part aux rigueurs exercées contre les professeurs. Ceux que perdit l'Université purent profiter à leur tour de la liberté d'enseignement; car plusieurs trouvèrent un asile dans des institutions libres. L'enseignement universitaire put bientôt s'assurer à lui-même une liberté qu'il n'avait pas connue au même degré sous le régime du monopole. Les professeurs de philosophie et d'histoire qui se sont formés sous l'empire ont peine à s'expliquer aujourd'hui la réserve extrême qu'observaient sur certaines questions leurs prédécesseurs de la monarchie de juillet. Ils les accuseraient volontiers d'une lâche condescendance pour les préjugés cléricaux, qu'ils ont trouvés plus tolérants même dans ces dernières années, sous les ministères du 24 mai et du 16 mai. Une comparaison plus complète des temps leur ferait comprendre que l'Université n'a pu devenir maîtresse chez elle que depuis qu'elle souffre à ses côtés des concurrents maîtres chez eux.

DEUXIÈME PARTIE

L'UNIVERSITÉ

CHAPITRE PREMIER

L'ÉDUCATION NATIONALE

De tous les arguments qui sont invoqués de nos jours contre la liberté d'enseignement, le plus spécieux, le plus propre à prévenir et à passionner les esprits, mais, en même temps, le moins fondé peut-être, est l'appel à l'intérêt patriotique de l'éducation nationale.

Rien n'est à la fois plus tyrannique et plus chimérique, dans un pays où les lois et les mœurs ont consacré depuis longtemps la pleine liberté des opinions, que la prétention de soustraire l'éducation de l'enfant à la diversité de sentiments et de pensées qui règne parmi les familles. Il faut seulement souhaiter que le désaccord, dans de jeunes esprits, n'aille pas jusqu'à cet excès d'opposition et de haine qui prépare des combattants pour de futures guerres civiles plutôt que des citoyens concevant différemment le bien de la patrie commune, mais rivalisant de zèle pour la servir. L'unité nationale est-elle véritablement menacée par cette « séparation en deux camps hostiles de la jeunesse française », dont on affecte de concevoir tant d'alarmes? « Loin que le patriotisme ait quelque chose à perdre à cette prétendue division de deux Frances, dit très bien M. Bouillier, il devrait y gagner par une noble émulation entre les deux jeunesses également animées de l'amour du pays. » Il n'y a pas là un optimisme excessif. La guerre de 1870 a prouvé qu'on pouvait être élevé dans l'attente du roi légitime et du drapeau blanc et combattre bravement pour la France sous le drapeau tricolore et sous l'autorité d'un gouvernement républicain. La guerre civile qui a suivi a prouvé aussi qu'on pouvait avoir reçu la même éducation et s'entretuer sous l'empire des passions les plus sauvages. Il ne faut donc ni tout craindre de la diversité d'éducation, ni tout attendre d'une éducation commune. Il n'est pas moins désirable que l'Etat, dans ses établissements scolaires, se maintenant sincèrement sur un terrain neutre, en dehors ou plutôt au-dessus des divisions de sectes et de partis, fasse tous ses efforts pour conjurer ou pour atténuer le danger de ces divisions, en offrant aux familles, sans les leur imposer, les garanties d'une éducation vraiment nationale.

M. Bréal nous enseigne comment une telle éducation est conçue en Allemagne. Il n'en dissimule pas les défauts et il nous fait ainsi mieux comprendre sur quelles bases il conviendrait de l'établir en France.

L'éducation, dans l'enseignement allemand, repose sur trois bases : la religion, le patriotisme et la foi dans les droits et la mission de l'État. A ces trois bases correspond ce que nous appelons, dans le nouveau programme de notre enseignement primaire, l'instruction morale et civique.

§ 1er. — L'instruction morale. — La morale laïque.

I

La religion, dans la plupart des gymnases allemands, a un caractère *piétiste* très prononcé. Elle est étroite, intolérante, pleine de morgue. L'enseignement religieux, tel qu'il subsiste encore dans l'Université de France, est préservé de tels excès par la neutralité théologique, aujourd'hui pleinement reconnue, que le principe laïque de notre société impose à l'instruction publique. L'Université s'en remet, pour cet enseignement, aux ministres des différents cultes, suivant le vœu des familles; mais elle n'abdique pas le droit de maintenir et de fortifier entre ses élèves le lien moral de certaines idées religieuses communes à tous les cultes. Ce lien, s'ajoutant aux enseignements particuliers des diverses religions et les remplaçant quand ils sont absents, peut, si nous savons le conserver, nous assurer le bénéfice d'une éducation nationale, vraiment morale et vraiment religieuse, sans les défauts que M. Bréal a justement signalés dans l'éducation allemande. Sans doute ces leçons de morale et de religion, données au nom d'une philosophie spiritualiste, n'affectent et ne doivent affecter aucune raideur dogmatique. Elles se prêtent à toutes les nuances de cette « libre philosophie », qu'a si bien définie un des maîtres les plus aimés de l'Université, M. Bersot. Elles ne sont qu'un appel de la raison à la raison et elles supposent de part et d'autre un assentiment réfléchi et librement obtenu. Du jour où les doctrines spiritualistes seraient professées par ordre, sans l'accent d'une conviction sincère, elles seraient sans action sur de jeunes esprits; elles seraient ébranlées d'avance au profit d'un scepticisme précoce, par les procédés mêmes d'exposition et de discussion qu'elles ne peuvent se dispenser d'employer. Elles offrent donc, sous ce rapport, une base fragile pour l'instruction morale de la jeunesse, puisqu'elles sont à la merci de toutes les fluctuations qui peuvent se produire, soit dans les programmes officiels, soit dans les dispositions du corps enseignant. Ce n'est pas moins, dans l'état actuel de la société, la seule base possible pour une éducation commune. Il faut respecter les efforts consciencieux qui peuvent être faits pour remplacer les enseignements spiritualistes par une philosophie plus solide ou plus profonde; mais, tant qu'on n'y aura pas réussi, rien n'est plus imprudent que d'écarter ces enseignements au nom de je ne sais quelles exigences de l'esprit moderne ou d'une prétendue neutralité philosophique. De sages et nobles âmes ont su, à notre époque comme dans les siècles passés, se faire d'autres principes de conduite et y trouver ou se figurer qu'elles y trouvaient une règle assurée : ce ne sont encore que des opinions individuelles et isolées; malgré le progrès des doctrines contraires, le spiritualisme est toujours la seule force morale qui puisse suppléer aux religions là où elles ont perdu leur empire et leur faire accepter son concours dans les âmes qui leur restent soumises. Il est en même temps le meilleur principe de tolérance. M. Bréal observe finement qu'il sort des gymnases allemands un assez grand nombre d'élèves imbus d'idées irréligieuses, mais non moins imbus de l'esprit d'intolérance qu'ils ont puisé dans leur « éducation semi-dévote ». Le même fait a pu être observé en France dans les recrues que l'enseignement ecclésiastique a fournies plus d'une fois au radicalisme politique ou religieux. Cet esprit d'intolérance ne sera jamais plus sûrement combattu que par une éducation morale qui mette en lumière ce qu'il y a de commun dans toutes les religions et ce qui peut encore servir de lien entre les croyants des différentes religions et ceux qui n'en professent aucune.

On se fait une très fausse idée de la neutralité que doivent s'imposer l'Etat et ses représentants dans l'enseignement public, quand on prétend y attacher l'obligation de rester neutre, non seulement entre les dogmes religieux, mais entre des opinions philosophiques telles que le spiritualisme et le matérialisme. Il suffit de pousser cette prétention jusqu'à ses conséquences extrêmes pour en démontrer l'absurdité. Elle rendrait impossible tout enseignement public, car si les professeurs de l'Etat ne peuvent se prononcer sur les questions philosophiques, pourquoi auraient-ils davantage le droit de se prononcer sur les questions d'art, de littérature ou de science? Les controverses ne sont pas moins ardentes dans ces divers domaines de l'enseignement qu'en philosophie et partout on peut craindre de blesser quelque opinion plus ou moins digne d'égards. La vérité est que les opinions de toutes sortes, en philosophie comme dans tout le reste, sont faites pour la discussion et pour la contradiction et qu'elles doivent s'y prêter dans les écoles de l'Etat aussi bien que dans les écoles libres ou dans les livres. Il en est autrement des dogmes et de tout ce qui a le caractère d'article de foi dans une religion positive. Ici les consciences réclament un respect dont les représentants de l'Etat n'ont pas le droit de s'affranchir.

Il ne faut pas d'ailleurs exagérer ce respect. Il ne saurait s'étendre à toutes les fantaisies individuelles ou collectives qui peuvent se décorer du nom de foi religieuse; il n'est dû qu'aux dogmes des Eglises constituées et il ne leur est dû que dans les limites où ces Eglises sont reconnues par l'Etat et placées sous la protection des lois. Quiconque professe au nom de l'Etat est obligé de respecter la divinité du Christ : il n'est pas obligé de respecter les décisions du *Syllabus*. Il ne doit s'interdire enfin que les attaques directes, non l'exposition de doctrines où des attaques pourraient être supposées par voie de conséquence. Nul ne soutiendrait aujourd'hui que l'enseignement public doit ignorer le mouvement de la terre, parce que la foi biblique pourrait en souffrir quelque atteinte; mais on voudrait peut-être écarter, sous le même prétexte, les doctrines transformistes : le cas est identique; il n'est pas plus permis dans une école de l'Etat de battre en brèche l'autorité de la Bible en invoquant Copernic qu'en invoquant Darwin; mais l'exposition scientifique de l'hypothèse de Darwin ne doit pas plus être interdite que celle du système de Copernic. Les mêmes règles s'appliquent à l'enseignement officiel de la philosophie. Il peut et il doit prendre parti entre toutes les opinions partout où il ne rencontre pas directement devant lui un des dogmes qui s'imposent au respect de l'Etat. Il pourrait se prononcer pour la morale utilitaire; mais il ne lui est pas permis de se prononcer pour l'athéisme. Dira-t-on qu'une telle distinction porte atteinte à la liberté des professeurs? Nul n'est forcé d'enseigner dans une école de l'Etat et particulièrement d'y enseigner la philosophie. Quand on accepte une fonction publique, on en accepte les obligations et, dans une société fondée sur la liberté de conscience, il n'est pas de devoir plus impérieux pour quiconque parle ou agit au nom de l'Etat que le respect de la foi religieuse. Ce devoir s'unit ainsi à l'intérêt supérieur de l'éducation nationale pour recommander le maintien, dans l'instruction publique, d'un enseignement philosophique et moral fondé sur les principes spiritualistes.

Ce devoir est toutefois très contesté, non seulement par les sectaires du matérialisme et de la libre pensée, mais par des esprits modérés et même par des spiritualistes convaincus qui craignent, pour leurs doctrines, le caractère oppressif d'une philosophie d'Etat. Il importe d'en demander la justification à une étude approfondie de cette grave et redoutable question de la philosophie et de la morale laïques.

II

La conception d'une morale naturelle, sans caractère sacerdotal, est née avec le premier éveil de la pensée philosophique. Celui qui le premier a commencé à réfléchir sur le monde et sur lui-même, a réfléchi nécessairement sur le bien et le mal; il a interrogé sa conscience, il a cherché à se rendre compte des devoirs qui lui étaient imposés au nom d'une autorité extérieure. Les plus anciens monuments de la sagesse humaine sont des préceptes ou des principes de morale, conservés par la tradition, recueillis par la poésie, fixés sur la pierre sous la forme de sentences, d'allégories ou d'apologues. Les législations primitives se sont approprié ces principes et ces préceptes; les systèmes philosophiques les ont rassemblés en corps de doctrines; les religions elles-mêmes les ont vus se produire sans jalousie et leur ont donné place dans leurs enseignements. Les religions les plus éclairées acceptent et proclament la distinction de la morale naturelle et de la morale théologique. Si elles se font juges de la première, au nom des lumières supérieures qu'elles s'attribuent, elles n'hésitent pas à lui faire appel, à la prendre en quelque sorte pour arbitre dans leurs querelles avec leurs adversaires. C'est sur le terrain de la morale que la raison et la foi ont toujours eu le moins de peine à se mettre d'accord. Il y a pour tous les hommes d'une même civilisation un fonds d'idées morales universellement respecté, qu'aucune philosophie, aucune législation, aucune religion n'ose contredire ouvertement. Non pas que ce fonds soit immuable : il se modifie avec la civilisation elle-même et un esprit un peu pénétrant saura reconnaître d'assez profondes divergences entre les jugements moraux qui prévalent chez une même nation, à deux époques différentes, ou, à une même époque, chez deux nations inégalement cultivées. L'évolution toutefois est assez lente et assez peu sensible pour ne pas ébranler la croyance à l'immutabilité de la morale et le respect général qui trouve dans cette croyance un de ses principaux fondements. Exerçant leur empire dans un même milieu, subissant plus ou moins les même influences, entraînées à leur insu dans une évolution commune, la morale naturelle et la morale théologique se réunissent le plus souvent dans les mêmes préceptes, et elles ont un égal intérêt à proclamer, parfois même à exagérer leur accord. L'une et l'autre sentent en effet combien importe à leur autorité l'adhésion unanime des consciences.

Une cause nouvelle de désaccord a cependant surgi de nos jours entre la morale naturelle et la morale théologique. L'idée toute moderne d'une société laïque, absolument distincte des sociétés religieuses qu'elle peut contenir dans son sein, appelle comme conséquence une morale également laïque, également étrangère à toute autorité d'ordre surnaturel. La morale laïque ne se confond pas avec la morale naturelle. Celle-ci pouvait être une alliée, parfois même un élément accessoire de la morale théologique : celle-là se présente comme une rivale. Et ce n'est pas seulement la rivalité de deux doctrines reposant sur des bases distinctes; c'est la concurrence de deux puissances sociales se disputant la domination des âmes. Quelques économistes enferment seuls la société civile dans une mission de pure police, indifférente à toute doctrine qui n'a pas proprement pour objet la protection des intérêts matériels. L'esprit laïque dans la société revendique hautement le gouvernement de tous les intérêts humains, sauf ceux qui se réclament d'une lumière surnaturelle. Il aspire non seulement à faire passer ses principes dans les lois, mais à leur soumettre les âmes par l'éducation publique. La morale laïque est la base de cette éducation, dont la société laïque fait son premier devoir et son droit le plus précieux. Elle n'est pas, comme la morale naturelle, un simple objet de croyances individuelles et de discussions philosophiques : elle prend un caractère officiel; elle devient une des institutions fondamentales de l'État.

Il est facile, au nom de la pure logique, d'affirmer cette institution : est-il aussi facile de la créer de toutes pièces? Son caractère laïque ne lui permet aucun mélange avec l'enseignement théologique : son caractère public lui permet-il du moins de recevoir une base philosophique? L'éducation nationale, faisant appel à tout le monde, sans acception de croyances, soit pour le recrutement de ses élèves, soit pour celui de ses maîtres, ferait violence à la liberté des consciences, si elle se donnait au nom et dans l'intérêt d'une Église : ne ferait-elle pas une égale violence à la liberté de la pensée si elle devait se donner au nom et dans l'intérêt d'une école de philosophie? L'État a-t-il plus qualité pour choisir entre les systèmes qu'entre les dogmes? Ne trouve-t-il pas des deux côtés les mêmes divisions? Et devant ces divisions ne doit-il pas se reconnaître la même incompétence? Or s'il exclut à la fois la théologie et la métaphysique, sur quoi s'appuiera-t-il pour fonder sa morale laïque? Ne risque-t-elle pas de ressembler à ces « palais fort superbes et fort magnifiques » auxquels Descartes compare la morale païenne et, qui suivant lui, « n'étaient bâtis que sur du sable et sur de la boue? » Tel est le redoutable problème qui se pose, depuis quelques années, devant les consciences privées comme devant les pouvoirs publics et qui appelle avant tous les autres les méditations des moralistes.

La question était à peine soupçonnée, lorsque les États modernes ont commencé à réaliser le principe de la société laïque. Nulle part encore ce principe n'a été poussé jusqu'à ses dernières conséquences. Il a pris possession de l'Angleterre par cette série de conquêtes libérales qui s'appellent l'émancipation des catholiques, l'abolition des privilèges de l'Église établie en Irlande, l'admission des juifs et plus récemment l'admission d'un athée déclaré dans le Parlement [1]; mais ce grand pays, qui ne s'est jamais piqué d'une logique à outrance et où la tradition ne cède jamais entièrement la place, maintient toujours une religion d'État et laisse subsister un grand nombre d'institutions qui sont la négation manifeste d'une société purement laïque. En Amérique, où le principe nouveau règne sans conteste sous sa forme la plus absolue : l'entière séparation des Églises et de l'État, il se concilie avec des institutions, des usages et surtout des mœurs qui ne se justifient que par des conceptions toutes différentes. En France même, la terre classique de la logique, il a

1. Cette dernière conquête a été presque aussitôt remise en question; mais, malgré la coalition des préjugés religieux, des intérêts politiques et de certaines antipathies personnelles, tout porte à croire qu'elle sera bientôt définitivement acquise.

encore des luttes à soutenir, et c'est seulement à l'heure présente qu'il paraît assuré de ses dernières victoires. Nous ne parlons pas ici de la séparation de l'Église et de l'État : la société laïque n'est pas forcée de l'accepter comme une conséquence inévitable de son principe et elle peut d'autant mieux signer un concordat avec la société religieuse qn'elle affirme par ce traité même qu'elle la considère comme une société étrangère. Nous avons surtout en vue les lois d'enseignement, dont la réforme, au nom du principe laïque, est si ardemment demandée et n'est pas encore entièrement obtenue. Pendant longtemps, en France, comme dans les autres pays où les institutions ont pris un caractère laïque plus ou moins pur, le pouvoir est resté aux mains de partis conservateurs ou modérés qui s'appuyaient sur les influences religieuses ou se croyaient obligés à beaucoup de ménagements envers ces influences. Ils leur abandonnaient l'éducation morale dans les écoles primaires et, s'ils admettaient, dans l'enseignement secondaire et dans l'enseignement supérieur, une morale toute philosophique, ils étaient toujours prêts à proclamer l'accord complet de cette morale avec la morale théologique. Les partis d'opposition avaient eux-mêmes des ménagements semblables. C'est le parti libéral, le parti le plus contraire aux envahissements du clergé, qui fondait, sous la restauration, « la société de la morale chrétienne ». Sous la monarchie de juillet, l'opposition de gauche défendait l'Université contre le clergé, non pas en revendiquant pour elle tous les droits de l'État laïque, mais en s'efforçant de montrer que rien dans son enseignement ne pouvait porter ombrage à l'Église. En 1851, c'était, pour un éminent professeur de philosophie [1],

1. M. Amédée Jacques.

une audace extrême, punie par l'exclusion, non seulement de l'Université, mais de l'enseignement libre, que d'avoir osé rompre ouvertement avec le christianisme, non dans son cours, mais dans un traité de morale, où rien ne s'écartait du plus pur spiritualisme.

Des concessions excessives, arrachées trop souvent, depuis le commencement du siècle, aux représentants de la société civile par l'intolérance religieuse, ont eu pour effet naturel une réaction d'autant plus violente qu'elle est restée jusqu'à ces dernières années étrangère à la responsabilité du pouvoir et plus libre par là même d'obéir à la seule logique. Les partis entraînés dans cette réaction sont aujourd'hui, en France et dans d'autres pays, les partis de gouvernement et si leurs fractions les plus modérées croient opportun de ne pas pousser la logique jusqu'au bout, elles ne peuvent se dispenser de compter avec des alliés plus impatients, dont le concours leur est nécessaire et qui eux-mêmes croient pouvoir bientôt se dispenser de compter avec elles. Or, ce que réclament, — les uns avec quelques réserves et certains atermoiements, les autres immédiatement et sans réserve, — les gouvernants d'aujourd'hui et les gouvernants de demain, c'est une morale entièrement scientifique, dégagée de toute hypothèse métaphysique comme de tout dogme surnaturel. La morale laïque doit être, en un mot, la morale du positivisme. Là seulement, suivant les voix les plus éloquentes et les plus autorisées, est l'avenir des sociétés modernes; là seulement les jeunes générations trouveront une éducation virile, appropriée à leurs besoins futurs : ce sera pour elles « la moelle des lions [1] ».

On répète souvent que l'instruction de la jeunesse

1. Discours de M. Gambetta à la séance de clôture du Congrès de la Ligue de l'enseignement, le 21 avril 1881.

ne doit avoir pour objet que « la science faite » et que « la science à faire » doit être réservée pour certains établissements de haut enseignement, comme notre Collège de France, qui ne s'adressent qu'à des esprits déjà formés. Or la morale laïque telle qu'on la réclame pour tous les degrés d'enseignement, comme la seule expression légitime des devoirs et des droits de la société laïque et de ses membres, est encore une science à faire. Elle ne s'est constituée nulle part en un corps de doctrines ou de préceptes universellement acceptés. Jusqu'ici tous les livres de morale qui sont en possession d'une véritable autorité ont toujours fait appel à certains principes d'ordre métaphysique ou théologique. Ces principes ne règnent pas seulement dans les traités en forme, mais dans les ouvrages les plus élémentaires; ils inspirent l'enseignement oral comme l'enseignement écrit : les premières leçons de morale données par la famille, dans les milieux les plus humbles comme dans les plus cultivés, n'ont pas en général d'autre base. Rien n'a encore remplacé « le bon Dieu » dans la bouche d'une mère expliquant à ses enfants ce qui est défendu et ce qui est ordonné ou permis.

Une école de philosophie s'était fondée, il y a une quinzaine d'années, dans le dessein d'établir, d'une façon définitive, une morale indépendante de toute religion et de toute métaphysique. Elle s'était assuré les meilleurs moyens de propagande : des livres, des brochures, des conférences, un journal spécial. Il ne lui a manqué, pour justifier ses prétentions et pour confirmer ses espérances, qu'une doctrine vraiment scientifique. Elle avait fait de la métaphysique sans le savoir. Ce qu'elle avait de plus solide était emprunté à cette haute morale de Kant, que lui-même appelait « la métaphysique des mœurs ».

Le problème serait résolu si une autre école, beaucoup plus ancienne, l'école utilitaire, toujours combattue, toujours vaincue et toujours renaissante, avait pu faire prévaloir ses doctrines, non seulement contre les objections de ses adversaires et contre certaines révoltes des consciences, mais contre les critiques de ses propres adeptes. Elle n'a pu, en effet, se maintenir qu'en substituant les systèmes aux systèmes, sans s'arrêter jamais sur une solution où elle pût se mettre d'accord et avec elle-même et avec ce sentiment général du bien et du mal qu'on appelle la conscience du genre humain. Qui voudrait aujourd'hui, je ne dis pas de l'épicurisme antique ou du système de Hobbes, mais des doctrines, vieilles de cent ans à peine, du livre de *l'Esprit* et du *Catéchisme* de Saint-Lambert? Que reste-t-il de Bentham après Stuart Mill et de Stuart Mill après Herbert Spencer? Que reste-t-il enfin d'Herbert Spencer lui-même après les critiques victorieuses dont sa *morale évolutionniste* a été l'objet de la part des esprits les plus indépendants tels que M. Renouvier et M. Fouillée?

III

La morale évolutionniste, comme la morale utilitaire, a échoué surtout parce qu'elle a voulu écarter tout principe métaphysique. On peut affirmer, en retournant un mot célèbre, que, si la métaphysique était bannie du reste des sciences, elle devrait garder sa place au cœur de la morale. Toutes les autres sciences ont leurs principes propres, qui trouvent dans les faits une constante confirmation; si l'esprit se laisse entraîner à chercher dans des considérations métaphysiques la raison de ces principes, ce n'est pas qu'il sente le besoin de les rendre plus clairs ou plus certains, c'est seulement pour satisfaire un intérêt de haute curiosité spéculative. La morale a aussi ses principes propres : le bien et le devoir; mais, à la différence des principes mathématiques ou physiques, ils ne sont jamais assurés d'une confirmation expérimentale. Je concevrais le bien alors même que tout serait mal, suivant la thèse pessimiste, et cette thèse même n'est possible qu'en opposant à la réalité la conception du bien. Si j'ai conscience en moi-même ou si j'ai au dehors la vue de quelque bien, je conçois aussitôt un bien moins imparfait et je m'élève ainsi à l'idée d'un bien sans mélange, d'un bien parfait, qui n'est pour moi qu'un idéal, en dehors et au-dessus de toute réalité. De même pour le devoir, car il est par essence l'expression, non de ce qui est, mais de ce qui doit être, et il subsisterait tout entier, alors même qu'il n'aurait jamais été, qu'il ne serait jamais réalisé. Ces idées du bien et du devoir, par lesquelles nous jugeons les faits et qui ne peuvent s'expliquer par les faits eux-mêmes, ne peuvent être que des idées métaphysiques. De plus, par cela même qu'elles ne reçoivent pas la confirmation de l'expérience, elles ne peuvent demander qu'à d'autres idées métaphysiques les développements qui leur sont nécessaires, non seulement dans un intérêt spéculatif, mais dans un intérêt pratique, pour se défendre contre toutes les objections et pour écarter, autant que possible, toutes les causes d'obscurité. Elles ont d'autant plus besoin de se fortifier dans les esprits qu'elles n'ont pas seulement à compter, comme les idées purement scientifiques, avec le doute, l'ignorance et l'erreur, mais avec l'intérêt et la passion. « Si la géométrie s'opposait autant à nos passions et à nos intérêts présents que la morale, dit Leibnitz, nous ne la contesterions et ne la violerions guère moins, malgré toutes les démonstrations d'Euclide et d'Archimède. » Il faut donc ne rien négliger de ce qui peut assurer les démonstrations de la morale, et il faut également ne rien négliger de ce qui peut lui donner une plus grande force pratique. Or chacune de ces idées métaphysiques sur lesquelles s'appuie la morale, en même temps qu'elle éclaire l'esprit, devient pour la volonté un motif d'action. Lorsque Platon définit le bien la ressemblance avec Dieu, il fait de cette ressemblance un puissant stimulant pour l'effort moral. Lorsque Kant ramène le devoir au respect de la personne humaine, considérée comme une fin en soi, ce respect, qui ennoblit les autres hommes et qui nous ennoblit nous-mêmes à nos propres yeux, précise et fortifie tout ensemble le motif du devoir.

Quand on parle de métaphysique, on éveille l'idée de la science la plus contestée et la plus contestable, d'une science également inintelligible pour ceux qui l'enseignent et pour ceux à qui on l'enseigne, suivant la piquante définition de Voltaire. Comment une telle science pourrait-elle éclairer la morale et ajouter à sa force pratique? Il ne faut pas confondre les idées métaphysiques et la science même de la métaphysique, considérée dans son ensemble. C'est l'honneur de cette science de n'accepter aucune explication et aucun principe sans chercher une explication ultérieure et un principe plus haut encore. De là son obscurité pour le commun des esprits; de là ses périls pour les esprits élevés, qu'elle attire par la grandeur de ses espérances et qu'elle égare trop souvent par les difficultés où elle les engage dans la poursuite d'un but inaccessible. Mais si la métaphysique n'est pas et ne saurait jamais être une science achevée, ses discussions et ses systèmes ont pour objet constant certains principes qui gardent une place assurée parmi les croyances les plus générales de l'humanité. Au premier rang de ces principes, il faut compter les bases métaphysiques de la morale, ces trois *postulats* [1] en dehors desquels Kant ne croit pas qu'on puisse édifier une théorie complète et solide du devoir et du souverain bien : la liberté, l'existence de Dieu, l'immortalité de l'âme. Ce sont assurément des croyances très contestées; mais, en dépit des contradictions qu'elles n'ont jamais cessé de rencontrer et des difficultés de toute sorte qu'elles peuvent soulever, on ne saurait nier qu'elles ne réunissent toutes les grandes religions et toutes les grandes philosophies et qu'elles ne président, dans une mesure plus ou moins large, à l'éducation générale, partout où ces religions et ces philosophies ont étendu leur influence. Elles sont le couronnement de toutes les doctrines morales qui ne méconnaissent pas les caractères propres du bien et du devoir; elles se retrouvent dans la plupart des livres de morale, depuis les traités systématiques jusqu'aux plus modestes manuels de sagesse pratique. Pour les bannir de la morale, il faudrait bouleverser de fond en comble l'éducation des enfants dans la société actuelle; il faudrait expurger ou exclure, non seulement presque tous les livres destinés spécialement à l'enseignement moral, mais une foule d'ouvrages de poésie, de littérature romanesque, d'histoire et même de science, où se retrouvent ces croyances suspectes et où elles tiennent souvent la première place [2].

1. Ce mot de *postulats* ne signifie pas de pures hypothèses, mais des vérités démontrées par cela même que la morale les réclame ou les *postule* comme ses conditions nécessaires.

2. J'ai sous les yeux un catalogue de livres d'instruction et d'éducation populaires, dressé par une société dont l'esprit est certainement dégagé de tout préjugé mystique : le *Cercle parisien de la Ligue de l'enseignement*. J'y trouve le *Traité de l'existence de Dieu*, de Fénelon; *du Vrai, du Beau et du Bien*, de Victor

« Il n'y a qu'une morale, comme il n'y a qu'une géométrie, » dit-on souvent d'après Voltaire, et l'on en conclut qu'il faut séparer la morale, non seulement de tous les dogmes religieux, mais de toutes les idées qui sont l'objet d'une contestation quelconque. On oublie que Voltaire ajoutait : « La morale vient de Dieu, comme la lumière. » Il ne bannissait donc pas de sa morale le Dieu de la raison, mais, suivant son langage, le Dieu de la superstition. Est-il vrai, d'ailleurs, comme il l'affirme, et comme on le répète sans cesse, que « la morale est la même chez tous les hommes qui font usage de leur raison? » Hélas! les controverses en morale ne sont pas plus rares qu'en métaphysique. Rien de plus contesté que les bases mêmes de la morale; rien aussi de plus contesté que certaines questions de morale pratique. Ne parlons pas des casuistes de profession, et cependant il y a toujours eu parmi eux et il y a encore des hommes éclairés, sérieux, animés d'intentions droites. Écartons aussi les philosophes : ils obéissent peut-être à l'esprit de système et à la logique de leurs principes. Mais, dans le monde, parmi des hommes appartenant à une même civilisation, ayant reçu une éducation semblable, quel désaccord souvent sur les plus graves sujets de morale privée ou de morale publique! Et ce désaccord ne se produit pas seulement dans des cas où la conscience du devoir peut être obscurcie par l'intérêt ou la passion, mais dans des jugements absolument désintéressés sur les actions d'autrui. Le respect que l'on professe ou que l'on affecte de professer pour certaines maximes générales et banales qui constituent à chaque époque, sous l'empire des mêmes mœurs, le fond de la morale courante, dis-

Cousin; *la Religion naturelle et le Devoir*, de M. Jules Simon; les traités de morale de M. Janet, de M. Franck, etc.

simule en partie ces divergences d'opinions; mais quand on compare différentes époques, différentes civilisations, la diversité éclate. Le progrès des études historiques et des observations géographiques l'a mise en telle évidence qu'on reconnaît aujourd'hui la nécessité de juger les actions humaines, non plus d'après nos idées, considérées comme l'expression de la morale universelle et immuable, mais d'après les idées reçues dans les divers milieux où ces actions se sont accomplies.

C'est donc vainement qu'on se flatterait d'avoir mis la morale au-dessus de toute contestation parce qu'on l'aurait dégagée de toute idée métaphysique. On n'aurait fait que l'affaiblir et la livrer sans défense aux fantaisies individuelles en la privant de ses appuis nécessaires. Il faut revenir à la morale naturelle, telle qu'on l'a toujours entendue, telle que l'ont reconnue toutes les sociétés; à la morale de la pure raison, mais de la raison n'abdiquant aucun de ses principes et ne retranchant rien de son domaine. Les principes métaphysiques de la morale ne lui sont point extérieurs; ils font corps avec elle; ils l'éclairent et ils en sont éclairés; ils assurent son empire sur les âmes en même temps qu'ils gagnent à sa lumière une nouvelle force de persuasion. Elle ne progresse enfin que par eux comme ils ne progressent que par elle : le progrès moral a toujours été uni à une conception plus haute et plus pure de la Divinité, et le progrès religieux a toujours été préparé par une conception plus pure et plus haute du bien et du devoir. Il suffit de rappeler les antécédents de la morale chrétienne dans la philosophie grecque et l'influence toujours persistante du christianisme sur le développement des idées morales dans les sociétés modernes.

Nous pouvons, en effet, invoquer sans scrupule

l'exemple et l'autorité du christianisme dans une discussion qui ne porte que sur la morale naturelle. Le christianisme, soit qu'on lui attribue ou qu'on lui refuse une origine et une action surnaturelles, a toujours fait appel à la conscience et à la raison plus encore qu'à la foi dans ses enseignements moraux et dans ses discussions avec ses adversaires sur le terrain de la morale. Ses préceptes de conduite sont indépendants de ses mystères; ils sont les mêmes pour toutes les communions chrétiennes; ils sont acceptés, sous le nom même de morale chrétienne, de vertus chrétiennes, par des hommes que leur foi religieuse ou leurs convictions philosophiques tiennent en dehors du christianisme [1].

C'est vainement, d'ailleurs, qu'on prétendrait écarter les influences religieuses qui ont présidé pendant des siècles à l'évolution intellectuelle et morale de la société dont on fait partie. La conscience et la raison ne sont chez aucun homme, à aucune époque, cette cire vierge de toute empreinte que les philosophes se sont

1. C'est ce que reconnaissait hautement, il y a quelques années, un membre éminent du Parlement hollandais appartenant à la religion israélite. Défendant le principe d'un enseignement moral purement laïque, il consentait à laisser introduire dans le programme de cet enseignement les mots de « vertus chrétiennes; » car, disait-il, « comme ces mots n'expriment pas les dogmes chrétiens, mais les vertus chrétiennes, nous, Israélites, pouvons les admettre, parce que tout homme, même non chrétien, doit avouer que les vertus chrétiennes sont les principes qui doivent guider l'homme dans la vie, à quelque religion qu'il appartienne. Aussi longtemps que la vertu sera l'objet de la morale, aussi longtemps que la culture des vertus chrétiennes signifiera enseignement de cette morale que le christianisme manifeste et qu'il porte au fond de lui-même, tous nous pouvons accepter cet enseignement, à quelque culte que nous appartenions. » (Discussion de la loi sur l'enseignement primaire à la Chambre des députés de Hollande. — Discours de M. Godefroi, cité par M. Paul Bert, dans son discours du 4 décembre 1880, à la Chambre des députés de France.)

plu à imaginer. Elles ne sont pas non plus uniquement ce marbre aux veines naturelles que Leibnitz opposait à la table rase de Locke. A quelque moment qu'on les interroge, elles sont déjà meublées d'une foule d'idées où l'éducation première, les rapports de tous les instants avec les autres hommes, les influences héréditaires peut-être ont la plus grande part. L'esprit le plus libre ne peut les soumettre à son examen et les faire vraiment siennes que sur un très petit nombre de points, et sur ces points mêmes, par beaucoup de ses jugements, il sera peuple, il pensera avec la masse des hommes de son pays et de son temps. Il restera ainsi, quoi qu'il fasse, attaché par plus d'un lien à la religion dans laquelle il a été élevé, dans laquelle ont été élevés tous ceux qui l'ont formé et tous ceux qui l'entourent. Ce qu'on appelle morale naturelle, depuis l'avènement du christianisme, est nourri d'idées chrétiennes, et j'ajouterai même, porte l'empreinte de l'esprit catholique partout où le catholicisme a longtemps dominé. Ceux qui mettent le plus d'ardeur à réagir contre cet esprit sont souvent ceux qui réussissent le moins à s'en dégager. L'illustre savant anglais Huxley a un mot profond sur la philosophie positive d'Auguste Comte : « C'est, dit-il, un catholicisme avec le christianisme en moins : *Catholicism minus christianity.* »

Voilà ce qu'il ne faut jamais oublier quand on parle de société laïque et de morale laïque. L'idée de la société laïque est née avec la distinction de l'ordre spirituel et de l'ordre temporel. Elle trouve son expression dans toute société où le pouvoir civil ne dépend d'aucune Église dans l'exercice des droits qui lui sont propres, alors même qu'il reconnaît une religion d'État ; mais elle n'est bien comprise que là où tous les cultes jouissent d'une égale liberté et obtiennent une égale protection. Indépendance du pouvoir civil et liberté des cultes, voilà les deux principes de la société laïque : elle n'en implique pas d'autres. Ce n'est nullement, comme on paraît le croire, une société d'êtres abstraits qui, pour pouvoir compter parmi ses membres et agir comme tels, seraient condamnés à se dépouiller de leur éducation, de leurs croyances, de leurs habitudes particulières de penser et de sentir, de tout ce qui peut devenir entre eux un sujet de divergence. Chacun y apporte ses opinions personnelles, même celles qu'il a puisées à une source religieuse; mais toute opinion doit se laisser discuter : nulle n'a le droit de s'imposer au nom d'une autorité surnaturelle. La société laïque n'est tenue à la neutralité qu'entre les communions religieuses : pour tout le reste, elle garde le droit et elle a souvent le devoir de prendre parti entre des opinions diverses. Elle ne sort pas de la neutralité confessionnelle quand elle fait prévaloir dans sa législation ou dans les actes de son gouvernement telle ou telle opinion politique ou juridique; elle n'en sort pas davantage quand elle charge les instituteurs ou les professeurs à qui elle confie l'enseignement public de se prononcer en son nom sur des questions de science, de littérature, voire même de morale ou de métaphysique. Il n'est pas, en effet, un seul enseignement qui n'ait souvent à faire un choix entre des thèses controversées. S'il y a de telles thèses en philosophie, il y en a aussi dans la morale, et tout le monde sait qu'il n'y en a pas moins dans le droit, dans l'économie politique, dans la médecine, dans les sciences mêmes que la sûreté de leur méthode met le plus à l'abri des sujets de discussion et des chances d'erreur. Or il serait étrange que, parmi toutes les thèses qui peuvent être l'objet de l'enseignement public, les seules qui lui fussent interdites sous prétexte de neutralité entre les diverses religions fussent précisément celles sur lesquelles toutes les religions sont d'accord : la morale du devoir, le libre arbitre, l'existence de Dieu, l'immortalité de l'âme, tout ce qui, en un mot, fait le fonds commun du spiritualisme philosophique et du spiritualisme chrétien.

IV

L'incompétence de la société laïque en ces matières est soutenue à la fois par les adversaires du spiritualisme et par les défenseurs exclusifs de l'enseignement théologique. Les premiers invoquent les droits des libres penseurs, athées, matérialistes ou positivistes, qui ne sauraient être astreints à donner ou à recevoir un enseignement contraire à leurs principes; les seconds ne sont pas rassurés par le maintien, dans l'état actuel, d'un enseignement spiritualiste; car les vicissitudes de la politique peuvent amener le triomphe de doctrines tout opposées. Les uns et les autres seraient dans leur droit s'ils se bornaient à réclamer la pleine liberté de l'enseignement, en dehors des écoles officielles; ils assureraient ainsi un refuge à toutes les doctrines auxquelles ces écoles peuvent être fermées; mais ils ne laissent rien subsister de la notion de l'État, quand ils prétendent le condamner, dans les institutions qui lui sont propres, et particulièrement dans l'instruction publique, à l'indifférence absolue pour toute espèce de doctrine.

Les scrupules des théologiens ont été exposés avec une grande modération par M. le pasteur Bersier, dans une brochure sur l'enseignement de la morale dans l'école primaire [1]. M. Bersier, pour ne blesser en rien

1. *De l'enseignement de la morale dans l'école primaire*, par M. Eugène Bersier, pasteur auxiliaire de l'Eglise réformée de Paris.

la conscience des maîtres et celle des familles, voudrait réduire cet enseignement aux préceptes pratiques et laisser les leçons théoriques aux ministres des différents cultes. Nous sommes d'accord avec lui pour ouvrir largement les portes de l'école à l'enseignement religieux proprement dit, en ne tenant compte que des vœux des familles, et pour ne pas imposer à l'instituteur un cours suivi de morale où il rencontrera d'extrêmes difficultés dans l'imperfection de sa propre culture et dans l'intelligence mal préparée de ses élèves. Il fera certainement une œuvre plus utile en rattachant ses préceptes de morale à tout l'ensemble de ses autres leçons, qui lui fourniront sans cesse des occasions de bons conseils. Pourra-t-il toutefois se dispenser d'appuyer ses conseils sur quelques explications, que même ses plus jeunes élèves sauront bien lui demander et que sa conscience lui fera un devoir de donner, s'il prend au sérieux son rôle d'éducateur? Et lui sera-t-il possible, dans ses explications, de s'interdire tout appel à ces idées métaphysiques ou religieuses, dont on prétend faire pour lui un terrain défendu? Une mère de famille ne fait pas un cours de morale; elle ne fait aussi que donner des préceptes, chaque fois qu'elle en trouve l'occasion, et, en les donnant, si elle n'est pas tout à fait athée, rien ne lui paraîtra plus naturel et plus utile que de faire intervenir l'idée de Dieu. L'éloquent orateur qui a lutté avec tant d'énergie pour maintenir l'idée de Dieu dans l'enseignement moral de l'école ne voulait pas non plus un cours suivi; il ne voulait que des préceptes et sa foi de philosophe y réclamait une place pour le sentiment religieux. Il faut donc se résigner à chasser de l'école la morale sous toutes ses formes, si l'on veut ôter tout motif ou tout prétexte de plainte, soit aux incrédules, soit aux croyants eux-mêmes. Enfin, si l'enseignement primaire, quand il est donné au nom de la société laïque, doit s'abstenir de toucher à ces idées, ne faudra-t-il pas, au nom de la logique, bannir de l'enseignement secondaire et de l'enseignement supérieur tout cours de morale et de philosophie?

On se fait une très fausse idée de l'instruction publique, dans une société libre, quand on suppose que tout y est réglé par des programmes inflexibles, à la façon des dogmes théologiques, et d'un autre côté, que ces programmes sont exposés aux plus brusques et aux plus radicales variations, suivant les fluctuations de la politique. Autre chose est la politique proprement dite, vouée à de perpétuels changements, autre chose, les institutions permanentes de la société. Nul ministre de l'instruction publique ne se reconnaîtra le droit de bouleverser entièrement, au gré de ses opinions personnelles, tous les programmes de l'enseignement [1].

1. « Le ministre de l'instruction publique est le chef d'un des grands services de l'État; il n'est ni un philosophe d'une secte quelconque, ni un théologien, et il a le droit de demander aux assemblées politiques, par la confiance desquelles il se maintient, de séparer dans sa personne, comme il les sépare scrupuleusement dans sa conduite, les doctrines et les opinions qui peuvent être le secret de sa conscience, et ses actes comme homme politique, placé par la confiance des représentants du pays à la tête du service de l'instruction publique... Je suis le chef d'un corps enseignant, qu'on appelle l'Université. Vous avez le droit de demander à l'Université, qui sera chargée de cet enseignement moral, compte de ses doctrines. C'est l'Université, représentée par le conseil supérieur, qui fera le programme de morale. » (Discours de M. Jules Ferry, ministre de l'instruction publique, au Sénat, dans la discussion de la loi sur l'enseignement secondaire des jeunes filles, séance du 10 décembre 1880.) M. Jules Ferry a toujours tenu un langage semblable dans toutes les discussions qui ont eu lieu à la Chambre des députés et au Sénat sur la laïcité de l'enseignement. En vain objecterait-on qu'il a combattu l'amendement de M. Jules Simon qui maintenait, dans le programme légal de l'enseignement primaire, les devoirs envers Dieu; il avait pris soin de réserver, dans cette discussion même, les droits de l'Université, maîtresse de

Les innovations, quand elles paraissent nécessaires, sont partout soumises à des corps en possession d'une antonomie plus ou moins large et où le respect des traditions ne trouve pas moins de garanties que l'esprit de progrès. C'est ainsi que la France moderne, à travers toutes ses révolutions et toutes ses crises ministérielles, est toujours restée fidèle, dans son enseignement national, aux principes spiritualistes. C'est sur ces principes que s'appuie, depuis le commencement du siècle, l'enseignement de la philosophie dans les lycées et dans les collèges. Lorsque s'est constitué l'enseignement secondaire spécial, un cours de morale fondé sur les mêmes principes a trouvé place dans ses programmes. Un cours tout semblable a été introduit dans l'organisation légale du nouvel enseignement secondaire des jeunes filles. Enfin, sous une forme plus spéciale et avec d'autres procédés d'exposition, le même enseignement moral, uni aux mêmes principes spiritualistes, a fait son entrée dans les écoles primaires.

Est-il besoin d'ajouter qu'à tous les degrés de l'enseignement, les programmes sont assez larges pour laisser aux maîtres toute l'indépendance de pensée compatible avec leurs devoirs envers la société et envers les familles? Ils n'imposent pas des dogmes; ils n'imposent

tous les programmes par son conseil supérieur. Or, si l'amendement de M. Jules Simon a été rejeté par une des chambres et abandonné par l'autre, le conseil supérieur de l'instruction publique se l'est approprié quand il a rédigé les programmes de l'enseignement primaire, comme il en avait d'avance consacré le principe dans les programmes de l'enseignement secondaire pour les garçons et pour les filles. Il ne s'agit pas ici, en effet, d'une de ces questions spéculatives, sur lesquelles la diversité des opinions est sans péril. On peut contester à l'État le droit d'instituer dans ses écoles un enseignement de la morale; mais du moment qu'il prend la responsabilité d'un tel enseignement, il n'a pas le droit de lui imposer une morale sans Dieu; car ce serait une morale absolument vide de ce qui fait le fond et l'essence même de la moralité.

qu'une élévation générale de pensées et de doctrines, très bien définie dans un rapport présenté au conseil supérieur de l'instruction publique par M. Paul Janet sur l'enseignement de la morale dans les écoles normales primaires. M. Janet compare l'enseignement moral à l'enseignement littéraire. Ce dernier n'a jamais été astreint à une étroite orthodoxie ; il peut admirer Shakespeare aussi bien que Virgile et Racine : « Mais, quelque large que puisse être l'éclectisme de l'État, il y a cependant un principe sous-entendu, c'est qu'il y a des œuvres belles et d'autres qui ne le sont pas, des œuvres élevées et sublimes et des œuvres basses, plates et grossières ; et si l'État devait être absolument indifférent en matière littéraire, quelle raison aurait-il de se donner tant de mal, de dépenser tant d'argent, de s'imposer une administration aussi accablante ? » La morale repose, comme la littérature, sur la distinction de ce qui est bas et de ce qui est élevé : « En même temps que l'État élève les esprits, il doit élever les âmes, et cela dans les deux sens du mot, à savoir : donner l'éducation et diriger vers le haut les âmes que la nature entraîne vers le bas. Telle est la pensée fondamentale que l'État doit maintenir, ou il n'a plus qu'à abdiquer. Or, cela même, c'est ce que nous appelons la distinction de la chair et de l'esprit, de l'animal et de l'homme, du plaisir et de la vertu, des passions et de la raison, et la loi qui nous prescrit de sacrifier ou de subordonner ce qui est plat et vulgaire à ce qui est généreux, noble, délicat, c'est ce qu'on appelle le *devoir.* »

Tous les livres de « morale laïque » publiés en France par des membres de l'enseignement public ont su concilier la fidélité à la morale du devoir et aux principes élevés qu'elle implique nécessairement avec cette large et sincère liberté de la pensée qui est le fond de l'esprit philosophique. Je ne veux pas rappeler ceux de ces livres qui ont honoré l'enseignement supérieur et l'enseignement secondaire classique; mais je ne saurais oublier que l'enseignement spécial, dès son établissement, a trouvé, pour guider ses maîtres et pour contribuer à former ses élèves, deux excellents manuels de morale, que deux membres de l'Institut, MM. Franck et Janet, n'ont pas dédaigné de composer et où, dans la mesure que comportent de tels ouvrages, ils n'ont négligé aucune des questions spéculatives en dehors desquelles il n'y a pas de véritable morale pratique [1]. Les écoles primaires sont à peine ouvertes à un enseignement moral distinct de l'enseignement religieux proprement dit, que les manuels se multiplient pour cet enseignement, presque tous conçus dans le même esprit spiritualiste, et attestant également, dans l'unité de cet esprit, des conceptions indépendantes et originales [2]. Trois ou quatre à peine, dont les auteurs sont étrangers à l'Université, écartent systématiquement les idées religieuses, en s'abstenant d'ailleurs de toute attaque. Plusieurs de ces ouvrages ont été l'objet de censures passionnées, au nom de l'intérêt religieux, et contre quelques-uns même l'esprit de parti a obtenu une de ces condamnations de la commission de l'*Index* qui, à d'autres époques, n'ont pas été épargnées aux œuvres les plus irréprochables de la philosophie spiri-

1. *Éléments de morale*, par M. Adolphe Franck. — *Éléments de morale*, par M. Paul Janet.

2. Nous renvoyons, sur l'ensemble de ces manuels, à une impartiale et solide étude de M. Boutroux. (*Revue pédagogique*, 15 avril 1883.) Nous nous bornerons à citer parmi ceux qui, au point de vue moral, nous paraissent mériter une approbation à peu près sans réserve : Jules Simon, *Le livre du petit citoyen;* — Alfred Mézières, *Education morale et instruction civique;* — Compayré, *Elements d'instruction morale et civique;* — Joly, *Eléments de morale;* — Marion, *Devoirs et droits de l'homme, leçons de morale*.

tualiste. Il ne nous appartient pas de nous prononcer sur la valeur de ces condamnations, au point de vue théologique ; mais nous avons le droit de dire que rien ne les justifie au point de vue des obligations et des convenances que doit s'imposer l'éducation nationale dans une société fondée sur le double principe de la liberté des cultes et de la neutralité religieuse de l'Etat.

Non, l'Université de France, par aucun acte, par aucun écrit dont elle porte directement la responsabilité, n'a mérité le reproche d'avoir chassé Dieu de l'école; mais les pouvoirs publics, soit par des décisions expresses, soit par une injustifiable complaisance pour les usurpations de certaines municipalités radicales, ont certainement compromis l'éducation nationale, dans l'ordre moral et religieux, en se prêtant sur plus d'un point aux exigences des sectaires qui ne veulent souffrir dans l'école aucun enseignement, aucun emblème appartenant aux religions positives. Une telle exclusion se couvre en vain du nom de neutralité; elle n'est qu'un acte de guerre. La répétition littérale du catéchisme, tant qu'elle n'était imposée à aucun enfant contre le vœu de ses parents, ne blessait ni la conscience des instituteurs, ni celle d'aucun de leurs élèves; le refus de laisser faire cette répétition dans l'école, soit par les instituteurs, soit par les ministres des cultes, n'est qu'une entrave inutile et vexatoire à la liberté de l'enseignement religieux. La proscription des emblèmes religieux est encore moins excusable. Le maintien du crucifix dans l'école laïque est, à l'égard des familles catholiques, un engagement solennel de respecter la foi de leurs enfants; quant aux familles dissidentes, elles ne peuvent y voir qu'une leçon de tolérance. C'est, dans l'ordre moral, une de ces leçons par les yeux, auxquelles on attache avec raison tant de prix dans l'ordre matériel. Leur enlèvement est aussi une *leçon de choses*, la plus déplorable pour l'éducation nationale : une leçon d'intolérance et de fanatisme.

§ 2. — L'instruction civique. — L'éducation du patriotisme.

I

Si la plupart des manuels, dont l'introduction dans les écoles a soulevé tant de tempêtes, sont irréprochables au point de vue de l'instruction morale, plusieurs ne sont pas exempts de blâme au point de vue de l'instruction civique [1]. Ils ont mal compris cette éducation du patriotisme, à laquelle les Allemands avaient demandé depuis longtemps la préparation de leurs victoires et où nous devons chercher la plus sûre revanche de nos défaites.

L'éducation du patriotisme en Allemagne fait surtout appel à l'histoire, dont l'enseignement est dirigé de telle façon qu'on y trouve, à toutes les époques et dans les moindres faits, des raisons d'aimer ou de glorifier la patrie. On y cherche aussi, M. Bréal le constate

1. L'instruction civique a été au fond le principal objet des attaques contre les nouveaux manuels, alors même que la polémique a affecté de se placer exclusivement au point de vue religieux. Le seul grief plausible du clergé catholique contre des écrits où est professée la plus pure morale spiritualiste a été une sorte de glorification du mariage civil, à l'exclusion du mariage religieux. L'instruction civique ne sort pas de ses limites quand elle appelle l'attention des enfants des deux sexes sur les conditions et les obligations légales du mariage ; mais peut-être était-il de bon goût et de stricte convenance de rappeler que ces conditions et ces obligations, seules prescrites par la loi civile, ne sont pas tout le mariage, pour la foi religieuse et pour les mœurs elles-mêmes, et de ne pas affecter d'ignorer, comme le dit finement M. Boutroux, « que le mariage religieux est encore en vigueur parmi la grande majorité des Français. »

avec regret, des motifs constants de mépriser ou de détester l'étranger. Le patriotisme que l'on professe dans les gymnases allemands est un patriotisme fait de haine : l'enseignement historiqne ne néglige aucune occasion d'entretenir la haine de l'ennemi héréditaire, la haine de la France. L'histoire ne peut qu'être faussée quand elle se met au service d'étroites passions nationales, et le patriotisme lui-même, en se confondant avec ces passions, se dépouille de ce qu'il a de généreux et de hautement moral. Ce ne sont pas de tels exemples qu'il convient de proposer à notre imitation. Ils répugnent absolument à notre caractère et à nos mœurs scolaires et M. Bréal observe avec raison que les Allemands nous font une injure gratuite quand ils ajoutent à tous leurs griefs contre nous le reproche d'élever nos enfants dans des sentiments d'hostilité à l'égard des autres peuples. Ils n'ont même plus le droit de nous reprocher un excès de vanité, dont nous tendons si bien à nous défaire que nous tombons souvent dans l'excès opposé. Nous portons volontiers dans nos appréciations sur le passé ou sur le présent de la France un esprit de dénigrement. Nous exaltons à nos dépens les mérites des autres peuples et quand nous ne nous rabaissons pas d'une manière générale, nous traçons entre nous, nous instituons dans notre histoire des frontières autour desquelles nous accumulons plus de passions belliqueuses que nous n'en avons jamais nourri pour la défense ou pour l'extension de notre territoire commun. Il y a aussi de la haine dans notre patriotisme et l'histoire s'est faite trop souvent la complice de cette haine qui se détourne de l'étranger pour soulever la France contre elle-même. Pour les uns, la seule France digne de notre amour et de notre respect est la France monarchique et catholique des siècles passés, et même les plus ardents répudieraient encore les trois derniers siècles pour ne s'attacher qu'à la France du moyen âge. D'autres font commencer la patrie française en 1789 ; ils ne s'occupent de l'ancien régime que pour y chercher les tableaux les plus odieux ; dans la France nouvelle elle-même ils rejettent et le Consulat et l'Empire et les deux royautés de 1815 et de 1830 : le culte de la France n'est pour eux que le culte de la Révolution et de la République. Plusieurs manuels d'instruction civique sont tombés dans l'un ou l'autre excès. Ce n'est pas moins fausser l'histoire et dégrader le patriotisme que le fait l'esprit étroit de l'enseignement allemand. Entre les deux excès, la véritable école du patriotisme est l'étude exacte et impartiale de l'histoire nationale. Il n'est pas besoin, pour faire aimer la patrie, de grossir certains faits et d'en laisser d'autres dans l'ombre. L'histoire vraie, l'histoire vivante, replaçant chaque fait dans son milieu, dans tout l'ensemble de circonstances et de détails qui peut éveiller la curiosité et soutenir l'intérêt, se prête, sans qu'on les cherche, et aux leçons morales et aux leçons patriotiques. Elle nous montre, à travers les âges comme à travers la diversité des provinces, la formation et l'affermissement de l'unité nationale; elle nous fait sentir comme une parcelle de notre vie propre dans tout ce qui a été, dans tout ce qui est aujourd'hui la vie de la France; elle fait battre nos cœurs aux souvenirs de succès et de gloire; elle les fait battre aussi aux souvenirs de revers et de honte : le patriotisme ne se manifeste pas moins lorsqu'il s'afflige ou s'indigne aux révélations de l'histoire que lorsqu'il y trouve des sujets de joie ou d'orgueil.

M. Bréal remarque enfin, dans l'éducation nationale que tendent à donner les gymnases allemands, une sorte de mysticisme politique où il croit reconnaître les théories représentées chez nous par de Bonald et de

Maistre, mais qui se rattache bien plutôt aux doctrines hégéliennes. C'est une exaltation du rôle de l'État et particulièrement des destinées de l'empire germanique. L'Etat ne procéde pas des individus ; sans l'État, au contraire, les individus ne seraient rien et quand il incarne en lui une race supérieure, rien ne doit l'arrêter, au dedans et au dehors, dans sa mission de civilisation et de conquête. Ces enseignements hautains d'une philosophie si peu libérale n'ont rien encore qui se recommande à notre imitation. Il ne faut pas se dissimuler toutefois qu'elles répondent, sous une forme dogmatique, à des idées très répandues chez tous les peuples qui n'ont pas de longues traditions de liberté politique. Elles peuvent être, dans les temps calmes, un principe de soumission; elles sont aussi aisément, dans les temps troublés, un principe de révolution. Quand on attend tout de l'État, on est facilement tenté de lui imposer par un acte de violence la réalisation de toutes les espérances que l'on a fondées sur son action omnipotente. Les mêmes idées, quand elles inspirent la politique extérieure, peuvent faire les grands États et les grands peuples : elles ont été plus souvent une cause de ruine ou de prompte décadence. Il est intéressant et instructif de les constater là où elles dominent : il est toujours sage de s'en défier chez les autres et pour soi-même. L'éducation publique a tout à gagner au développement de tendances contraires. La paix intérieure n'est jamais mieux assurée que lorsque chacun compte moins sur l'État et davantage sur soi-même; la sécurité de l'Etat et son influence au dehors trouvent également de meilleures garanties dans le concours, capricieux peut-être et toujours disputé, d'une nation qui se sent maîtresse d'elle-même, que dans l'omnipotence aveuglément acceptée d'un gouvernement qui s'attribue ou se laisse attribuer une mission providentielle.

II

L'histoire nationale et l'instruction civique proprement dite, c'est-à-dire la connaissance des devoirs et des droits du citoyen, sont les deux bases d'une éducation patriotique; mais cette éducation, de même que l'éducation morale, n'est pas confinée dans les enseignements spéciaux; elle doit animer tous les enseignements, dans toutes leurs branches et à tous les degrés. L'étude des lettres, en développant tous les sentiments généreux, l'étude des sciences en maintenant les jeunes esprits sur le terrain solide où tous les peuples, dans la poursuite de leur propre progrès, peuvent le plus aisément se donner la main, concourent à former ces qualités sérieuses de la pensée et du caractère qui font les citoyens utiles, soucieux de tous les intérêts de leur pays, préparés à tous les efforts qu'il peut leur demander soit pour les travaux de la paix, soit, s'il devient nécessaire, pour la défense nationale. Tous les enseignements peuvent être des enseignements patriotiques, mais il y faut le cœur, il y faut aussi le bon sens et le tact de l'instituteur ou du professeur.

Tout le monde a sur les lèvres et tout le monde croit avoir dans le cœur l'amour de la patrie; mais combien peu connaissent ce sentiment énergique, toujours éveillé, toujours agissant, toujours prêt à tous les efforts et à tous les sacrifices, qui seul mérite le beau nom de patriotisme! L'indifférence domine dans un grand nombre d'âmes. Elle y est entrenue par le souci exclusif des intérêts personnels et des intérêts de famille, et par une légèreté naturelle qui oublie aisément tout ce qui n'est pas l'objet d'un devoir immédiat et pressant. On ne donne qu'une attention distraite et intermittente aux intérêts publics; on se repose sur ceux qui en ont la charge officielle, et c'est eux seuls qu'on accuse d'incurie ou de trahison quand survient une catastrophe. Chacun devrait s'accuser soi-même; car tous les régimes, même les plus absolus, reçoivent le contrôle et subissent les entraînements de l'opinion publique, cette « reine du monde, » comme on disait déjà du temps de Pascal. Or chacun concourt à former l'opinion publique, et quand elle a encouragé ou quand elle n'a pas empêché de déplorables erreurs, chacun en partage la responsabilité.

Heureux quand la légèreté ne prend pas la forme du dénigrement! On ne veut rien étudier, rien approfondir : on trouve plus commode de tout blâmer. On croit faire preuve d'indépendance et d'un esprit supérieur en se raillant de tout, même de l'honneur de son pays. On étale sans pudeur, et le plus souvent sans justice, aux yeux de l'étranger, aux yeux des mauvais citoyens, les plaies nationales, tout ce qui peut être pour la patrie un sujet d'humiliation ou d'appréhensions légitimes.

Il est une autre sorte de dénigrement qui naît aussi de la légèreté, jointe à l'ignorance et à l'étroitesse d'esprit, et qui n'est pas moins funeste au patriotisme bien entendu : c'est le dénigrement des nations étrangères; c'est une affectation d'hostilité ou de dédain pour tout ce qui n'est pas conforme à nos mœurs, à nos usages, à nos institutions. On se croit patriote : on travaille, en réalité, contre les intérêts de sa patrie. On attire sur elle, par le ressentiment de ces propos méprisants, de redoutables inimitiés. On ferme, en même temps, la voie aux progrès qu'elle pourrait faire en s'appropriant les meilleurs exemples que lui offrent les autres pays. Le vrai patriotisme n'exclut pas la fraternité des peuples; il appelle entre eux et les emprunts réciproques et l'émulation pacifique. Jamais on ne montre mieux son amour pour son pays que lorsqu'on s'efforce de lui procurer, à la faveur des relations fécondes, le bénéfice de tout ce qui se fait de bon et de beau dans le monde entier.

Le patriotisme doit, enfin, combattre un dernier ennemi, le pire de tous : l'esprit de parti. C'était déjà, du temps de César, le défaut capital de nos ancêtres les Gaulois. Les factions avaient tout envahi : elles divisaient la nation entière et, dans la nation, tous les groupes particuliers, les cités, les bourgs, les familles elles-mêmes : *In Gallia, non solum in omnibus civitatibus atque in omnibus pagis partibusque, sed pœne etiam in singulis domibus factiones sunt.* César connaissait bien ce fléau de l'esprit de parti, qu'il retrouvait dans la Gaule, après l'avoir lui-même fomenté à Rome dans l'intérêt de son ambition. Il sut doublement le mettre à profit pour la conquête de notre pays et pour l'asservissement de sa patrie. Et, dans la suite des temps, combien de fois n'avons-nous pas vu l'esprit de parti chercher des alliances étrangères et ne pas reculer, pour les acheter, devant le démembrement du territoire national! Ces crimes de lèse-patrie sont répudiés aujourd'hui par tous les partis; ils n'inspireraient plus qu'une commune horreur; mais le patriotisme réclame d'autres progrès : il réprouve ces divisions violentes, irréconciliables, entre les enfants d'un même pays; ces haines aveugles qui s'étendent jusqu'au passé et qui rejettent ou cherchent à rabaisser les souvenirs les plus glorieux de la nation, quand ils se rattachent à un régime politique ou religieux dont on se déclare l'implacable ennemi. Il condamne surtout ces oppositions absolues dans le présent, qui se refusent à toute communauté d'efforts pour le bien commun et qui vont jusqu'à se réjouir d'un malheur public si le parti contraire y peut trouver un échec.

CHAPITRE II

LA RÉFORME DE L'ENSEIGNEMENT SUPÉRIEUR

L'article 24 de la loi du 12 juillet 1875 sur la liberté de l'enseignement supérieur imposait au gouvernement l'obligation de présenter, « dans le délai d'un an, un projet de loi ayant pour objet d'introduire, dans l'enseignement supérieur de l'Etat, les améliorations reconnues nécessaires. » Huit ans se sont écoulés sans que cette obligation ait été remplie. Des réformes partielles ont sans doute été réalisées, sinon par une loi générale, du moins par des décrets auxquels les Chambres se sont associées par le vote de larges crédits : nous ne contestons pas la valeur de ces réformes, mais qu'elles sont loin de cet ensemble d'améliorations, dont l'urgence n'était contestée par personne, bien avant que la loi de 1875 en eût exigé l'accomplissement à bref délai! Nous avons indiqué, en traitant de la liberté de l'enseignement supérieur, les points principaux sur lesquels devaient porter les réformes. Il nous reste à étudier des projets plus modestes, mais d'une utilité plus pratique peut-être, dont l'adoption, sans exiger une organisation nouvelle de l'enseignement supérieur, pourrait avoir, sur le progrès des hautes études, une influence beaucoup plus heureuse que toutes les innovations accomplies jusqu'ici. L'initiative de ces projets appartient à l'un des maîtres les plus distingués de l'enseignement supérieur public, M. Abel Desjardins, doyen de la Faculté des Lettres de Douai, et au créateur, dans l'enseignement supérieur public, d'un nouvel ordre d'études, M. Emile Boutmy, directeur de l'école des sciences politiques[1].

Le projet de M. Desjardins consiste à exiger, pour le barreau et pour la magistrature, outre les examens spéciaux de droit, la licence ès lettres, en transformant ce dernier examen de façon à lui ôter son caractère trop exclusivement scolaire. Ce serait assurément un progrès, qui répondrait à un besoin depuis longtemps ressenti par tous ceux qui ont à cœur le relèvement intellectuel de notre pays. Toutefois c'est une réforme un peu étroite, n'intéressant qu'une seule branche d'études et un seul ordre de professions. Le projet de M. Boutmy, conçu dans le même esprit, est beaucoup plus large. M. Boutmy propose d'ajouter aux matières obligatoires de tous les examens spéciaux subis devant les facultés des matières facultatives, choisies par les candidats dans deux cours d'enseignement supérieur public ou libre. On comprend la portée d'une telle innovation. C'est d'un côté une prime donnée à l'instruction pure et, de l'autre, la liberté introduite dans les examens et maintenue par là dans l'enseignement lui-même.

Pour les matières facultatives, dans le projet de M. Boutmy, il n'y aurait ni méthodes ni programmes

1. M. Desjardins a exposé ses idées dans une brochure intitulée *La licence ès-lettres* (novembre 1876), et dans deux lettres qu'il nous a fait l'honneur de nous adresser, et qui ont été publiées par la *Revue politique et littéraire* (17 mars 1877). Le projet de M. Boutmy a fait l'objet de deux articles dans la même *Revue* (2 décembre 1876 et 24 février 1877).

imposés aux élèves et aux professeurs. L'examen n'aurait qu'un but : s'assurer que les candidats ne se sont pas enfermés dans le cercle d'un enseignement étroitement professionnel et qu'ils ont mis à profit quelques-uns des éléments de haute culture que leur offre l'enseignement supérieur sous toutes ses formes. Les candidats seraient d'ailleurs interrogés, sous le contrôle des représentants de l'Etat, par les professeurs mêmes dont ils auraient suivi les cours. La liberté d'enseignement serait ainsi absolument respectée. Sans doute tous les professeurs et tous les cours ne pourraient pas être admis indistinctement au bénéfice de ces nouveaux examens; il faudrait des garanties contre le charlatanisme, contre un enseignement frivole et superficiel; mais les doctrines elles-mêmes ne seraient l'objet d'aucune précaution restrictive. Une émulation féconde s'introduirait ainsi entre tous les cours sérieux. La liberté de l'enseignement n'apparaîtrait plus comme un privilège au profit de certaines corporations que leurs adversaires accusent, à tort ou à raison, de ne poursuivre qu'un but de propagande religieuse ou politique ; elle profiterait aux cours isolés comme aux grands établissements décorés du nom de facultés; elle profiterait, avant tout, aux facultés de l'Etat, qui pourraient plus largement et plus utilement que par le passé, s'enrichir de nouvelles chaires : elle serait véritablement, dans le sens le plus exact et le plus complet du mot, la liberté de la science.

Dans les observations qu'il nous avait adressées sur le projet de M. Boutmy, M. Desjardins repoussait, non sans fondement, l'adjonction au jury ordinaire de professeurs de toute origine appelés par le choix ou par le caprice des candidats. Ses critiques contre ce jury mixte d'une nouvelle espèce sont parfaitement justes; mais elles ne portent que sur la forme et non sur le fond du système de M. Boutmy. Quelles sont, en effet, les idées essentielles et, à nos yeux, également neuves et fécondes de ce système? D'un côté, les matières obligatoires des examens pour les grades sont réduites au minimum strictement nécessaire; de l'autre, il y est ajouté des matières facultatives, empruntées au programme de deux cours publics ou libres d'enseignement supérieur, et l'examen, sur ces matières, est laissé aux professeurs mêmes qui les ont enseignées. Il n'est pas indispensable, pour opérer cette réforme, que les matières obligatoires et les matières facultatives soient réunies dans un même examen, devant un même jury. Les examens sur les matières facultatives pourraient être faits séparément, sous le contrôle de représentants de l'État. L'idée très ingénieuse et très heureuse de M. Boutmy subsisterait ainsi en entier sans donner prise aux objections pratiques de M. Desjardins.

J'accepterais aussi très volontiers, non pas pour tenir lieu de cette réforme, mais pour la compléter, une autre proposition de M. Desjardins, qui consiste à introduire dans les divers examens de licence des matières facultatives empruntées aux cours complémentaires des facultés. Pour l'application de cette idée, M. Desjardins se rapproche de M. Boutmy en autorisant des docteurs de tout ordre à faire des cours complémentaires dans une faculté. Je regrette qu'il ne s'en rapproche pas tout à fait en renonçant à la condition du doctorat. Le doctorat, tel qu'il existe en France, suppose un ensemble de connaissances générales qu'il est peut-être bon d'exiger des professeurs ordinaires des facultés, mais qui ne sont pas indispensables pour faire, à titre de professeur libre, un cours complémentaire sur des matières spéciales. On peut faire un excellent cours d'économie politique, de statistique, d'anthropologie, de littérature étrangère, etc., sans être docteur dans une faculté quelconque et sans même être capable de le devenir [1].

Les examens pour les grades doivent-ils être divisés en une série d'épreuves, comme cela a lieu en France, ou se réduire, comme en Allemagne, à une épreuve unique, à la fin des études? M. Desjardins donne de très-bonnes raisons en faveur du premier système, et M. Boutmy n'en donne pas de moins bonnes en faveur du second. Il n'est peut-être pas impossible de les concilier. On pourrait conserver, pour chaque cours, un examen de fin d'année, fait par le professeur en toute liberté, sans autre programme que celui qu'il se serait tracé à lui-même, et renvoyer après l'achèvement des études l'examen définitif pour la collation des grades.

Ce moyen terme a été soutenu, dans la discussion de la loi sur la collation des grades à la Chambre des députés, par MM. Raoul Duval et Rouher, qui l'ont présenté comme établi en fait par la loi de 1875 sur la liberté de l'enseignement supérieur. J'avais combattu au nom de la commission cette dernière prétention, qui ne reposait sur aucun fondement et qui depuis ne s'est jamais reproduite; mais je ne m'étais nullement prononcé contre le système lui-même, et j'avais, au contraire, indiqué comment il pourrait être réalisé, sans l'intervention du législateur, par une simple décision du Conseil supérieur de l'instruction publique.

M. Desjardins veut maintenir la séparation des facultés; M. Boutmy ne propose pas de la supprimer, mais il regrette, avec infiniment de raison, celle qui a été introduite, au commencement de ce siècle, entre les facultés des lettres et des sciences. Je ne me bor-

1. L'adjonction de cours libres aux cours ordinaires des facultés, vient d'être approuvée par le Conseil supérieur de l'instruction publique, mais dans une mesure encore trop restreinte et sans la garantie d'une participation aux examens.

nerais pas, pour ma part, à un regret stérile. Je proposerais résolûment de revenir, pour les lettres et pour les sciences, à l'ancien usage, encore maintenu dans la plupart des universités étrangères; je réclamerais la réunion des facultés actuellement séparées en une faculté des *arts*, comme on disait autrefois, ou en une faculté de *philosophie*, comme on dit en Allemagne. La fatale division qui a, pour la première fois, trouvé place dans l'Université napoléonienne, n'a pas eu seulement pour effet de nuire à une foule d'enseignements qui ne sont proprement et exclusivement ni littéraires ni scientifiques, comme la philosophie, la linguistique, la géographie, la statistique, etc.; elle a fait des nouvelles facultés, en province surtout, de petits corps de quatre, cinq ou six professeurs; elle a pesé sur l'enseignement secondaire lui-même, où les professeurs des lettres et des sciences, séparés par l'éducation première, séparés par les grades, séparés même par le costume, ne forment pas véritablement un même corps; elle a été enfin le point de départ de ce coup d'État universitaire, connu sous le nom barbare de *bifurcation*, qui a suivi de si près le coup d'État politique et qui n'a pas été moins funeste. La bifurcation n'a pas entièrement disparu de l'enseignement secondaire; elle s'est toujours maintenue dans l'enseignement supérieur, et elle y est si forte, que M. Boutmy, qui, le premier, a eu le mérite de l'attaquer énergiquement dans son principe et dans ses conséquences, n'ose pas l'en déloger. Je considère, quant à moi, que sa destruction complète et sans retour doit être le *delenda Carthago* de tout réformateur en matière d'enseignement supérieur.

CHAPITRE III

LA RÉFORME DE L'ENSEIGNEMENT SECONDAIRE

Les questions d'enseignement secondaire sont, parmi les questions pédagogiques agitées de nos jours, les plus complexes et les plus difficiles. Ni le plus haut ni le plus bas degré d'enseignement, dans ce qui fait leur objet propre, ne soulèvent aujourd'hui de bien vives controverses. L'apaisement s'est fait peu à peu sur les questions d'enseignement supérieur et, dans le temps même où elles étaient débattues avec le plus d'ardeur, la collation des grades était presque seule en cause; on ne discutait ni l'organisation intérieure des facultés, ni les matières de leur enseignement. De très grandes réformes sont réclamées depuis longtemps sur ces deux points; mais l'accord semble fait entre tous les hommes compétents sur les principes qui doivent présider à ces réformes et les détails seuls peuvent donner lieu à des difficultés sérieuses. L'accord serait également facile sur les questions d'enseignement primaire si l'esprit de secte et de parti n'était venu tout compromettre. Les programmes ne sont discutés que dans les parties qui intéressent les passions politiques ou religieuses. Bien peu songeraient même à contester soit la gratuité, soit l'obligation, soit la laïcité elle-même, entendue dans le sens d'un respect sincère de la liberté des consciences. La guerre n'a été allumée que par la transformation de ces principes en armes de combat contre le cléricalisme. Pour l'enseignement secondaire, tout est matière à controverses, non seulement sur les points qui servent d'aliment aux passions dominantes, mais sur les questions purement pédagogiques : le régime des collèges, la séparation ou le groupement des divers enseignements, les programmes, les méthodes, les examens. Et ces questions n'intéressent pas seulement les hommes spéciaux, elles s'adressent aux plus vives et aux plus légitimes préoccupations de toutes les familles qui forment, même dans une démocratie, les classes dirigeantes ou, si l'on aime mieux, les couches supérieures de la société. De leur solution dépendent l'éducation du caractère national, le progrès des idées et des mœurs, les destinées en un mot de la patrie. Quel père de famille éclairé et soucieux de ses devoirs, quel bon citoyen, quel politique avisé pourrait se désintéresser de ces questions?

§ 1. — **Les internats.**

I

La question de l'éducation nationale se complique en France, pour l'instruction secondaire, de la question des internats. On a bien des fois, et toujours en vain, signalé les inconvénients du régime de la caserne ou du couvent imposé depuis l'âge de sept ou huit ans jusqu'à celui de dix-neuf ou vingt à tant de milliers d'enfants ou d'adolescents, l'élite de la jeunesse française. Je ne lui connais guère de défenseur autorisé que M. Bouillier, qui ne l'admire pas absolument tel qu'il est et qui voudrait y introduire de larges réformes au point de vue des soins physiques comme à celui de la surveillance morale, mais qui lui reconnaît « des avantages qu'aucune autre éducation ne peut remplacer » pour la formation des caractères et pour l'apprentisage de la vie. M. Bréal, au contraire, en a toujours été l'irréconciliable adversaire. Dans ses *Excursions pédagogiques*, il oppose à nos internats l'exemple des collèges allemands (*gymnases classiques* ou *écoles réelles*), qui ne connaissent qu'à l'état de très rare exception ce déplorable régime. Débarrassés de tous les soucis d'ordre inférieur et matériel, les directeurs de ces établissements peuvent tourner tous leurs efforts vers le seul bien des études. Ils prennent part à l'enseignement en même temps qu'ils le dirigent. Ils sont à la fois les collègues et les chefs des professeurs; ils ont les mêmes intérêts et se placent naturellement au même point de vue pour les comprendre. Leur autorité est ainsi plus grande et plus aisément respectée. Ils se recrutent sans peine parmi les meilleurs maîtres, tandis que chez nous il serait souvent très périlleux de confier à un excellent professeur la direction d'un collège. Enfin ils peuvent avoir, dans le choix de leurs auxiliaires et dans l'organisation de l'enseignement, une initiative que nous laisserions difficilement à nos proviseurs, en qui nous devons surtout chercher d'habiles maîtres de pension. Chaque collège allemand a ainsi sa physionomie propre, son personnel à lui et une large autonomie. En France, le régime est partout le même : tout vient du centre, programmes et fonctionnaires. Les mutations dans le personnel administratif ou enseignant peuvent être fréquentes sans troubler trop sensiblement la marche des classes, mais aussi sans apporter de sérieux éléments de progrès. Les réformes ou les prétendues réformes sont des révolutions scolaires accomplies en un seul jour, dans tous les établissements d'enseignement secondaire, sur tout l'ensemble du territoire.

M. Bréal est tellement pénétré des défauts de l'internat qu'il est porté à les exagérer. Il les exagère dans le tableau qu'il fait de la condition matérielle de nos lycées, qu'il peint beaucoup trop en noir. Il les exagère également dans les conséquences qu'il attribue à notre goût invétéré pour ce mode d'éducation. Il lui impute les « proportions colossales » de quelques-uns de nos lycées. L'installation d'un internat exigeant des frais considérables, nous aimons mieux agrandir outre mesure un lycée déjà trop peuplé, dussions-nous y multiplier les divisions d'une même classe, que de créer des lycées nouveaux pour un nombre croissant d'élèves. M. Bréal oublie que le plus peuplé des lycées de Paris, celui qui a reçu dans ces dernières années les agrandissements les plus énormes, est le lycée Fontanes, qui n'a que des externes [1]. Les raisons d'économie qui font préférer un lycée agrandi à un nouveau lycée sont indépendantes de la question des internats. S'il faut une installation plus coûteuse pour recevoir des pensionnaires, l'augmentation des frais est couverte par des bénéfices que ne donneraient pas de simples externes. M. Bréal a raison de préférer la multiplication des collèges à l'extension démesurée d'un petit nombre d'établissements et de nous proposer sur ce point, comme sur beaucoup d'autres, l'exemple de l'Allemagne; mais il a tort de compter sur la suppression des internats pour faciliter cette

1. D'après le rapport présenté au Conseil supérieur de l'instruction publique par M. Gréard, vice-recteur de l'Académie de Paris, le lycée Fontanes comptait à la rentrée des classes en 1880, 1 631 élèves. Venaient ensuite le lycée Louis-le-Grand avec 1 376 élèves et le lycée Charlemagne, autre lycée d'externes, avec 1 009.

réforme, qui est d'ailleurs en voie de réalisation par la création projetée de plusieurs lycées dans l'intérieur et dans la banlieue de Paris.

Avant les deux livres de M. Bréal, les internats avaient été l'objet des plus vives et des plus spécieuses critiques dans une brillante conférence de M. Renan sur la famille et l'État. L'idéal de M. Renan, comme de tous les vrais libéraux, est la substitution progressive de la famille à l'État, non seulement dans l'éducation, mais dans l'instruction elle-même : « Un immense progrès aurait été accompli le jour où pourrait se réaliser l'utopie d'une instruction absolument libre, je veux dire dont ni l'État ni le canton ni le département ni la commune ne s'occuperaient, ni pour la subventionner ni pour la surveiller. » Ce jour est fort éloigné, se hâte d'ajouter M. Renan. Des institutions publiques peuvent seules assurer, dans l'état actuel, cette universalité d'un enseignement qui embrasse tout et qui ne se refuse à personne. Mais ces institutions, suivant M. Renan, ont atteint leur but quand elles ont répandu l'instruction sous toutes ses formes; elles le dépassent quand elles se chargent de l'éducation proprement dite. De là la condamnation des internats.

Je reconnais avec M. Renan que rien ne vaut l'éducation domestique quand elle est à la hauteur de sa tâche, et que l'éducation publique, même dans les conditions les meilleures, « doit toujours être un pis aller. » Mais ce *pis aller* ne saurait malheureusement être l'exception, au moins pour l'instruction secondaire. L'enseignement primaire peut se passer d'internats, parce que chaque famille trouve une école à sa porte ou dans son voisinage. L'enseignement supérieur doit s'en passer, parce que l'âge moyen de ses élèves appelle naturellement l'apprentissage de la liberté et de la responsabilité personnelle. Mais cet apprentissage peut-il commencer dès l'enseignement secondaire, qu'il faut aussi trop souvent chercher loin de la famille? M. Renan le pense, et il invoque, comme M. Bréal, l'exemple de l'Allemagne : « A un âge où nous croyons que l'enfant a besoin d'être surveillé à toute heure, on ne craint pas de le livrer à lui-même, de le charger de se loger, de se nourrir, de se conduire dans une grande ville. » Une telle indépendance laissée à des enfants ne m'effrayerait pas; peut-être même serait-elle moins périlleuse que notre système qui jette sans transition sur le pavé de Paris des jeunes gens de dix-huit ou dix-neuf ans, tenus jusque-là en chartre privée. Mais elle suppose au moins treize ou quatorze ans, et, à cet âge même, elle ne serait à la portée que des riches. Le budget de l'étudiant le plus modeste et le plus sage dépasse de beaucoup le prix de la pension dans les internats ordinaires. Dieu sait au prix de quelles privations, de quelles charges parfois pour toute la vie, se solde ce gros budget dans plus d'une famille! Le dévouement paternel se résignerait-il à ces sacrifices s'il s'agissait, non d'études professionnelles dont le terme est proche et dont on peut en quelque sorte escompter les résultats, mais d'études générales dont le but pratique est éloigné et douteux? Un étudiant de vingt ans peut, d'ailleurs, se suffire à lui-même; il donnera des répétitions, il se fera expéditionnaire, maître d'études ou précepteur : quelles ressources un enfant de quatorze ans peut-il demander à son travail pour alléger à ses parents les frais de son instruction?

M. Renan emprunte encore à l'Allemagne un autre moyen de suppléer aux internats : « Si l'on est obligé de se séparer de son enfant, on le met chez des parents, chez des amis, chez des pasteurs, chez des professeurs réunissant chez eux une dizaine d'élèves. » L'usage est excellent : il n'est pas inconnu en France, quoique nos mœurs s'y prêtent moins aisément. Mais c'est encore un usage coûteux. Une famille respectable, offrant toutes les garanties que peut demander la sollicitude paternelle, ne consentira pas à se charger de quelques enfants aux mêmes conditions qu'un grand internat.

« L'éducation de l'homme est impossible sans les femmes, » dit M. Renan, et il développe avec une exquise délicatesse l'heureuse influence que des soins féminins exercent sur la formation d'un caractère viril. Il voudrait que les enfants des deux sexes suivissent en commun le plus longtemps possible les mêmes études, non sous des maîtres, mais sous des maîtresses. Cela se fait en Amérique et en Hollande, non seulement sans inconvénients, mais avec des avantages que se plaisent à constater les témoins les plus compétents. Une institution de ce genre réussirait-elle en France ? Nous en sommes venus à considérer comme un progrès l'usage inverse : l'instruction des jeunes filles confiée à des hommes. Nous y voyons le seul moyen d'échapper à certaines influences qui pèseront longtemps encore, dans les pays catholiques, sur la plupart des maisons d'enseignement dirigées par des femmes. Accepterions-nous ces influences dans l'éducation de nos fils? Ces collèges mixtes, à moins de borner leurs bienfaits aux enfants de quelques villes, appelleraient d'ailleurs des internats. Il s'agirait donc de remplacer, pour les jeunes garçons forcés de quitter leur familles, les lycées par les pensionnats de demoiselles ou par les couvents?

Quoi qu'on fasse, il faut toujours en revenir à cette objection qne M. Renan se fait à lui-même et dont il cherche en vain à atténuer la valeur : « L'internat est la conséquence nécessaire de ce fait que toute famille n'a pas à sa porte un établissement d'instruction où elle puisse envoyer ses enfants. » Mais l'internat est aussi la conséquence non moins nécessaire de cet autre fait, malheureusement trop vrai, que toute famille ne peut pas donner à ses enfants une bonne éducation. Il est des enfants dont le caractère a besoin de l'éducation commune. Indociles à l'autorité paternelle, ils le seraient sans doute également à l'autorité d'un maître : leurs éducateurs sont leurs camarades, et ceux-ci s'acquittent admirablement de leur tâche, avec cet instinct de droiture que rien n'a encore faussé dans l'enfance. Combien de parents, d'autre part, avec la sollicitude la plus éclairée et la plus vigilante, manquent le but, les uns faute de fermeté, les autres par excès de roideur, plus d'un par une sévérité intermittente et capricieuse que dirige l'humeur du moment, non le sentiment éclairé et permanent de la justice! Combien obéissent aux préjugés les plus fâcheux pour de jeunes âmes! Combien sont des esprits faux! Combien même des cœurs bas et corrompus! Beaucoup n'ont pas assez de loisirs pour diriger l'éducation de leurs enfants; beaucoup usent mal de leurs loisirs. Le pire qui puisse arriver à des enfants dont les parents sont dominés par des habitudes mondaines, c'est que ceux-ci se fassent un mérite de les garder auprès d'eux. Le peu de soins qu'ils leur donneront ne servira qu'à former ces petits messieurs et ces petites demoiselles insupportables, qui, à douze ans, ont déjà dépouillé tout le charme de l'enfance. Pour le reste, l'éducation domestique ne sera que l'éducation par les domestiques. Même le bien-être physique de l'enfant gagne souvent à son éloignement de la maison paternelle. L'air et l'espace manquent dans nos appartements de grandes villes; les exercices du corps n'y sont pas possibles; notre régime n'est pas toujours celui qui convient le mieux à l'enfance et qui se prête le plus commodément, au point de vue de la santé comme du travail, à la distribution des heures d'étude.

Il faut donc se résigner aux internats pour une très grande partie des enfants. M. Renan se résigne lui-même à « ce moyen désespéré ». Il ne demande qu'une chose, « c'est que les pensionnats, s'il en faut, ne soient pas tenus par l'Etat, qu'ils soient des établissements privés, placés sous la surveillance des parents et choisis par eux en toute responsabilité. » Pourquoi cette exclusion des internats publics? L'État, d'après les principes de M. Renan, doit, non pas imposer, mais du moins assurer à toutes les familles tous les moyens de cultiver l'âme de leurs enfants. Les internats tiennent, parmi ces moyens, une place nécessaire; ils peuvent donc rentrer, comme l'enseignement lui-même, dans les attributions de l'Etat.

Les internats universitaires sont des casernes, dit M. Renan : « L'église, le monastère, le collège du moyen âge (bien différent de nos lycées) ont à leur manière élevé l'homme, créé un type d'éducation plus ou moins complet. Une seule chose n'a jamais élevé personne, c'est la caserne. » S'il faut entendre par caserne la clôture et la discipline, tout internat a plus ou moins ce caractère, et je ne crois pas qu'il soit plus exagéré dans nos lycées que dans les collèges ecclésiastiques ou dans les bonnes institutions laïques. J'avoue que l'Université a été organisée par son fondateur « à la façon d'un régiment », et qu'elle se ressent encore beaucoup trop de son origine. M. Renan rappelle quelques-unes des prescriptions du règlement de 1802 : « Tout ce qui est relatif aux repas, aux récréations, au sommeil, se fera par compagnie. Il y aura dans chaque lycée une bibliothèque de 1 500 volumes; toutes les bibliothèques contiendront les mêmes ouvrages. Aucun autre ouvrage ne pourra y être placé sans l'autorisation du ministère de l'intérieur. » Ce sont là les abus de notre centralisation administrative et militaire, et, sous les régimes qui ont succédé au premier empire, bien d'autres règlements, souvent plus ridicules encore, ont continué à porter le même cachet d'uniformité et de minutie. Mais ces formes extérieures de l'éducation universitaire n'ont pu étouffer, dans le corps universitaire lui-même, l'esprit de liberté et de dignité personnelle que développe naturellement la culture de l'intelligence. Malgré les vices de son institution, malgré quelques-uns des chefs que les vicissitudes de la politique ou les caprices d'une volonté personnelle ont mis à sa tête, l'Université est devenue et elle est restée ce qu'il y a de plus éclairé, de plus libéral et de plus honnête dans la France officielle. M. Renan lui reproche l'abaissement intellectuel du premier empire; elle pourrait répondre :

Comment l'aurais-je fait si je n'étais pas née?

Ses premiers élèves n'ont été des hommes faits que sous la Restauration, et l'on sait avec quel éclat se sont réveillées alors toutes les formes de la pensée. Un nouveau sommeil a-t-il succédé depuis une trentaine d'années à ce réveil? Je ne veux pas le contester et ce n'est pas le lieu d'en rechercher la cause. Mais, quelle que soit notre décadence, je ne crains pas d'affirmer que l'éducation universitaire peut revendiquer encore, pour une bonne part, dans les générations présentes, les caractères les plus droits et les plus fermes, les intelligences les plus éclairées et les plus libres.

Si l'éducation universitaire n'a pas été stérile, M. Renan en fait honneur aux professeurs seuls. Or, dans un internat, l'influence dominante n'est pas celle des professeurs, mais des maîtres d'études, c'est-à-dire une influence qui, « malgré de très honorables exceptions, laissera toujours à désirer ». Je conviens que des maîtres d'études à la hauteur de leurs fonctions sont un idéal impossible. Mais ces modestes serviteurs de l'éducation publique sont-ils bien au-dessous, je ne dis pas de cet idéal, mais de la moyenne des pères de famille dont ils tiennent en partie la place? Je retournerais volontiers le mot de Figaro : « Aux vertus qu'on exige dans un maître d'études, connaît-on beaucoup de pères qui fussent dignes d'être maîtres d'études? » Est-il vrai d'ailleurs que ce corps, dont le rôle est si grand et la position si petite, laisse plus à désirer dans les établissements de l'Etat que dans les maisons rivales? M. Renan paraît le croire : « Seul, dit-il, l'Etat aura un corps de professeurs éminents; mais, pour les maîtres d'études, c'est tout l'inverse. » Je regarde, au contraire, comme incontestable que l'Université conserve sa supériorité pour ses maîtres d'études comme pour ses professeurs. Il ne faut pas chercher un point de comparaison dans les maisons religieuses, dont le système d'éducation est tout différent et doit être accepté ou rejeté dans son ensemble, mais dans les institutions laïques. Or, les surveillants, dans ces institutions, présentent-ils, en général, les mêmes garanties que des fonctionnaires publics, pourvus de grades, en possession, dès leurs débuts, d'un traitement honorable que pourraient à peine espérer, après plusieurs années de services, les employés des autres administrations, et qui sont la pépinière d'où sort la plus grande partie des professeurs?

II

La question des internats a été parfaitement posée par M. Jules Simon. Il n'a pas pour ces établissements la tendresse de M. Bouillier; il condamne avec non moins de force que M. Renan et M. Bréal « la vie claustrale imposée à nos enfants; » il fait appel à l'opinion publique aussi bien qu'à l'Université pour encourager l'imitation des systèmes d'éducation scolaire en vigueur dans d'autres pays; mais, tant que les familles auront besoin de grands pensionnats ou continueront à les préférer, il se résigne à l'ajournement d'une réforme qui n'aurait pour effet que de « remplacer tout simplement les pensionnats universitaires par l'industrie des particuliers et la règle par l'aventure. » Tous les vices que l'on peut justement reprocher aux internats des lycées leur sont communs avec les autres pensionnats, et ils sont corrigés ou atténués dans les premiers par des garanties d'une bonne et scrupuleuse administration, sur lesquelles on ne saurait compter au même degré dans les seconds.

En dehors des internats universitaires, les familles n'ont le choix qu'entre trois sortes de pensionnats : les petites pensions, les grandes institutions laïques et les collèges ecclésiastiques. Les petites pensions se rapprochent davantage de la famille et, à ce titre, elles mériteraient d'être préférées; mais celles qui, sous tous les autres rapports, peuvent soutenir la comparaison avec les établissements de l'État, coûtent très cher et ne peuvent convenir aux fortunes moyennes. Les grandes institutions laïques sont des lycées libres : elles n'évitent aucun des inconvénients qui résultent d'une grande agglomération d'élèves et elles y joignent les dangers propres à toute entreprise mercantile. Les mieux tenues ne sont pas inférieures aux meilleurs lycées; mais, dans l'ensemble de ces établissements, et surtout s'ils devaient se multiplier pour remplacer les internats publics, combien de fois ne pourra-t-il pas arriver, comme le dit M. Jules Simon, « qu'un déficit soudain dans les recettes, ou un désir de gain immodéré, ou quelque idée fausse passant par la cervelle du chef de la maison compromettent le succès des études, la santé des élèves ou, ce qui est plus grave, leur moralité! » Les collèges ecclésiastiques sont à l'abri de pareils dangers. La direction, comme celle des lycées, n'y obéit qu'à des mobiles désintéressés et de l'ordre le plus élevé. Ils ont de plus des avantages incontestables. Le zèle religieux leur assure des ressources qui peuvent rivaliser avec celles du budget de l'État, et comme ils peuvent plus aisément s'écarter du centre des villes, comme d'ailleurs les traitements qu'ils ont à payer à des maîtres tous célibataires et vivant en commun restent très au-dessous des traitements, pourtant si modiques, des professeurs de l'Université, ils s'offrent aux familles, sans leur demander de grands sacrifices, dans les meilleures conditions d'hygiène, de confort et de bonne direction. Leurs avantages, au point de vue moral, ne sont pas moins grands. C'en est un certainement que l'action constante du sentiment religieux dans l'éducation. C'en est un aussi que la présence assidue des maîtres au milieu des élèves et une familiarité qui, grâce au respect de la robe, n'ôte rien à l'autorité. Déjà la confiance des familles se partage entre les collèges ecclésiastiques et les collèges de l'État : la balance pencherait de plus en plus du côté des premiers si les seconds devaient renoncer à leurs internats.

Ce n'est pas sans doute le résultat que désire M. Renan, non plus que M. Michel Bréal, et M. Jules Simon, plus impartial peut-être, ne le désire pas davantage. Nous n'avons, quant à nous, aucun parti pris contre les collèges ecclésiastiques. Nous respectons en eux le libre choix des familles. Nous respectons également les intérêts d'un grand nombre d'enfants qui trouvent dans une maison religieuse le milieu le plus favorable pour la formation de leur caractère et le développement de leur esprit. Nous ne connaissons rien de plus odieux que la pression exercée depuis quelque temps sur les fonctionnaires publics pour les obliger à retirer leurs enfants de ces maisons, sans tenir compte non seulement de leurs préférences personnelles, toujours respectables, mais des motifs intimes, souvent douloureux, auxquels ils peuvent obéir et dont ils sont les meilleurs juges. Nous ne voulons pour les collèges de l'État aucun privilège ; mais nous ne voulons également aucun privilège pour leurs plus redoutables ou plutôt leurs seuls rivaux. Or la suppression des internats publics aurait pour effet une double perte pour les collèges de l'État au profit des collèges ecclésiastiques. Ces pensionnaires, que l'Université laisserait passer sous une direction rivale, seraient pour elle des élèves absolument perdus. Sauf de rares exceptions, ils ne lui resteraient pas comme externes, à moins d'un *Compelle intrare* dont nous avons montré les difficultés et les dangers, et que l'Université serait la première à repousser au nom de ses vrais intérêts comme au nom de la liberté. Ses internats lui sont donc nécessaires pour répondre à la libre confiance des familles dont elle garde et nous n'hésitons pas à ajouter dont elle mérite les préférences au double point de vue de l'éducation et de l'instruction. Elle ne pourra y renoncer que lorsque les familles trouveront à leur disposition, dans des conditions également bonnes, également conformes à leurs sentiments ou à leurs besoins, d'autres moyens d'éducation.

M. Renan rappelle lui-même que les grands internats sont une création des jésuites et que la société y avait trouvé de puissants moyens d'influence. Il met en scène un révérend Père qui intéresse la conscience d'une mère à se décharger sur une sainte maison du poids terrible que ferait peser sur elle devant Dieu l'éducation de ses enfants. Je respecte assez la liberté pour ne pas disputer aux mères le droit de céder à de tels arguments; mais la liberté demande-t-elle que toute autre influence s'efface devant eux?

L'Université n'impose à personne ses établissements; elle ne fait appel, comme les institutions privées, ecclésiastiques ou laïques, qu'à la libre confiance des familles et, parmi les motifs qui justifient cette confiance, il faut placer en première ligne la large part que conservent les influences domestiques dans l'éducation des pensionnaires de l'Université. L'avantage, qu'on ne saurait contester aux maisons religieuses, d'un plus grand ascendant sur l'âme des enfants, est souvent un péril; car cet ascendant s'exerce presque toujours au détriment de celui des parents. La famille, dans ces maisons, n'a pas cessé d'être considérée comme une rivale, qu'on écartait autrefois presque entièrement, qu'on écarte encore autant que le permet le progrès de nos mœurs domestiques. La famille, pour l'Université, est un auxilliaire, dont elle aime à s'assurer le concours en facilitant les visites et les libres correspondances, en multipliant les sorties et en les distribuant de telle sorte que les enfants puissent souvent, dans le cours de l'année, en dehors des grandes vacances, se retremper plusieurs jours de suite près de ces éducateurs par excellence que rien ne remplace, suivant M. Renan : les mères et les sœurs.

III

Si l'Université ne peut renoncer à ses internats, elle ne doit avoir pour eux aucune prédilection et, suivant le conseil que lui donnent également M. Jules Simon et M. Michel Bréal, elle doit plutôt encourager les autres modes d'éducation qui peuvent également concourir au recrutement de ses élèves. Elle est déjà entrée dans cette voie. Elle a institué dans tous ses collèges des *externats surveillés* qui, tout en gardant pendant le jour les enfants dont les parents pourraient difficilement surveiller le travail, les rendent chaque soir à la vie de famille. D'un autre côté, elle a cessé de voir d'un œil jaloux les professeurs qui prennent des pensionnaires. Ce n'est pas assez. Comme le demandait M. Bréal il y a dix ans, chaque lycée devrait mettre son honneur à s'entourer d'une clientèle de familles honorables, sur lesquelles il pût se décharger en partie du fardeau de son internat. Il devrait les indiquer, les recommander, leur donner place sur ses prospectus, en leur imposant toutefois, comme condition de son patronage, l'acceptation de sa surveillance. Il devrait agir de la même façon avec les pensions grandes ou petites qui se grouperaient autour de lui. Les règlement actuels, non plus que les lois anciennes et nouvelles sur l'enseignement secondaire libre, ne font pas de distinction entre les pensions qui donnent elles-mêmes l'instruction et celles qui envoient leurs pensionnaires aux classes des lycées. Ces dernières pourraient sans inconvénients être dispensées de l'obligation d'avoir des directeurs pourvus de grades universitaires, ou, comme l'exige la nouvelle loi, d'un certificat d'aptitude pédagogique ; ce serait assez de réclamer de sérieuses garanties de moralité.

Un dernier progrès est surtout nécessaire et, outre ses avantages propres, il pourrait seul assurer la réalisation de tous les autres : ce serait la séparation du lycée proprement dit et de l'internat. Cette séparation a été posée en principe dans la loi du 15 mars 1850, dont l'article 71 est ainsi conçu :

« Les établissements publics d'instruction secondaire sont les lycées et les collèges communaux.

» Il peut y être annexé des pensionnats. »

Une disposition semblable a trouvé place dans la loi du 21 décembre 1880 sur l'enseignement secondaire des jeunes filles, qui n'accepte aussi les pensionnats que comme une annexe facultative des établissements d'instruction. Je souhaite que le principe soit mieux respecté dans les collèges de filles qu'il ne l'a été dans les collèges de garçons. Jamais il n'en a été tenu compte dans ces derniers, alors même qu'on en a créé de nouveaux ; l'internat a toujours été considéré, non comme l'accessoire, mais comme le principal, soit dans les plans et devis, soit dans l'organisation des divers services, soit dans la hiérarchie des fonctions administratives. Des protestations se sont plus d'une fois élevées depuis trente ans contre un état de choses aussi fâcheux en lui-même qu'il est contraire à la lettre et à l'esprit de la loi [1]. M. Bréal demande à son tour, en invoquant l'exemple de la Belgique, que la direction du lycée et celle de l'internat cessent d'être réunies sur une seule tête. Il voudrait, pour les deux fonctions et pour les deux établissements, non seulement deux personnages distincts et indépendants l'un de l'autre, mais deux maisons séparées. Le directeur de l'internat serait simplement, pour le proviseur du lycée, « un père de famille plus riche en enfants que les autres. » Ni le premier n'aurait à s'immiscer dans la marche des études, ni le second dans le régime des pensionnaires. La séparation des locaux ne sera

1. Nous citerons particulièrement deux articles de M. Alfred Mézières sur l'*Etat actuel de l'Université* (*Revue des cours littéraires*, 22 et 29 juin 1867).

possible, M. Bréal le reconnaît, que dans des lycées de construction entièrement nouvelle; mais rien n'empêche d'introduire dès à présent dans tous les lycées la séparation des fonctions. Il n'y aurait pas à créer de nouveaux fonctionnaires, puisque chaque lycée a déjà deux chefs : un proviseur et un censeur. L'un des deux aurait la direction exclusive de l'internat ; l'autre serait le chef des professeurs et il pourrait recevoir toutes les attributions qui assurent aux directeurs des gymnases allemands une si heureuse influence sur le progrès des études. Les professeurs de chaque lycée formeraient ainsi un véritable corps, qui pourrait acquérir une autonomie de plus en plus large; leur chef pourrait avec avantage participer lui-même à l'enseignement, qui serait désormais son unique souci ; il en connaîtrait ainsi de plus près tous les besoins ; son autorité se ferait plus aisément accepter par ses collaborateurs, et sans doute aussi elle grandirait dans la confiance de l'administration supérieure, qui ne refuserait pas de lui laisser une plus grande part d'initiative. Cette réforme du provisorat et de l'internat est la plus urgente de toutes, dit très bien M. Dreyfus-Brisac, après MM. Jules Simon et Michel Bréal : « Tous les projets de réforme avorteront, s'ils ne s'appuient pas sur des bonnes volontés individuelles, sur une plus large initiative accordée au corps enseignant [1]. »

1. Parmi les heureux effets qu'on pourrait attendre de cette réforme, il faut compter une amélioration de la condition des maîtres d'études. Tant que la direction de l'enseignement et celle de l'internat resteront confondues, l'Université n'offrira d'autre avenir à ses maîtres d'études que de vieillir dans leurs humbles fonctions ou de s'élever au professorat, qui suppose des grades auxquels beaucoup ne parviendront pas, et des aptitudes spéciales dont les meilleurs surveillants peuvent très bien être dépourvus. Si la direction de l'internat formait un service séparé, elle pourrait être le dernier échelon d'une hiérarchie administrative dont le premier degré serait la maîtrise d'études,

§ 2. — Les divers ordres d'enseignements. Les programmes.

I

Nos établissements publics d'instruction secondaire réunissent, sous une direction commune, des groupes distincts d'enseignements : l'enseignement classique, l'enseignement spécial, les cours préparatoires aux grandes écoles. De bons esprits souhaiteraient que ces groupes fussent entièrement séparés. Cette séparation serait difficile dans les villes de second ou de troisième ordre et peut-être aurait-elle plus d'inconvénients que d'avantages si elle s'étendait aux internats. Il n'est pas mauvais qu'une éducation commune réunisse les jeunes gens de même âge, alors même qu'ils reçoivent une instruction différente. Ce qui importe, c'est que des études distinctes soient soumises à une direction distincte. Rien ne serait plus facile à réaliser si l'internat cessait de se confondre avec le lycée ou le collège. Il pourrait y avoir, pour un même internat, un collège d'enseignement classique, un collège d'enseignement spécial, une ou plusieurs écoles préparatoires, avec des directeurs différents pour chaque ordre d'études. Il n'en résulterait pas un accroissement excessif du personnel, puisque la direction pourrait se cumuler avec le professorat; mais il en résulte-

et les degrés intermédiaires, la fonction de *préfet d'études*, dont un rapport officiel propose la création, et celle de surveillant général, depuis longtemps existante. Le zèle des simples surveillants serait ainsi stimulé et leur autorité relevée aux yeux des élèves par les chances d'avancement qui leur seraient ouvertes dans l'ordre même des fonctions où ils font leurs débuts. Rien n'empêcherait d'ailleurs ceux qui se sentiraient une vocation différente de viser soit au professorat, soit même à d'autres carrières en dehors de l'Université.

rait, pour chaque enseignement, qui vivrait ainsi de sa vie propre, une intelligence plus nette des besoins particuliers qu'il est destiné à satisfaire, une solidarité plus étroite entre les maîtres, une action plus directe et plus éclairée, de la part des chefs, en vue d'assurer le succès et le progrès des études.

Toutefois, nulle amélioration sérieuse ne peut être espérée dans les divers enseignements, tant que leurs cadres mêmes ne seront pas exactement définis. La définition est facile pour les cours préparatoires aux écoles spéciales : elle est donnée par leur destination même. Il serait désirable d'ailleurs que ces cours pussent disparaître de notre instruction secondaire et qu'une entente entre le ministre de l'instruction publique et les autres ministres de qui relèvent les écoles spéciales rendît inutile, par une meilleure rédaction des programmes d'admission, toute préparation distincte en dehors des enseignements ordinaires. Malheureusement, ces enseignements eux-mêmes n'ont pas cessé, depuis le commencemeut du siècle, d'être soumis à toutes les fluctuations, à toutes les incertitudes, aux expériences de toutes sortes, et ils attendent encore une définition claire et précise de leurs matières et de leurs destinations respectives.

L'enseignement secondaire, sous l'ancien régime et dans la première organisation de l'Université, n'avait qu'une seule forme, la forme classique, dont le latin et les mathématiques étaient les éléments essentiels. Cependant les collèges ont été ouverts de bonne heure à une catégorie d'élèves qui, ne visant pas aux professions libérales, ne venaient y chercher qu'une instruction supérieure à celle des écoles primaires. Les classes suivies par ces élèves étaient connues sous le nom de *classes de français*, parce que les langues anciennes en étaient exclues. Elles flattaient la vanité des familles, à qui elles permettaient de mettre leurs fils au collège; mais, dans le collège lui-même, elles étaient un objet de dédain pour les maîtres et pour les élèves de l'enseignement classique. Celui-ci était seul recherché par toutes les familles que n'effrayaient pas les frais de neuf années d'études et qui voulaient assurer à leurs fils la possibilité d'un libre choix entre toutes les carrières. Cette faveur dont l'enseignement classique n'a pas cessé de jouir a été pour lui tout à la fois un honneur et un péril. Elle l'a forcé à enfler démesurément ses programmes pour répondre aux vœux d'une clientèle où se rencontrent tous les genres d'ambition et toutes les natures d'esprit, et elle ne lui a pas permis un accroissement proportionné de la durée des études, qui eût entraîné, avec des dépenses plus considérables, un trop grand retard dans la préparation spéciale aux différentes carrières. M. Jules Simon, qui a si bien vu le mal de cet entassement de matières dans un trop court espace de temps et qui a fait de si louables, mais si infructueux efforts pour y porter remède, cite une page curieuse de l'abbé Fleury, qui se plaignait déjà, au milieu du XVIIe siècle, que les études fussent devenues impossibles « par la multiplicité des choses qu'on y a comprises et que l'on promet d'enseigner en même temps. » Que dirait Fleury de nos programmes actuels où sans rien sacrifier, sauf quelques exercices, de ce qui s'enseignait dans les collèges de l'ancien régime, tant d'enseignements nouveaux ou renouvelés par une étude plus approfondie se sont fait place : le grec, le français, les langues étrangères, l'histoire de France et les histoires de tous les peuples anciens et modernes, la géographie universelle, la philosophie, les sciences de tout ordre et enfin le dessin, la gymnastique et les exercices militaires?

La première tentative sérieuse pour porter la faux

dans cette formidable accumulation de matières a été la célèbre *bifurcation* de 1852. L'idée en était excellente. Elle consistait à créer deux enseignements secondaires, l'un où la part des sciences serait réduite au profit de la culture littéraire, l'autre où les lettres subiraient une réduction analogue au profit de l'instruction scientifique. L'exécution, par malheur, fut déplorable. On recula devant une séparation complète des deux enseignements. On maintint, pour les premières classes, des études entièrement communes et on n'introduisit, à partir de la troisième, sous les noms de section des lettres et de section des sciences, qu'une séparation partielle. Il était aisé de prévoir les résultats d'une telle organisation. La section des lettres garda les meilleurs élèves des classes de grammaire, qui s'y trouvaient mieux préparés par leurs études antérieures. La section des sciences n'eut en général que le rebut; elle fut recherchée moins par amour des sciences que par dégoût du grec et du latin. Les classes communes furent encombrées de non-valeurs : les élèves des sciences devenaient de plus en plus incapables de les suivre et, par les soins particuliers qu'ils demandaient, ils nuisaient au travail de leurs camarades de la section littéraire. Enfin, ce qui acheva de tout gâter, c'est qu'on avait prétendu assigner à chaque section des vocations professionnelles différentes. On ne pouvait suivre telle carrière que si l'on avait passé par les lettres, telle autre que si l'on avait choisi la section des sciences. Il fallait décider de sa destinée future dès la quatrième, et si l'on se repentait plus tard de la décision prise, il fallait refaire à dix-neuf ou vingt ans les études auxquelles on avait renoncé à treize ou quatorze. C'est par là surtout que la bifurcation, déjà odieuse aux professeurs, devint insupportable aux familles. Elle succomba devant un mécontentement général, mais sa disparition ne fit que rendre plus sensible le mal auquel elle avait appliqué un impuissant remède.

L'enseignement secondaire spécial a recueilli les épaves de la bifurcation et les a fait entrer dans les anciennes « classes de français », érigées ainsi en rivales de l'enseignement classique. La rivalité est mieux entendue, car elle ne comporte pas de classes communes; mais le nouvel enseignement a été compromis dès l'origine par deux graves défauts. Le premier, très remédiable, est sa subordination à l'enseignement classique, dont il est presque partout le commensal et dont les chefs sont appelés à le diriger, sans lui porter un véritable intérêt. Le second tient à sa constitution même. Comme les deux sections du système de 1852 et dans une mesure encore plus étroite, il préjuge les vocations de ses élèves; il les exclut des carrières qui tiennent le plus haut rang dans l'estime ou dans les préjugés de la société. Malgré tous les développements qui lui ont été donnés dans ses programmes, il ne convient qu'aux familles qui, par sagesse ou par nécessité, s'interdisent pour leur fils une trop vaste ambition. Aussi paraît-il se mouvoir dans un cercle trop étendu pour les besoins de sa clientèle ordinaire, et bien peu de ses élèves parcourent ce cercle tout entier. Toutes les familles un peu haut placées dans le commerce, dans l'industrie, dans l'agriculture, préfèrent pour leurs fils les études classiques, non pour les pousser vers les carrières dites libérales, mais pour ne pas leur fermer ces carrières. Elles préfèrent les études classiques, mais elles voudraient que les connaissances pratiques et positives y conquissent la première place; elles ne repoussent pas les lettres, et les langues anciennes elles-mêmes ne leur paraissent pas absolument inutiles pour former et pour orner de jeunes esprits, mais elles demandent, au nom des besoins de la société moderne, que les études littéraires renoncent enfin à leur prépondérance usurpée.

C'est pour donner satisfaction à ces exigences que l'enseignement classique a élargi sans cesse ses programmes de sciences et qu'on a cherché en même temps, par des réformes plus ou moins hardies, à y resteindre la part des exercices littéraires. Le trait commun de ces réformes est la prétention, non seulement de ne rien sacrifier de ce qui fait le fond des études littéraires, mais de rendre ces études plus fructueuses, grâce à l'emploi de meilleures méthodes, en leur consacrant moins de temps. C'est le but que s'était proposé M. Jules Simon, dont la tentative, si modeste cependant, a soulevé tant de clameurs. On est allé beaucoup plus loin depuis, et cependant on n'est pas allé jusqu'au bout des projets qui ont été soumis, soit au jugement de l'opinion publique, soit aux délibérations des conseils universitaires. Il ne s'agissait de rien moins que de fondre presque entièrement l'enseignement spécial dans l'enseignement classique, en reculant jusqu'aux dernières classes les études littéraires proprement dites. Tel est le système très bien conçu, très étudié dans toutes ses parties, mais, à notre avis, très chimérique, qu'a proposé un publiciste distingué, M. Ferneuil. Tel est aussi, avec moins de hardiesse et de logique, le plan d'études dont le Conseil supérieur de l'instruction publique a été saisi en 1880. Les représentants de l'Université ont reculé devant des innovations aussi radicales; ils ont fait aux langues anciennes une part un peu moins étroite et surtout un peu moins tardive; mais, sauf cette réserve, ils sont entrés dans l'esprit des réformes proposées, et, comme tous les promoteurs de ces réformes, ils ont compté sur le changement des méthodes pour sauver et pour améliorer les études littéraires dans le champ plus restreint qui leur était assigné.

II

A-t-on réussi? Nous n'invoquerons pas pour répondre à cette question le témoignagne d'un adversaire des nouvelles méthodes, mais celui de l'homme le plus compétent pour les bien juger; car il les a étudiées de près dans le pays où elles ont été appliquées avec le plus de succès, en Allemagne, et il en a recommandé depuis longtemps l'introduction dans notre enseignement classique. M. Bréal a été associé à l'élaboration des réformes de M. Jules Ferry, comme il l'avait été à celle des réformes de M. Jules Simon. Il avait indiqué avec précision, dans son livre de 1872, la voie dans laquelle devaient s'engager les réformateurs. Il explique aujourd'hui plus en détail, dans ses *Excursions pédagogiques*, le mécanisme des méthodes allemandes, et il les compare sans parti-pris avec l'imitation que nous en avons prétendu faire. Il met surtout en lumière les résultats presque merveilleux obtenus par les *extemporalia* ou traductions improvisées. Il sait toutefois se tenir et nous tenir nous-mêmes en garde contre les illusions qui pourraient s'attacher à l'importation de ces procédés. Ils ne pourraient réussir dans nos classes supérieures qu'à la suite de très fortes études dans les basses classes. Le latin est étudié pendant neuf ans dans les gymnases allemands, le grec pendant sept ans et, depuis le commencement des études jusqu'à la fin, la plus grande place est toujours laissée aux deux langues classiques. Les enfants sont exercés à lire et à expliquer, non de courts morceaux, mais des ouvrages entiers; ils apprennent par cœur toute une tragédie de Sophocle pour la jouer en public, comme on faisait, il y a quelques années, au petit séminaire d'Orléans. Dans nos lycées, le grec et le latin ont vu réduire et le nombre d'années qui leur était consacré dans la durée des études et le nombre d'heures dont ils avaient le bénéfice dans chaque classe. Même au temps où ils régnaient en maîtres, nous nous proposions moins de les bien apprendre que d'en faire le point d'appui le plus sûr pour nous exercer à bien ordonner nos pensées et à les exprimer avec élégance dans notre propre langue. « J'ai vu, dit M. Bréal, adresser à nos lycées le reproche qu'on s'y occupait trop de la Grèce et de Rome et qu'on y négligeait le français. De toutes les critiques qui peuvent être dirigées contre notre enseignement, c'est la dernière à laquelle je me serais attendu. La vérité est que l'Université apprend surtout à écrire en français et qu'alors même qu'elle a l'air de faire du latin ou du grec, c'est le français qu'elle a en vue, c'est le français qu'elle enseigne. » Nous avons toujours attaché la plus grande importance aux compositious écrites : en Allemagne, elles ne sont que l'accessoire et elles sont généralement médiocres. Le gymnase allemand prépare les futurs érudits qui se perfectionneront à l'Université; le lycée français réussit surtout à former des orateurs, des écrivains, et, il faut bien le dire, des journalistes.

M. Bréal regrette qu'il n'ait pas été assez tenu compte de ces différences dans les dernières réformes de notre enseignement secondaire. Il craint que ces réformes n'amènent promptement la décadence des études littéraires, non par la faute des procédés empruntés à l'Allemagne, mais par l'effet de leur introduction dans des conditions défavorables. Il s'incline devant les considérations d'intérêt politique ou social auxquelles on a obéi en restreignant la part de ces études dans l'enseignement même qui leur paraît proprement consacré ; mais il voudrait leur réserver quelques établissements modèles où elles pourraient recevoir tous leurs développements. Dans ces lycées véritablement classiques, on pourrait s'approprier avec succès ce qu'il y a d'excellent dans les méthodes allemandes, sans rien sacrifier des qualités de l'esprit français. Nous ne ferions d'ailleurs que reprendre notre bien ; car, s'il fait justement honneur de ces méthodes aux grands humanistes allemands de la fin du dernier siècle et du commencement de notre siècle, M. Bréal sait aussi y reconnaître des idées françaises, les idées de Port-Royal et de Rollin. Rien ne serait plus précieux pour nous que ces asiles ouverts à la culture littéraire, où se réuniraient, pour l'entretenir et la développer, les meilleures traditions de l'enseignement national et de l'enseignement étranger. C'est là que se formeraient les vrais lettrés et que les carrières libérales pourraient assurer, sinon leur recrutement complet, du moins celui de l'élite qui leur est nécessaire pour ne pas déchoir au rang de purs métiers. Je crains seulement que notre amour de l'égalité et de l'uniformité ne se prête mal à ces créations si désirables.

III

Les collèges classiques, tels que les entend M. Bréal, sont un retour à l'idée si heureuse en elle-même qui avait présidé à l'essai malheureux de la bifurcation. Ce seraient des collèges littéraires d'où les sciences ne seraient pas exclues, mais où elles ne recevraient pas tous les développements qu'ont prétendu leur donner les nouveaux programmes. Ils supposent à côté d'eux, pour donner satisfaction à tous les besoins, d'autres collèges où les rôles seraient renversés entre les sciences et les lettres. Ces derniers collèges, qu'on pourrait appeler scientifiques, trouveraient un modèle dans les *écoles réelles* de l'Allemagne. On se fait une fausse idée de ces écoles quand on leur assimile notre enseignement spécial. Elles ont bien, à l'origine, été conçues dans le même esprit, comme écoles professionnelles, destinées au recrutement du commerce et de l'industrie; mais elles se sont bientôt divisées en deux ordres, et celles de second ordre sont seules restées fidèles à la destination primitive. Les écoles réelles de premier ordre correspondent, non à notre enseignement spécial, mais à la section des sciences de la bifurcation, avec cette différence que leur enseignement ne se greffe pas sur l'enseignement littéraire et qu'il ne garde avec lui aucune classe commune. Leurs programmes, où le latin tient une place importante auprès de la langue nationale, des langues vivantes, de l'histoire, de la géographie et des différentes branches des sciences, représentent à peu près l'ensemble des matières de notre baccalauréat ès sciences. Il y a ainsi une parité complète et une émulation féconde entre les écoles réelles de premier ordre et les gymnases classiques.

Ces derniers avaient toutefois, jusqu'à ces dernières années, un privilège considérable. Ils préparaient seuls aux études d'enseignement supérieur et aux carrières libérales. Ce privilège leur a été ardemment disputé par les écoles rivales, et elles ont remporté une série de victoires qui laissent préjuger dans un prochain avenir une entière égalité de droits. Cette égalité est nécessaire dans l'intérêt des études littéraires comme dans celui des études scientifiques. Il faut, pour le succès des deux ordres d'études, que le choix entre eux n'impose pas aux familles une décision prématurée sur la profession future de leurs enfants. Sans doute, il est certaines professions auxquelles conviendra exclusivement l'un des deux enseignements. Un professeur d'humanités se formera difficilement au collège scientifique et un professeur de mathématiques au collège littéraire. Force sera bien, dans ces cas exceptionnels, de faire tardivement de nouvelles études si des vocations spéciales s'éveillent en opposition avec le choix qui aura été fait de l'un ou de l'autre enseignement. Le changement pourrait d'ailleurs être facilité par l'institution de cours facultatifs de lettres dans les collèges scientifiques et de cours facultatifs de sciences dans les collèges littéraires. Il n'y a toutefois que des natures d'élite douées d'une capacité exceptionnelle pour le travail, et ce sont celles qui conviennent le mieux pour le professorat, qui puissent embrasser à la fois ou même successivement, sans en être épuisées, les matières des deux systèmes d'études. Il convient donc que les autres puissent s'en tenir à un seul système et que leurs vocations, en thèse générale, n'en souffrent aucune entrave. Or, à part un très petit nombre de fonctions spéciales, il n'est pas une carrière libérale qui ne puisse sans inconvénient se recruter indifféremment parmi les élèves des deux catégories de collèges, telles qu'elles pourraient se constituer sur le double modèle des gymnases et des écoles réelles de l'Allemagne. Un avocat et un magistrat ne seront pas au-dessous de leurs fonctions parce qu'une étude plus approfondie des sciences aura remplacé le grec dans leurs années d'enseignement secondaire. La science du médecin ne sera pas de moins bon aloi, soit qu'il ait été préparé à ses études professionnelles par une culture plus particulièrement scientifique ou plus particulièrement littéraire. Les Allemands ont fait sagement en renonçant à entasser dans les mêmes établissements toutes les matières de l'enseignement secondaire et en répartissant ces matières entre deux systèmes d'études. Ils ne font pas moins sagement en attribuant à ces deux systèmes des droits égaux pour le recrutement des professions. La meilleure réforme de notre enseignement classique consisterait à les imiter dans ces deux actes de sagesse.

Si nous nous décidions à emprunter à l'Allemagne, sous un nom ou sous un autre, la distinction du gymnase classique ou littéraire et de l'école réelle ou scientifique, le type scientifique devrait être imposé à nos collèges communaux et au plus grand nombre de nos lycées. C'est celui qui convient le mieux aux besoins généraux des familles et qui se prête le plus naturellement au recrutement moyen de la plupart des carrières. C'est aussi celui qui serait le plus facile à réaliser. Il suffirait de supprimer le grec, ou, du moins, de le rendre facultatif, et de réduire la part du latin : pour tout le reste, les programmes actuels de l'enseignement classique pourraient être conservés. Le type littéraire exigerait une organisation nouvelle pour donner à l'étude des langues et des littératures anciennes ses développements nécessaires en réduisant la part des sciences. Il faudrait le réserver pour un petit nombre de lycées dans les villes où la culture littéraire est plus particulièrement restée en honneur. Paris et quelques grandes villes pourraient d'ailleurs posséder les deux types dans des établissements distincts.

L'enseignement spécial proprement dit garderait sa place dans cette nouvelle distribution de l'enseignement secondaire. Il pourrait subsister isolément dans les mêmes conditions que les *écoles réelles de second ordre*, et les besoins auxquels il répond trouveraient également satisfaction s'il se confondait avec les premières années d'études dans les collèges du type scientifique, comme cela a lieu en Allemagne dans les *écoles réelles de premier ordre* [1].

§ 3. — Les baccalauréats.

I

Chaque groupe d'enseignement, dans l'instruction secondaire, aboutit à un examen final institué par l'État et investi de privilèges considérables. De là l'importance de la question du baccalauréat, soit pour la liberté d'enseignement, soit pour l'organisation de l'enseignement public.

On fait au baccalauréat deux reproches contraires. Il y règne une sévérité excessive, si l'on en croit les familles; une excessive indulgence, si l'on en croit les professeurs. Ces deux reproches sont également fondés. Un examen encyclopédique, placé au terme de dix années d'études qui se sont faites ou qui ont pu se faire sans contrôle, aura beau pousser l'indulgence jusqu'à ses dernières limites, il sera toujours contraint d'écarter un nombre considérable de jeunes gens mal préparés, dont l'instruction pèche par la base. A peine peut-on admettre dans chaque session la moitié des candidats. Et ce qui rend la sévérité d'autant plus rigoureuse pour les familles, c'est que la plupart des candidats ajournés sont

1. La *Revue internationale de l'enseignement* a donné, dans sa livraison du 15 juin 1882, un extrait d'un rapport écrit en 1835 par Saint-Marc Girardin sur l'instruction intermédiaire dans le midi de l'Allemagne. Nous avons été heureux d'y trouver les lignes suivantes, qui résument admirablement les considérations que nous venons de développer : « Moins d'élèves dans la même école, moins de cours différents dans la même classe, un plus grand nombre d'écoles distinctes; voilà quels sont, selon moi, les véritables principes de la réforme des études en France. »

hors d'état de réparer efficacement les lacunes de leur préparation. On peut sans trop d'efforts se préparer de nouveau à un examen qui ne porte que sur l'enseignement d'une année; mais quand l'examen embrasse et résume l'enseignement de dix années, quand surtout les premières études ont été absolument défectueuses, quel succès peut-on espérer? Le succès serait en effet impossible, si la persévérance des candidats ne désarmait à la longue la rigueur des juges. Beaucoup réussissent ainsi, quelquefois après sept ou huit épreuves, toujours aussi insuffisantes, mais où l'on aime à reconnaître de louables efforts. C'est ainsi que, d'un côté, le baccalauréat, destiné à constater de bonnes études, en couvre généralement de mauvaises, et, de l'autre, qu'il impose aux familles, dans la moitié des cas, ou de longs sacrifices en pure perte si l'échec est irréparable, ou un redoublement de sacrifices s'il faut encore, pour atteindre le but, une ou plusieurs années d'études supplémentaires.

Devant ce double reproche, trop bien justifié des deux parts malgré son apparence contradictoire, il y a quelque chose de fondé dans les regrets qu'ont laissés à beaucoup d'amis éclairés et impartiaux de l'Université les certificats d'études autrefois exigés pour le baccalauréat. Ces certificats étaient une garantie qu'on a eu raison de supprimer dans l'intérêt de la liberté, mais à laquelle on a eu le tort de ne rien substituer dans l'intérêt des études.

Le baccalauréat a pour but de constater les résultats d'une instruction encyclopédique répartie en neuf ou dix années. Il ne devrait être, dit M. Jules Simon, que « le degré le plus élevé d'une série d'examens obligatoires pour le passage d'une classe dans une autre. » Ces examens sont prescrits par les règlements universitaires, et plus d'une fois cette prescription a été rappelée par des circulaires ministérielles. Elle était à peu près une lettre morte au temps du monopole. On craignait de perdre des élèves en se montrant trop rigoureux, car une liberté de tolérance avait précédé la liberté légale et l'Université avait déjà des concurrents redoutables dans les petits séminaires, dans les institutions privées et dans de prétendues études domestiques attestées par des certificats de complaisance. Il est devenu plus difficile encore, depuis la loi de 1850, de maintenir ou de remettre sérieusement en vigueur les examens de passage. Il faudrait, en effet, les imposer à la fois aux établissements de l'Etat et aux établissements privés : or comment s'assurer dans ces derniers que les examens sont régulièrement et sincèrement faits à l'entrée de chaque classe? A défaut de cette garantie, qui a toujours été illusoire, il y avait, avant 1850, celle des certificats d'études. Il fallait, pour se présenter au baccalauréat, avoir suivi complètement pendant deux ans les classes de rhétorique et de philosophie dans un collège de l'Etat. On s'affranchissait, il est vrai, de cette obligation en alléguant des études domestiques, et elle n'était pas d'ailleurs imposée dans toute sa rigueur aux élèves des institutions privées. La garantie toutefois était réelle et sérieuse pour la grande majorité des aspirants au baccalauréat. Actuellement le baccalauréat se suffit à lui-même. Il n'est précédé d'aucune justification. Les examinateurs ignorent les antécédents des candidats et ceux-ci ont même le droit, pour se mettre mieux à l'abri de toute investigation défavorable, de se présenter où ils veulent, partout où siège un jury d'examen, à quelque distance que ce soit du lieu où ils ont terminé leurs études ou de la résidence de leurs parents.

Les choses ne se passent pas ainsi pour des examens beaucoup moins encyclopédiques. Non seulement l'examen final, en droit et en médecine, est précédé d'une série d'épreuves réparties en plusieurs années; mais des certificats d'inscription, séparés par des intervalles fixes, attestent des études régulières. Les ressorts des jurys d'examen sont d'ailleurs parfaitement déterminés, et nul candidat ne peut sortir, sans une permission spéciale, de celui qui lui est assigné. Pour le baccalauréat, un examen divisé en deux parties, dont chacune comprend deux ou trois compositions et des interrogations de moins d'une heure, est l'unique constatation des résultats de neuf années d'études sur les matières les plus variées. C'est peu pour un tel objet; c'est peu surtout pour l'intérêt social que représente un examen qui seul ouvre l'entrée des professions libérales et de la plupart des fonctions administratives. Les examinateurs offrent les plus hautes garanties de savoir et d'impartialité; mais que peuvent-ils contre cette masse énorme de candidats mal préparés qui, chaque année, pendant plusieurs semaines, les enlèvent à leurs leçons et à leurs travaux personnels? On ne peut les accuser d'une indulgence excessive puisqu'ils écartent près de la moitié des candidats. Ils ne pourraient se montrer plus sévères sans entraver le recrutement des carrières qui dépendent du baccalauréat. Et cependant ils sont les premiers à déclarer que la différence ne leur paraît pas très appréciable entre beaucoup de ceux qu'ils admettent et beaucoup de ceux qu'ils refusent. Ils ne sont pas même certains que leur jugement soit entièrement juste, car il faut faire une large part au hasard dans un examen de cette étendue, réduit à des épreuves aussi sommaires. Ils ne peuvent pas enfin se dissimuler les avantages qu'un tel examen laisse à la préparation artificielle au détriment des bonnes études. Le vrai professeur ne s'occupe pas de l'examen; il ne considère que la valeur propre des diverses parties de son enseignement et le profit qu'en peuvent retirer ses élèves pour la formation et le développement de leur esprit. Le préparateur habile n'a devant les yeux que le programme des examens. Il écarte tout ce qui n'est pas strictement compris dans ce programme. Il s'enquiert de la façon dont l'appliquent les examinateurs et il y accommode ses leçons. Il sait les préférences, les habitudes d'esprit, les formes d'interrogation, la moyenne des exigences de chaque examinateur; il est expert dans certains calculs de probabilités dont le succès constant le met en grand honneur près des candidats et de leurs familles [1].

Les établissements les plus sérieux, sous peine de perdre leur clientèle, ne peuvent se soustraire entièrement à l'imitation de ces pratiques. Ils sont d'autant plus forcés de se préoccuper du baccalauréat, qu'ils y voient la seule sanction des études pour la très grande majorité de leurs élèves. Les plus jeunes, que le baccalauréat laisse encore indifférents, ne sont pas stimulés au travail par de sérieux examens de passage. Les plus âgés, à mesure que le but se rapproche, ne voient que lui. Il leur faut, dans les classes supérieures, réparer les lacunes qu'ont laissées les premières classes. Comment pourraient-ils s'approprier ce qu'il y a de fécond pour l'esprit dans les enseignements propres de la rhéthorique et de la philosophie, quand ils ont besoin de refaire tant bien que mal leur cinquième ou leur quatrième? Et ce qu'il y a de pire, c'est que le niveau auquel s'arrêtent forcément les élèves médiocres n'est guère dépassé par les plus intelligents. Telle est, pour

1. Nous avons vu des tours de force vraiment prodigieux dans ce genre. Dans une ville de province, centre d'examens pour le baccalauréat, un préparateur devinait à coup sûr dans quel cercle de cinq ou six textes serait choisie la version donnée à chaque série d'examens.

tous les élèves de l'enseignement secondaire et pour leurs parents, l'importance du baccalauréat, que l'ambition scolaire ne vise pas plus haut que la possession du diplôme. On affecte dès quinze ans le dédain des prix; on se déclare même indifférent aux bonnes notes qui peuvent relever le niveau de l'examen; on ne tient qu'à être reçu, fût-ce même à la botte, comme disent les écoliers dans leur jargon, c'est-à-dire à la dernière limite de l'indulgence.

Les candidats aux grandes écoles font seuls exception. Ils sentent le besoin de fortes études, mais ils ne le sentent que dans la mesure où de fortes études peuvent assurer le succès de leurs examens spéciaux. Tout d'abord ils tiennent à se débarrasser le plus tôt possible des classes ordinaires pour se consacrer tout entiers à la préparation de ces examens. Ce sont leurs exigences à cet égard qui ont toujours empêché l'Université de reculer à dix-huit ans la limite d'âge pour le baccalauréat et de la mettre ainsi mieux en rapport avec le développement si considérable qu'ont pris depuis cinquante ans les programmes de l'enseignement secondaire. La limite de seize ans paraît elle-même trop rigoureuse; des dispenses sont sans cesse demandées et trop souvent accordées dans l'intérêt ou sous le prétexte de la préparation à l'Ecole polytechnique. Dès qu'un enfant montre une intelligence un peu vive et une certaine application au travail, des parents imprudents rêvent pour lui la grande école, on se hâte de le mettre au collège, on lui fait, si l'on peut, passer une ou deux classes; on est fier d'avoir un rhétoricien de quatorze ans, un philosophe de quinze; le baccalauréat est conquis sans la maturité d'esprit, sans la sérieuse assimilation de connaissances de toutes sortes dont il devrait être la constatation; puis de nouveaux efforts non moins prématurés sont faits pour les études les plus abstraites et, à vingt ans, soit qu'on ait atteint le but, soit qu'on l'ait manqué, l'esprit et le corps sont également énervés par ce système *d'entraînement*, que M. de Laprade, dans son *Education libérale*, et M. Jules Simon, dans sa *Réforme de l'enseignement secondaire*, ont si éloquemment et si justement condamné.

II

La vraie réforme du baccalauréat ne consisterait donc pas à modifier les programmes, à retrancher des épreuves, à en ajouter de nouvelles; de nombreuses tentatives ont été faites dans ce sens et elles n'ont amené aucun résultat. Le remède le plus efficace à un mal trop évident serait de remettre en vigueur l'obligation des examens de passage entre les classes de l'enseignement secondaire.

Ces examens n'ont jamais été complètement abandonnés, mais ils ne subsistent que pour la forme. L'Université a toujours eu le tort de ne pas leur donner une sanction sérieuse, alors même qu'elle avait le monopole de l'enseignement secondaire. Elle avait laissé ses divers établissements, dans un intérêt mal entendu de concurrence, rivaliser d'indulgence pour le recrutement de leurs classes. Elle s'est trouvée impuissante à exiger plus de sévérité quand ses établissements ont eu à lutter contre la concurrence d'institutions libres, sur lesquelles elle est sans action pour tout ce qui concerne la direction des études. L'application rigoureuse des règlements, sous le régime de la liberté d'enseignement, n'aurait pour effet que de dépeupler les lycées et les collèges au profit des maisons rivales. Les études n'y gagneraient rien et l'Université a le droit de croire qu'il y aurait perte pour les jeunes gens, même les moins doués, qui seraient poussés à déserter l'heureuse influence de son esprit libéral. L'Université, et je me hâte d'ajouter, ses plus dignes rivaux, n'apportent pas dans la concurrence un intérêt mercantile. On se dispute des âmes à former, non des corps à nourrir et des prix de pension à encaisser. La concurrence n'a pas moins pour effet, de part et d'autre, le souci de la quantité plus que de la qualité des élèves. Et si les études rencontrent cette cause d'abaissement dans des établissements qui ne sont fondés qu'au profit d'intérêts généraux, quelles garanties peuvent-elles trouver dans ceux qui ne relèvent que des intérêts privés?

Les examens de passage ne reprendront toute leur valeur que lorsque des avantages sérieux y seront attachés. Or, le seul avantage qui puisse intéresser les familles à en accepter la juste sévérité serait qu'ils pussent compter pour le baccalauréat, et que la possession du diplôme final fût assurée à tous ceux qui les auraient subis avec succès dans toute la suite de leurs études. L'élimination des mauvais élèves, qui se fait brutalement et cependant avec une indulgence extrême, à la fin des études, se ferait ainsi progressivement de classe en classe, au grand avantage de l'enseignement, qui ne serait plus encombré de non-valeurs, et à l'avantage non moins grand des familles, qui pourraient chaque année se rendre un compte exact des résultats de leurs sacrifices et de l'intérêt qu'elles peuvent avoir à y persévérer. Le niveau du baccalauréat n'en serait abaissé à aucun point de vue; car, quelle que soit la juste autorité des examinateurs empruntés à l'enseignement supérieur, les épreuves hâtives, indigestes, nécessairement incomplètes dont ils sont forcés de se contenter, ne sauraient perdre à être remplacées par une série d'examens approfondis, à la fin de chaque année classique, alors même que ces examens ne relèveraient que des professeurs de l'enseignement secondaire.

Ces examens, dans les établissements universitaires, offriraient à la société toutes les garanties qu'elle demande au baccalauréat lui-même. Les professeurs des lycées et des collèges sont des représentants de l'État, au même titre que les professeurs des facultés. S'ils ont dans l'Université une situation moins élevée, chacun d'eux a une compétence plus spéciale pour un examen sur les matières mêmes de l'enseignement dont il est chargé. Enfin ils sont placés sous un contrôle incessant qui permet à l'Université, dès qu'elle voudra y veiller sérieusement, d'écarter des examens non seulement toute fraude, mais toute complaisance coupable. En dehors du contrôle direct sur les examens eux-mêmes, tout inspecteur, tout représentant du gouvernement qui vient dans une classe, peut s'assurer, par ses interrogations, si des élèves incapables n'y ont pas été admis et appeler sur les professeurs ou les administrateurs pris en faute la sévérité de l'autorité supérieure. Or, la surveillance de l'État, dans les lycées et dans les collèges, est confiée à toute une hiérarchie de fonctionnaires autorisés, depuis les principaux et les proviseurs jusqu'aux inspecteurs généraux. Les professeurs des facultés, d'après les règlements, peuvent même avoir part à cette surveillance, et il serait désirable que l'inspection des hautes classes leur fût plus souvent confiée. Leurs conseils contribueraient à diriger l'enseignement secondaire classique vers un de ses buts essentiels : la préparation à l'enseignement supérieur. Leur influence s'exercerait par là plus utilement que par leur participation à l'examen même du baccalauréat, et ils trouveraient sans contredit un emploi plus intéressant et plus judicieux de leur temps à se laisser détourner de leurs travaux ordinaires pour inspecter des classes de rhétorique et de philosophie, qu'à dépenser chaque année sept ou huit semaines en corrections de copies et en interrogations précipitées pour le baccalauréat.

Les examens, dans les établissements libres, ne sauraient avoir pour l'État la même valeur. Il ne connaît pas les professeurs de ces établissements et il n'a aucune action sur eux, sauf les cas d'inconduite et d'illégalité. La surveillance à laquelle ils sont soumis ne porte sur leur enseignement que pour s'assurer s'il n'a rien de contraire à la morale, à la constitution et aux lois. Lors même que l'État autoriserait leurs élèves à subir devant des examinateurs institués par lui des examens de fin d'année, analogues à ceux des lycées et des collèges, l'analogie ne serait pas une équivalence. Ce qui fait la valeur de ces examens, c'est qu'ils ne sont que le couronnement de ceux qui se font chaque jour, avec moins de solennité, pendant toute la durée de l'année classique; c'est que la part du hasard y est atténuée par la connaissance qu'ont déjà les professeurs des mérites respectifs de leurs élèves; c'est enfin que chacun d'eux, sauf celui de la dernière classe, est contrôlé l'année suivante, non seulement par une inspection d'un jour, mais par les rapports journaliers du nouveau professeur avec les élèves admis dans sa classe. Ajoutons que la liberté des méthodes, dans les établissements privés, souffrirait un grave préjudice, si chacune de leurs classes devait correspondre exactement aux classes des établissements universitaires, sous la sanction des mêmes examens de fin d'année. Un intérêt de liberté, tout aussi bien qu'un intérêt d'ordre public, demanderait donc que la subtitution d'examens annuels à l'examen actuel du baccalauréat ne fût qu'une faculté dont jouiraient seuls ceux qui pourraient subir ces examens avec les justes garanties que la société a le droit d'exiger. L'examen spécial du baccalauréat serait conservé pour les autres.

La coexistence de deux modes différents d'examens pour le baccalauréat choquerait sans doute ce besoin d'uniformité et de simplicité qui est un des traits de l'esprit français : elle ne choquerait pas du moins le principe d'égalité. Les avantages seraient, en effet, compensés de part et d'autre. Ceux qui pourraient remplacer par des examens échelonnés les épreuves actuelles du baccalauréat y trouveraient les plus précieuses et les plus sûres garanties pour la bonne direction de leurs études et pour le succès final. Ceux qui seraient réduits au mode actuel y gagneraient de n'avoir à subir que deux examens, nécessairement plus superficiels et laissant, par la part même qu'ils sont forcés de faire au hasard, quelques bonnes chances aux candidats dont la préparation est incomplète. Enfin le maintien du baccalauréat sous son ancienne forme ouvrirait un recours devant une sorte de tribunal d'appel à ceux qui se plaindraient, à tort ou à raison, d'avoir été arrêtés dans leurs études par un excès de sévérité de leurs professeurs. A ce point de vue encore le sentiment de justice y trouverait satisfaction.

La dualité des systèmes d'examens n'est pas d'ailleurs sans précédents dans notre pays même. L'examen de grammaire, beaucoup moins important sans doute que le baccalauréat, mais qui a cependant, comme le baccalauréat, une valeur légale pour l'exercice de certaines professions, est régi par des dispositions du même genre que celles que nous proposons. Pour les élèves des lycées, cet examen se confond avec l'examen de passage de quatrième en troisième, tandis que les autres candidats sont obligés de se présenter devant une commission spéciale.

Quelque chose d'analogue existe encore pour la licence ès sciences, soit mathématiques, soit physiques. L'examen unique auquel sont assujettis les candidats ordinaires est remplacé, pour les élèves de l'École normale supérieure, par deux examens de fin d'année, subis il est vrai devant la faculté des sciences de Paris, et ces examens sont la condition du passage de première en seconde et de seconde en troisième année.

Ce ne serait donc ni une nouveauté ni un privilège exorbitant que d'instituer, pour les élèves de l'Université, un régime différent de celui qui subsisterait pour les élèves libres. Nous préférerions toutefois, dans l'intérêt des études, que le régime nouveau pût profiter aux élèves libres eux-mêmes. Il y faudrait seulement certaines conditions qui ne seraient pas très difficiles à déterminer et qui, sans porter atteinte à la liberté d'enseignement, suffiraient pour satisfaire les défenseurs les plus jaloux des droits de l'État.

La première serait l'égalité parfaite des matières enseignées dans les établissements libres et dans les établissements universitaires. Les certificats délivrés dans les établissements libres, pour le passage d'une classe dans une autre, ne pourraient valoir pour le baccalauréat que s'ils constataient, dans leur ensemble, que le programme entier de l'enseignement secondaire classique a été embrassé dans les divers cours suivis par les élèves et dans les examens auxquels ils ont été soumis. Les méthodes pourraient varier, l'ordre des matières pourrait être interverti. C'est le droit et c'est aussi l'avantage de la liberté de pouvoir se permettre à cet égard toutes les innovations; mais quel que fût le système d'enseignement, il lui serait interdit de rien retrancher, de rien affaiblir dans le programme universitaire, s'il voulait jouir des mêmes avantages que l'enseignement universitaire.

Il ne devrait aussi rien abréger dans la durée des études. Les classes pourraient ne pas correspondre exactement aux classes des lycées et des collèges; mais leur nombre devrait être le même, constaté par le même chiffre de certificats annuels. Ce serait accorder aux établissements libres un privilège aussi contraire à l'intérêt des études qu'à l'esprit d'égalité que d'y accepter des études hâtives comme l'exact équivalent de la longue série de classes que s'impose l'Université.

Les deux conditions de l'égalité des matières et de l'égalité de durée en supposent une troisième, sans laquelle elles seraient illusoires : l'égalité de surveillance. Les établissements libres qui voudraient obtenir, en vue du baccalauréat, l'assimilation avec les lycées et les collèges de l'État, devraient renoncer au droit de ne subir la surveillance de l'État qu'au seul point de vue du respect de la morale, de la constitution et des lois. Ils devraient se soumettre à tous les modes d'inspection en vigueur dans l'Université. Ils devraient particulièrement accepter, pour leurs examens intérieurs, tous les moyens de contrôle que l'État jugerait nécessaires.

Enfin à ces conditions il faudrait une sanction. Ce serait, en cas de fraude ou de négligence coupable, la perte, pour les établissements libres, de l'assimilation avec les établissements publics. Des mesures disciplinaires peuvent atteindre, dans les mêmes cas, les proviseurs ou principaux, ainsi que les professeurs des lycées et des collèges. Les mêmes mesures ne sont pas applicables aux établissements libres, à moins que la faute ne soit assez grave pour entraîner leur fermeture ou pour permettre de frapper d'interdiction leurs directeurs ou leurs maîtres. La seule arme à la fois efficace et légitime entre les mains de l'État, dans les circonstances ordinaires, c'est le retrait de l'équivalence, quand les conditions ne sont plus égales.

Il est superflu d'ajouter que les établissements libres qui n'auraient pas accepté ces conditions ou qui, après les avoir acceptées, en auraient perdu le bénéfice, conserveraient toujours le droit de présenter leurs élèves au baccalauréat suivant le mode actuel. Une simple faculté leur est offerte; elle n'enchaînerait en aucune façon leur liberté, et s'ils la refusaient ou s'ils ne méritaient plus d'en jouir, ils ne perdraient aucune des garanties du droit commun.

III

Un système analogue est pratiqué en Allemagne. M. Bréal en a exposé le mécanisme dans ses *Excursions pédagogiques*.

Les études secondaires sont couronnées en Allemagne par un « examen de maturité » qui a passé à peu près par les mêmes vicissitudes que notre baccalauréat, mais qui a trouvé plus tôt des conditions propres à concilier tous les intérêts. Le baccalauréat allemand est vraiment « le dernier terme d'une série d'examens obligatoires, » auxquels il donne leur sanction suprême sans rien leur enlever de leur autorité. Il est subi, comme les examens de passage, dans l'intérieur des gymnases, par les soins des professeurs. Les élèves sont interrogés à la fin de leurs études, comme ils l'ont été à la fin de chaque année classique, non par des étrangers, mais par les maîtres mêmes dont la veille ils suivaient les leçons, qui ont eu tout le temps de bien connaître leurs qualités et leurs défauts, qui savent comment il faut les prendre pour les rassurer et les mettre dans la bonne voie, s'ils se troublent ou s'égarent, mais qui sauraient aussi déjouer, s'ils y avaient recours, les artifices d'une fausse préparation. Cet examen final, s'ajoutant à tous les examens antérieurs, donne ainsi une sincère et complète constatation des études. Il répond, d'un autre côté, aux légitimes exigences de l'intérêt social par la présidence et par le contrôle d'un délégué de l'Etat, qui non seulement assiste aux interrogations et prend connaissance des compositions, mais se fait communiquer l'ensemble des notes obtenues par chaque candidat dans le cours de ses études, sur toutes les matières de l'enseignement, même sur celles qui ne sont pas expressément comprises dans le programme spécial de l'examen. Enfin, pour que la liberté d'enseignement ait aussi sa garantie, l'examen de maturité peut être subi dans les établissements privés comme dans les gymnases publics, sous le même contrôle d'un délégué de l'Etat autorisé à se rendre compte de tout et armé d'un droit de *veto*. Ce n'est toutefois qu'un privilège accordé à certains établissements et qui peut toujours leur être refusé ou retiré si les études n'y paraissent pas assez fortes. Les autres sont forcés d'envoyer leurs élèves dans les établissements de l'Etat, où ils subissent un examen spécial plus complexe et entouré de plus de précautions. Leur condition est celle qui a été faite par notre dernière loi sur l'enseignement supérieur aux facultés libres, dont les élèves subissent leurs examens devant les facultés de l'Etat.

Nous renvoyons aux *Excursions pédagogiques* de M. Michel Bréal pour tous les détails de ce système d'examens. Plus timide que nous, M. Bréal n'en propose pas l'adoption immédiate et complète; mais il voudrait qu'on l'essayât dans quelques-uns de nos meilleurs lycées, en laissant subsister le baccalauréat actuel pour les autres établissements de l'État, de même que pour les institutions libres. Il n'y aurait dans cette différence de traitement aucune atteinte à l'égalité. Le droit comme le devoir de l'Etat est de constater par les moyens les plus sûrs les résultats de l'enseignement secondaire. Il ne fait tort à personne en appropriant des moyens divers à des situations différentes. Là où il trouve avantage à faire examiner les candidats par leurs propres professeurs, assistés d'un représentant direct de son autorité, il serait absurde qu'il maintînt le mode actuel, dont les inconvénients sont manifestes, sous prétexte qu'il ne serait pas possible d'y renoncer pour d'autres établissements. L'uniformité est le pire ennemi du progrès; elle est le principal obstacle aux réformes les plus utiles, devant lesquelles les plus prudents reculent quand il faut les appliquer partout, sans en avoir fait l'essai dans des conditions favorables, et que de plus hardis entreprennent avec peu de chances de succès, par suite du caractère révolutionnaire que leur donne une généralisation prématurée.

IV

Quelque parti que l'on adopte à l'égard de la transformation du baccalauréat sur le modèle allemand, il appelle encore certaines réformes partielles, qui ne sont pas moins désirables et qui peut-être ne se heurteraient pas aux mêmes préjugés.

Nous voudrions placer au premier rang l'élévation de la limite d'âge. Nulle réforme ne serait mieux justifiée;

mais il est devenu plus difficile que jamais de la réaliser. Elle n'avait autrefois contre elle que le besoin bien ou mal entendu de la préparation aux écoles spéciales. Elle soulèverait aujourd'hui une opposition plus générale en présence des projets qui ont pour but de rendre plus rigoureuse l'obligation universelle du service militaire. Le moment paraîtrait mal choisi pour démontrer aux familles qu'elles doivent laisser leurs fils deux ans de plus au collège quand ils sont menacés de passer trois ans au régiment : la tentation sera, au contraire, de plus en plus forte d'abréger la durée des études classiques et de compenser à leurs dépens le retard qu'auront à subir les études professionnelles. Le mal dont souffre l'enseignement secondaire sera ainsi aggravé et les préoccupations politiques seront venues une fois de plus à la traverse des intentions généreuses que l'on affecte et dont on est, je le crois, sincèrement animé pour le développement de l'instruction publique.

Une autre réforme non moins utile rencontrerait aujourd'hui beaucoup moins de difficultés. L'impartialité pleinement reconnue des examinateurs universitaires a désarmé depuis longtemps, chez tous les hommes éclairés et de bonne foi comme auprès des pouvoirs publics, cet esprit de défiance auquel avaient obéi les législateurs de 1850, quand ils avaient permis aux candidats de choisir à leur gré leurs juges dans toute la France et quand ils les avaient dispensés de toute justification d'études. Les partisans les plus jaloux de la liberté d'enseignement n'ont aucune raison de redouter un système tout contraire, qui assignerait aux candidats leurs centres d'examens, de même qu'il y a des centres fixes de juridiction pour toutes les catégories de justiciables, et qui exigerait d'eux la production de certificats attestant des études régulières et complètes, soit dans l'enseignement public, soit dans l'enseignement libre, pendant un nombre déterminé d'années, sur toutes les matières de l'ordre d'enseignement auquel correspond le baccalauréat. On pourrait craindre sans doute des certificats de complaisance, mais on en peut craindre partout où des attestations sur un objet quelconque sont demandées, et cependant c'est une garantie dont aucune administration ne voudrait se passer, qu'il s'agisse de santé, de moralité ou de la justification de certains revenus personnels. Est-il sage d'y renoncer dans les questions d'instruction et de se contenter d'un simple examen? Il y aurait en réalité double garantie; car, en même temps que l'examen serait éclairé par les certificats, il servirait lui-même à en contrôler la sincérité. L'ignorance dont tel candidat ferait preuve, soit sur l'ensemble, soit sur une partie du programme, serait un démenti public infligé à des attestations mensongères.

Il est au moins un certificat d'une valeur incontestable qui devrait être exigé de tout candidat au baccalauréat. C'est le certificat de grammaire, que les élèves des lycées obtiennent après la classe de quatrième, que les élèves des autres établissements publics ou libres peuvent obtenir à la suite d'un examen devant un jury spécial. Ce certificat est nécessaire pour certaines études professionnelles; il pourrait sans difficulté devenir la condition générale des études littéraires ou scientifiques en vue du baccalauréat [1]. Il n'y aurait rien à créer ou à rétablir, puisque ce certificat existe et qu'il est la consécration d'examens toujours en vigueur.

1. Si la distinction de deux catégories de collèges devait prévaloir, elle entraînerait naturellement celle de deux certificats, correspondant aux premières classes dans chaque collège et dont l'un serait exigé pour le baccalauréat ès lettres, l'autre pour le baccalauréat ès sciences.

Il suffirait de rendre ces examens obligatoires et de prescrire entre eux et le baccalauréat un délai suffisant pour que les classes d'humanités, troisième, seconde et rhétorique fussent faites sérieusement. Il faudrait aussi et par-dessus tout introduire dans ces examens une juste sévérité qui leur a toujours fait défaut. Les premières études auraient ainsi la sanction qui leur est doublement nécessaire pour elles-mêmes et pour les études suivantes. Les hautes classes ne seraient plus encombrées de cette masse d'élèves incapables de les suivre. Le certificat de grammaire arrêterait au passage ceux que l'incurie de leurs parents ou de leurs maîtres laisse poursuivre ces études sans qu'ils y soient préparés par de bonnes classes de grammaire. Il ferait cesser le scandale trop fréquent de jeunes gens qui se présentent sans vergogne à l'examen de rhétorique quand ils seraient incapables de bien suivre une classe de cinquième.

Nous voudrions plus encore pour diminuer dans l'examen la part du hasard. Confié aux seuls professeurs des facultés des lettres et des sciences, le baccalauréat est pour eux une corvée aussi fastidieuse que pénible, qui les enlève à leurs autres devoirs sans même leur laisser la conscience de la bien remplir. Cette corvée fait d'eux les juges de l'enseignement secondaire, auquel ceux même qui lui ont appartenu comme professeurs sont devenus plus ou moins étrangers par leurs nouvelles études. Elle les réduit, de plus, s'ils ne veulent pas lui consacrer tout leur temps, à des appréciations très incomplètes et très hâtives soit sur les compositions, soit sur les épreuves orales. Il y aurait donc avantage à décharger les professeurs de l'enseignement supérieur d'une partie de cette tâche ingrate et nécessairement mal remplie, en leur adjoignant d'autres examinateurs empruntés à l'enseignement secondaire public ou libre. C'est ce que demande un vœu adopté par les deux sociétés de l'enseignement secondaire et de l'enseignement supérieur. Aux termes de ce vœu, chaque jury serait formé, sous la présidence d'un professeur de faculté, d'agrégés et de docteurs pris en dehors de l'enseignement supérieur. Les jurys pourraient ainsi être plus nombreux et disposer de plus de temps pour les diverses épreuves. Leurs membres auraient une compétence plus spéciale et, d'un autre côté, la direction d'un professeur de faculté conserverait à l'examen son caractère élevé et le mettrait à l'abri de tout soupçon de partialité [1].

1. Nous avons cru devoir rédiger, sous une forme législative ou réglementaire, quelques-unes des réformes que nous proposons, dans leur application au baccalauréat ès lettres.

PROJET COMPLET

ART. 1er. — Le baccalauréat ès lettres a pour but de constater les résultats de l'enseignement secondaire classique et l'aptitude à suivre les cours de l'enseignement supérieur.

Son programme est celui de l'enseignement secondaire classique, à l'exception des matières enseignées dans les classes de mathématiques élémentaires et de mathématiques spéciales.

ART. 2. — L'examen du baccalauréat peut être subi soit en deux parties devant des commissions spéciales, soit en une série d'épreuves, correspondant aux examens de fin d'année dans les établissements d'enseignement secondaire.

ART. 3. — Le diplôme de bachelier ès lettres sera délivré de plein droit à tous les candidats qui justifieront, par des certificats des proviseurs, principaux ou directeurs, visés par les recteurs, qu'ils ont satisfait regulièrement à tous les examens de fin d'année dans toute la durée de leurs études.

ART. 4. — Les certificats prescrits par l'article précédent pourront être délivrés, soit dans les lycées et les collèges de l'Etat, soit dans les établissements libres qui se soumettront aux conditions suivantes :

1° Conformité générale de leurs programmes à ceux des lycées et des collèges, quelle que soit d'ailleurs la répartition des matières entre les différentes classes;

2° Egale durée des études, sauf les dispenses individuelles qui pourront être accordées, pour des motifs graves, aux élèves de

Ces réformes s'appliqueraient au baccalauréat ès sciences comme au baccalauréat ès lettres. Elles conviendraient également, dans leur esprit, sinon dans leur forme littérale, à l'examen final des autres branches d'instruction secondaire, telles que l'enseignement spécial et le nouvel enseignement qui vient d'être institué pour les jeunes filles.

l'enseignement libre comme aux élèves de l'enseignement public;

3° Contrôle des inspecteurs de l'Université et de tous autres délégués du Ministre de l'Instruction publique sur toutes les parties de l'enseignement et sur les examens.

Art. 5. — Les jeunes gens qui auront fait une partie de leurs études dans des établissements libres et l'autre partie dans des établissements de l'Etat, devront justifier que les divers examens subis par eux dans ces deux ordres d'établissements embrassent la totalité des matières de l'enseignement secondaire classique.

Art. 6. — Les établissements dans lesquels il serait constaté que des certificats ont été délivrés à des élèves incapables ou qu'ils ont été l'objet de dissimulation ou de fraude, seront déchus du droit qui leur est attribué par l'article 4, sans préjudice des peines disciplinaires ou de droit commun que leurs directeurs ou leurs maîtres pourraient encourir. La déchéance sera prononcée par les conseils académiques avec faculté de recours devant le Conseil supérieur de l'Instruction publique. L'appel ne sera pas suspensif.

Art. 7. — Des décrets rendus en la forme de règlements d'administration publique, après avis du Conseil supérieur de l'Instruction publique, détermineront les formes et les conditions, soit de l'examen spécial du baccalauréat ès lettres, soit des examens annuels destinés à en tenir lieu.

Art. 8 (transitoire). — Jusqu'à ce que le présent règlement ait pu entrer entièrement en vigueur, le certificat de grammaire institué par le décret du 10 avril 1852, tiendra lieu des certificats d'examens pour les classes inférieures à la troisième, et les candidats qui pourront produire, avec ce certificat, ceux des classes supérieures, seront dispensés des examens spéciaux du baccalauréat.

PROJET PARTIEL

Article unique. — A partir du..., nul ne sera admis à l'examen du baccalauréat ès lettres, s'il n'est pourvu, depuis trois ans au moins, du certificat de grammaire institué par le décret du 10 avril 1852.

§ 4. — L'enseignement secondaire des jeunes filles.

Nos lois, jusqu'à ces dernières années, ne reconnaissaient pas d'autre enseignement pour les filles que l'enseignement primaire, soit du degré élémentaire, soit du degré supérieur. C'était ne tenir compte ni de l'intérêt social ni de la réalité des choses. L'éducation des filles n'intéresse pas moins la société que celle des garçons. Si les deux sexes n'ont pas des droits pareils et si leurs aptitudes physiques et morales ne les destinent pas aux mêmes fonctions, la femme n'est pas cependant étrangère aux professions et aux emplois qui réclament une instruction plus ou moins étendue et, en dehors de ces vocations spéciales, son rôle général comme épouse et comme mère serait à la fois abaissé et compromis si elle restait dans un état d'infériorité trop sensible, pour la culture intellectuelle, vis-à-vis de son mari et de ses fils. Les familles l'avaient compris, et l'initiative privée y avait pourvu avant l'intervention du législateur[1]. La plupart des familles qui ne se contentent pas pour leur fils de l'intruction primaire ne s'en contentent pas davantage pour leurs filles. Elles font suivre à ces dernières soit à la maison, soit dans des pensionnats ou des externats, soit dans ce qu'on appelle des cours, des études d'un ordre supérieur, ayant à peu près la même durée et, sauf le grec et le latin, comprenant les mêmes matières que l'instruction secondaire des garçons. Beaucoup même veulent, pour ces études, une constatation officielle, analogue au baccalauréat; mais, comme l'Etat n'a pas institué

1. Voir, sur l'étendue et l'importance de ces créations de l'initiative privée, dans la première moitié de notre siècle, le beau rapport de M. Gréard sur l'enseignement secondaire des filles. — Paris; Delalain, 1883.

pour les filles d'autres examens généraux que des examens primaires, cette constatation ne peut être demandée qu'aux épreuves pour le brevet d'institutrice soit du premier, soit du second degré. Des études qui ont le caractère élevé et désintéressé de l'instruction secondaire sont ainsi réduites à la préparation d'examens professionnels, qui ne sortent pas du cercle de l'intruction primaire. Elles n'ont également d'autre garantie que de tels examens pour le recrutement du personnel enseignant, à moins que l'enseignement ne soit confié à des hommes.

C'est sur ce point qu'auraient dû porter les premières réformes. Il fallait faire pour l'instruction secondaire des filles ce qui a été fait pour l'instruction secondaire des garçons, la définir dans ses cadres généraux et lui assurer la sanction d'un examen final, également accessible aux élèves de l'enseignement libre et à celles de l'enseignement public, s'il venait à se constituer. Cette constitution d'un enseignement public pouvait être, en effet, un but ultérieur pour l'intervention de l'Etat. On pouvait encourager par des subventions les meilleures institutions libres; on pouvait aussi créer, pour les filles comme pour les garçons, des lycées destinés à suppléer à l'insuffisance de l'initiative privée et à lui servir de modèles. Cette création de lycées et de collèges pour les jeunes filles a été le seul objet que se soit proposé la loi du 21 décembre 1880. Elle ne reconnaît pour les filles que l'enseignement secondaire public. L'examen final qu'elle institue est réservé aux élèves formées dans les établissements de l'Etat. Les études privées, quel que soit leur niveau, restent légalement des études primaires; elles ne peuvent aboutir qu'à des examens primaires [1].

1. Les jeunes filles peuvent, il est vrai, se présenter aux examens d'enseignement secondaire institués pour les garçons : le

Voilà le vice capital de cette loi, qui a pris les choses à rebours en ne constituant qu'un enseignement d'Etat quand il fallait constituer tout d'abord, d'une manière générale, un nouvel ordre d'enseignement, sans distinguer entre les établissements qui pourraient lui être ouverts par l'initiative privée ou par l'initiative publique. Nous ne regrettons pas personnellement de l'avoir votée, car elle réalise un progrès; mais nous craignons que ce progrès ne soit compromis d'avance par une conception incomplète et inexacte de ses conditions et de son objet. C'est surtout quand il s'engage sur un terrain nouveau que l'Etat doit faire appel aux efforts des particuliers et limiter autant que possible le champ de sa propre action. Réduit à faire des essais, il faut qu'il les fasse dans les conditions les plus propres à en assurer le succès, et il réussira d'autant mieux qu'il concentrera ses créations sur quelques points bien choisis. Nulle part cette réserve ne lui est plus strictement commandée que dans tout ce qui touche aux choses féminines. La nature des femmes répugne beaucoup plus que celle des hommes à l'ingérence toujours un peu brutale de l'État. Il ne fallait donc procéder que pas à pas, par une série d'essais heureusement combinés, à la création de lycées pour les jeunes filles et, quels que dussent être plus tard leur nombre et leur importance, ne pas craindre pour eux, mais au contraire provoquer et encourager la concurrence des institutions libres. Autrement, on risquait, en mul-

baccalauréat ès lettres ou ès sciences et le baccalauréat ou examen de fin d'études de l'enseignement spécial. Ce dernier correspond même assez exactement aux programmes de l'enseignement secondaire des filles. Il n'a toutefois, pour les femmes, aucune valeur légale et il n'est pas même accepté, comme équivalent des examens d'enseignement primaire, pour le professorat dans les établissements publics ou libres d'enseignement secondaire.

tipliant les fondations publiques, de ne constituer qu'un enseignement imparfait et médiocre, indigne du beau nom dont on le décorait, inférieur à l'enseignement donné dans quelques-unes de ces institutions privées dont on affectait d'ignorer l'existence. C'est la crainte qu'exprimait, avant la présentation de la loi Camille Sée, une femme d'un esprit élevé, qui s'est fait de l'instruction des jeunes filles une sorte d'apostolat, Mme Coignet [1]. Au lendemain du vote de la loi, le même danger était signalé avec une grande netteté par un publiciste très compétent, M. Dreyfus-Brisac : « Voyez, disait-il, le résultat du système que vous proposez ! Dans l'espoir chimérique de faire une concurrence sérieuse aux couvents, vous préparez la ruine des pensionnats laïques et vous organisez l'enseignement de l'État moins solidement qu'il ne faudrait. Pour attirer les familles, vous mettez à la tête de vos collèges des directrices qui ne seront peut-être pas à la hauteur de leurs fonctions; au lieu d'un nombre restreint d'écoles fortement constituées, vous faites surgir sur tous les points du territoire une foule d'établissements qui, la plupart, seront mal dotés et insuffisamment outillés; enfin vous préconisez le système de l'internat, que vous seriez les premiers à condamner en d'autres circonstances [2]. »

Telle est, en effet, la voie périlleuse dans laquelle on s'est engagé. La proposition primitive voulait un collège de filles par département. On a compris bien vite que les ressources de toutes sortes faisaient défaut pour une aussi vaste organisation et on s'est borné à

1. *L'enseignement secondaire des jeunes filles* (*Revue politique et littéraire* du 19 avril 1879). — *Quelques mots sur l'enseignement secondaire des jeunes filles* (même *Revue*, 1er août 1880).

2. Article du journal *le Parlement*, reproduit par M. Dreyfus-Brisac, dans son livre de l'*Éducation nouvelle*.

des créations facultatives, pour lesquelles on a fait appel au triple concours de l'Etat, des départements et des communes. Toutefois, on n'a pas renoncé à l'espoir de les multiplier; non seulement on accueille avec faveur les propositions des moindres cités, mais on provoque celles des grandes villes et, pour les obtenir, on consent à discuter leurs plus déraisonnables exigences; il a fallu, après deux ans de négociations stériles, un effort de courage pour qu'on n'achetât pas le concours de la ville de Paris par l'abandon de quelques-unes des prérogatives dont l'Etat se montre ailleurs le plus jaloux. D'un autre côté, dans la rédaction des programmes, on a paru craindre un niveau trop élevé qui aurait pu convenir pour un établissement modèle, mais pour lequel on n'aurait pas trouvé, dans les nombreux établissements que l'on rêvait, un personnel de maîtresses suffisamment préparé et une clientèle d'élèves suffisamment étendue. La même préoccupation paraît avoir inspiré les dispositions relatives aux examens. Ils sont divisés en deux degrés : l'un, se rapportant aux trois premières années; l'autre, à l'ensemble des études. Cette division, considérée en elle-même, est excellente; elle correspond à la distinction de l'examen de grammaire et du baccalauréat dans l'instruction secondaire des garçons; mais ce qui est tout à fait inacceptable, c'est l'institution, pour l'examen du premier degré, d'un certificat qui porte le titre pompeux de « certificat d'études secondaires ». On a pensé sans doute que beaucoup de jeunes filles se contenteraient de trois années d'études et que peut-être un certain nombre d'établissements n'iraient pas au delà, et on a voulu laisser croire que ces trois années, à peine suffisantes pour une instruction primaire supérieure, pourraient représenter des « études secondaires ». Il y a là, non dans le certificat lui-même, mais dans le titre qui lui est donné, une sorte de charlatanisme peu digne d'une institution publique [1].

La nouvelle loi admet l'internat à titre facultatif, comme une annexe purement municipale des lycées de jeunes filles. C'est lui faire trop d'honneur; car, en lui donnant une consécration légale, avec l'espoir d'une subvention de l'Etat, on encourage les villes à en entreprendre la création. Il serait imprudent de détruire les internats de garçons; mais, s'ils n'existaient pas, il n'y aurait pas lieu de les inventer. A plus forte raison, l'Etat doit-il s'abstenir de créations de ce genre pour les filles. Nul intérêt ne les appelle; car les familles trouvent pour leurs filles beaucoup plus aisément que pour leurs fils un grand nombre de pensionnats, laïques ou congréganistes, accessibles aux moyennes comme aux grandes fortunes, et ces établissements se multiplieront encore quand ils pourront se décharger des frais d'instruction en envoyant leurs pensionnaires aux cours des nouveaux collèges. L'éducation n'est pas sans doute, dans la plupart d'entre eux, telle que la souhaiteraient les libres esprits qui ont à cœur de soustraire les femmes aux influences cléricales. C'est à eux de susciter, par leur initiative ou par leurs encouragements, des institutions où

1. Nous empruntons ces critiques à un rapport de M. Maurice Vernes à la Société pour l'étude des questions d'enseignement secondaire (*Bulletin pédagogique*, des 27 avril et 4 mai 1882). M. Vernes a reproduit ses observations dans un nouveau recueil qui vient de se fonder sous le titre suivant : *l'Enseignement secondaire des jeunes filles*. M. Marion, qui avait été le rapporteur des programmes d'enseignement et d'examens devant le Conseil supérieur de l'Instruction publique, a répondu à ces observations, non sans une certaine vivacité, dans la *Revue internationale de l'enseignement* (15 août 1882). Il n'a réussi à justifier que ses intentions personnelles et celles du Conseil supérieur, non l'œuvre même qui avait été justement critiquée.

domine une éducation différente. L'Etat ne satisferait personne en se chargeant d'une telle œuvre. Il alarmerait les consciences religieuses sans remplir les vœux des libres penseurs. Il rencontrera enfin, à quelque point de vue qu'il se place, dans les soins de tout genre et d'un ordre si délicat que réclament les jeunes filles, des difficultés infiniment plus grandes que celles qui ont paralysé ses meilleures intentions dans l'éducation des garçons. Puisqu'il a eu la sagesse relative de n'admettre que des internats facultatifs, il fera bien de ne jamais user de la faculté qu'il s'est réservée. Que les villes instituent, à leurs risques et périls, des internats de jeunes filles, c'est leur droit; qu'elles obtiennent même, pour ces établissements, des subventions des départements et de l'Etat, sous forme de bourses ou autrement, c'est une faveur qui peut se recommander par des intérêts plus ou moins légitimes; mais que l'Etat ne prenne à aucun degré la responsabilité des internats; qu'il ne les accepte pas comme des annexes de ses lycées et surtout qu'il ne les admette pas dans les mêmes bâtiments; que le lycée de jeunes filles, dégagé de tout compromis avec un pensionnat quelconque, municipal ou privé, se fasse honneur de son seul enseignement et, par l'impartialité comme par le caractère élevé de cet enseignement, mérite la confiance d'une clientèle d'élite, soit parmi les familles, soit parmi les pensionnats groupés autour de lui : voilà dans quelles conditions la nouvelle institution pourra porter tous ses fruits.

Dans les programmes eux-mêmes, un seul point a pu être signalé aux alarmes des familles : c'est l'enseignement de la morale. Par un contraste singulier, où nous trouvons une nouvelle preuve de l'inconséquence des partis politiques, la défiance qu'un tel enseignement a inspirée de deux côtés opposés, quand il a pris place dans l'instruction primaire, ne s'est manifestée que d'un seul côté dans l'instruction secondaire des filles. Les mêmes partis qui ont repoussé, au nom de la liberté de conscience, toute intervention de l'idée de Dieu dans les notions de morale données à l'école primaire, ont laissé passer sans protestation les déclarations les plus expresses du gouvernement sur la large part qui serait faite aux principes de religion naturelle dans la morale enseignée aux jeunes filles. Il faut se féliciter de leur acquiescement tacite et souhaiter que rien ne vienne justifier les inquiétudes qu'ont affectées, dans un sens opposé, les partis conservateurs. Il importe encore plus, dans l'éducation des filles que dans celle des garçons, que les divisions religieuses soient atténuées par un enseignement moral fondé sur des principes communs à toutes les religions. Les femmes répugnent encore plus que les hommes au pur utilitarisme comme au pur stoïcisme. Elles ont besoin, pour la morale comme pour tout le reste, d'un enseignement qui dise quelque chose à leur imagination et à leur cœur : sauf de très rares et d'ailleurs très honorables exceptions, une morale sans Dieu deviendrait aisément pour elles la négation de toute morale. Les préoccupations de la politique anticléricale n'ont pas porté bonheur à l'instruction secondaire des garçons. On compromet bien plus encore l'instruction secondaire des filles en y cherchant surtout un champ de bataille contre les couvents : la guerre au sentiment religieux lui porterait un coup mortel [1].

1. Ce chapitre était terminé lorsque nous avons reçu d'Allemagne un document qui peut offrir un point de comparaison intéressant avec les programmes de nos nouveaux lycées : ce sont les comptes rendus des trois premières années d'une importante école d'enseignement secondaire pour les jeunes filles :

l'*École Charlotte* de Berlin. Ouverte en 1879, cette école compte déjà neuf cent soixante-neuf élèves, appartenant à toutes les communions religieuses, sans excepter le catholicisme et le judaïsme. L'instruction religieuse y garde la première place parmi les matières d'enseignement. Elle est confessionnelle suivant le culte des élèves. Le cours régulier des études comprend neuf classes. Voici un aperçu du programme de la dernière classe :

Religion : deux heures par semaine. Histoire de l'Eglise. — Allemand : cinq heures. Rhétorique et art du style. Lecture de poétes dramatiques. Histoire de la littérature jusqu'au XVIIe siècle. — Français : cinq heures. Lecture de classiques : *Horace* de Corneille; *Bataille de dames!* de Scribe; *au Coin du feu*, de Souvestre. Grammaire, syntaxe. Exercices oraux et écrits. *Extemporalia.* — Anglais : quatre heures. Lectures dans Dickens : *le Grillon du foyer. Contes de Noël.* Exercices pratiques. *Extemporalia.* — Italien : deux heures. Grammaire. Lectures. Exercices. — Histoire : trois heures. Histoire moderne depuis la réforme. Revision de l'histoire du moyen âge. Une heure d'histoire grecque dans ses rapports avec l'histoire de la civilisation. — Géographie : une heure. Cosmographie. — Sciences physiques et naturelles : deux heures. — Calcul : deux heures. Exercices pratiques. Applications aux usages domestiques. Principes de géométrie. — Dessin : deux heures. — Chant : deux heures. — Travaux manuels : deux heures. — Gymnastique : deux heures.

CHAPITRE IV

L'ENSEIGNEMENT PRIMAIRE SUPÉRIEUR

I

La loi de 1833, en organisant l'enseignement primaire dans toute la France, avait imposé aux chefs-lieux de département et aux villes de plus de 6 000 habitants la création et l'entretien d'écoles primaires supérieures. La plupart des villes auxquelles s'appliquait cette obligation mirent peu d'empressement à la remplir. Elles possédaient déjà dans leurs collèges un enseignement analogue à celui qu'il s'agissait d'instituer, et il leur paraissait préférable de développer et de fortifier cet enseignement, au lieu de lui susciter à leurs frais une concurrence dont elles avaient peine à comprendre les avantages. L'expérience sembla justifier leur résistance. Sauf dans quelques centres plus ou moins importants, les écoles primaires supérieures réussirent peu. Les familles, soit par vanité, soit pour d'autres motifs, leur préféraient généralement les *cours de français* de l'enseignement secondaire. Aussi, dès 1841, M. Villemain, sans abandonner dans son principe la création de M. Guizot, crut qu'elle serait plus utilement réalisée sous une forme différente, qu'indiquaient suffisamment les vœux des communes et des familles. Une série d'ordonnances rendues sous son ministère consacra les cours de français déjà existants dans les collèges ou en institua de nouveaux, en acceptant les uns et les autres comme l'équivalent des écoles primaires supérieures. Ce fut une mesure excellente à tous égards. Pour réaliser le programme complet d'un enseignement intermédiaire entre l'enseignement élémentaire et les études classiques, le personnel et le matériel des collèges offraient des ressources qu'on aurait pu difficilement demander, surtout dans les petites villes, aux écoles isolées qu'avait voulu créer le législateur de 1833. D'un autre côté, cet enseignement a fait plus que contribuer à la prospérité des collèges : il a été pour un grand nombre de ces établissements une condition d'existence. Réduits à l'enseignement classique, ils n'auraient pu se donner les professeurs spéciaux de sciences, d'histoire, de langues vivantes, sans lesquels on ne comprend plus aujourd'hui le moindre établissement d'enseignement secondaire. Beaucoup même n'auraient pu recruter un nombre suffisant d'élèves pour justifier les charges qu'ils imposaient aux communes ou à l'État. On peut dire sans exagération que l'enseignement intermédiaire a sauvé beaucoup de collèges communaux et même plusieurs lycées lors de la crise suscitée par la loi de 1850 et par la réaction politique et religieuse d'où était sortie cette loi. La concurrence des collèges ecclésiastiques était surtout redoutable pour l'enseignement classique : favorisée par la complicité des pouvoirs publics et par les nouvelles tendances d'un grand nombre de familles bourgeoises, elle eût tué sans peine ceux des collèges laïques où cet enseignement ne faisait guère que végéter, si elle n'y eût trouvé un autre enseignement plus florissant et plus vivace, que les rivaux de l'Université étaient moins préparés à s'approprier.

Toutefois cet élément de succès ne pouvait longtemps faire défaut aux maisons cléricales. Elles comprennent trop bien leurs intérêts pour ne pas rechercher tous les moyens de lutter avec avantage contre les établissements universitaires. Elles n'avaient pas d'ailleurs besoin de très grands efforts pour essayer d'acclimater dans leurs murs un enseignement qui, dans la plupart des collèges, ne s'élevait pas beaucoup au-dessus de l'enseignement élémentaire. L'Université se trouvait donc en face d'une nouvelle et dangereuse concurrence, mais les plus mauvais jours étaient passés pour elle. Elle n'était plus tenue en suspicion par les pouvoirs publics et dénoncée officiellement aux familles comme un foyer de pestilence. Sous un ministre qui lui était dévoué et qui ne craignait pas de le dire, elle sut élever le niveau de cet enseignement moyen que commençaient à lui disputer ses rivaux et lui donner une organisation qui, d'ici longtemps, peut défier leurs essais d'imitation. Ce n'était, avant M. Duruy, sauf dans quelques établissements modèles, qu'un degré supérieur de l'enseignement primaire; c'est, depuis la loi de 1865, une des branches de l'enseignement secondaire : l'enseignement secondaire spécial.

L'enseignement spécial peut sans doute être l'objet de sérieuses critiques. Son nom est mal choisi et propre à en donner une idée fausse. On peut trouver son programme trop ambitieux sur certains points et trop modeste sur d'autres, y souhaiter surtout une meilleure répartition des matières enseignées; mais on ne peut nier qu'il n'ait réalisé un progrès considérable sur les maigres études dont se contentaient jusqu'alors les familles qui voulaient pour leurs enfants, en dehors de l'enseignement classique, une instruction plus élevée que la simple instruction primaire. Il dépasse de beaucoup, comme niveau, l'enseignement primaire supérieur tel que voulait l'établir la loi de 1833. Il n'en est pas toutefois, sous d'autres rapports, l'équivalent exact, et il est loin de répondre aux nouvelles et légitimes exigences que l'opinion publique a manifestées depuis cinquante ans pour la diffusion de l'instruction populaire. Sauf un très petit nombre d'établissements qui lui sont exclusivement consacrés, il est attaché à la fortune des lycées et des collèges. Or, si l'existence des lycées est légalement assurée, il n'en est pas de même de celle des collèges communaux, dont le maintien peut être mis en question tous les cinq ans. De plus, un certain nombre de villes de plus de six mille âmes, qui devraient avoir une école primaire supérieure aux termes de la loi de 1833, n'ont ni lycée ni collège. Et qui voudrait s'arrêter aujourd'hui à ce chiffre de six mille habitants? Il serait désirable que l'enseignement primaire supérieur existât dans chaque commune; on peut du moins demander qu'il soit donné dans chaque canton.

II

Tel est l'objet du projet de loi que M. Bardoux, Ministre de l'instruction publique, avait présenté à la Chambre des députés en 1878 et qui n'a été jusqu'à présent l'objet d'aucune discussion devant le Parlement. D'après ce projet, tous les cantons de la République devront, dans un délai de cinq ans, être pourvus d'une école primaire supérieure pour les garçons. Des difficultés aisées à comprendre ne permettent pas pour le moment de rendre obligatoires les mêmes créations pour l'autre sexe; mais des dispositions sont prises pour que dans les principales communes les écoles primaires de filles puissent recevoir une classe supérieure.

L'enseignement primaire supérieur ne sera point assujetti à un programme uniforme : « Les communes auront la faculté d'y introduire, avec l'autorisation de l'administration supérieure et après avis du conseil départemental de l'instruction publique, toutes les modifications ou additions que rendraient nécessaires les besoins particuliers de la région. » (Article 6.)

C'est là une très heureuse innovation, à laquelle on ne saurait trop applaudir. Elle rend superflue toute une partie du projet de loi, qui nous paraît au contraire très critiquable. Puisque les programmes pourront varier suivant les besoins locaux, nous ne comprenons pas l'utilité d'une distinction générale, consacrée et réglementée par la loi elle-même, entre deux catégories d'écoles, les unes dites *rurales*, les autres dites *urbaines*. Les villes sauront bien, suivant leur importance et la nature de leur population, se donner un enseignement différent de celui qui peut convenir à de simples communes rurales. D'ailleurs, à quel signe reconnaît-on une ville? C'est un nom dont tiennent à se parer de toutes petites communes qui l'ont porté et dont quelques-unes même l'ont honoré dans le passé. De très grosses communes, d'un autre côté, se sont trop récemment et trop subitement accrues pour que ce nom leur soit généralement attribué. Dans le voisinage d'une grande ville, des communes qui comptent plusieurs milliers d'habitants sont appelées des villages. Loin des centres populeux, certaines sous-préfectures comptent à peine mille habitants. D'après le projet, toute commune de plus de trois mille habitants sera réputée ville. Rien de plus arbitraire. Trois mille habitants, sur un territoire d'une vaste étendue où se trouvent plusieurs villages ou hameaux et un grand nombre de fermes isolées, peuvent très bien ne former qu'une population rurale. Une agglomération unique de huit ou neuf cents habitants, sur un territoire restreint où les maisons bourgeoises sont relativement nombreuses et où, à côté d'elles, on ne compte guère que des ateliers d'artisans ou des boutiques de marchands, constituera très certainement une population urbaine. Laissons donc les communes reconnaître elles-mêmes, sous le contrôle de l'administration supérieure, quel est leur véritable caractère, et n'introduisons pas dans la loi des distinctions qui sont loin de répondre à la nature des choses.

III

La distinction des écoles urbaines et des écoles rurales n'est pas la seule concession que le projet de loi ait faite à cette manie de tout réglementer qui a gâté la plupart de nos lois sur l'instruction publique. D'après l'article 4, « nul élève ne pourra être admis dans les écoles d'enseignement primaire supérieur, s'il n'a atteint l'âge de douze ans. » Pourquoi l'âge de douze ans? On entre à six ans à l'école primaire élémentaire, et on peut y être admis plus tôt dans les communes qui n'ont pas de salles d'asile. Il n'est pas rare qu'on y entre sachant déjà lire et commençant à écrire. Un élève intelligent et laborieux n'a certainement pas besoin de six ou sept années pour en épuiser tout l'enseignement. Il est très vrai que les écoles élémentaires rendraient service à un grand nombre de leurs élèves en les retenant au delà de douze ans. Beaucoup y entrent trop tard. Ceux mêmes qui commencent de bonne heure avancent lentement, faute d'intelligence ou d'application, et surtout faute d'une bonne direction dans leur famille. Rien de plus sage que de les empêcher de venir prématurément et sans profit s'asseoir sur les bancs de l'école supérieure; mais il n'est pas besoin d'une limite d'âge : un examen préalable suffit. Si un enfant de neuf ans est apte à suivre les cours de l'école primaire supérieure, pourquoi le faire attendre trois ans? Que fera-t-il dans l'intervalle? Pourquoi retarder le moment où il pourra soit commencer l'apprentissage d'un métier, soit poursuivre d'autres enseignements d'un ordre plus élevé? Exigez des preuves de capacité, rien de mieux; mais n'allez pas, surtout dans une loi, imposer une condition d'âge qui en elle-même est arbitraire et qui, dans beaucoup de cas, sera vexatoire.

L'exposé des motifs du projet de loi reproche à l'enseignement secondaire spécial d'admettre des élèves de tout âge, et il ne veut pas que l'enseignement primaire supérieur tombe dans la même faute. Assurément il est désirable, pour la bonne direction des intelligences, pour la discipline et pour la morale, que les âges soient rapprochés autant que possible dans les mêmes classes; mais c'est une condition qui ne peut se prêter à des déterminations rigoureuses. Dans l'enseignement classique, où elle est le mieux remplie parce que les élèves sortent en général d'un même milieu social et se destinent à des professions du même ordre, les études se terminent entre seize et vingt ans. Une différence de quatre ans n'est pas sans importance entre l'adolescence et la jeunesse proprement dite : elle est énorme au milieu des études, alors que des enfants de onze à douze ans sont confondus avec des adolescents de quinze à seize. Le mélange des âges est plus grand encore dans l'enseignement spécial, dont les élèves se recrutent dans des milieux très divers et se destinent aux professions les plus différentes. Il s'impose pour les mêmes raisons à l'enseignement primaire, et il n'est pas moins difficile de l'éviter dans les écoles supérieures que dans les écoles élémentaires.

Cette question de l'âge ne mériterait pas de nous arrêter si elle ne trahissait dans le projet de loi certaines tendances que l'exposé des motifs ne cherche pas à dissimuler. L'enseignement primaire supérieur, suivant cet exposé, ne devrait réunir que des « élèves placés dans des conditions analogues et poursuivant un même but ». Et, pour mieux préciser sa pensée, le rédacteur de ce document demande que le nouvel enseignement soit constitué au profit exclusif des « classes ouvrières et agricoles ». Il ne repousse pas seulement le mélange des âges, mais le mélange des conditions sociales.

Nous ne sommes pas de ceux qui poussent le rigorisme démocratique jusqu'à s'indigner quand on prononce les noms de *classes* ou de *couches sociales*. L'égalité des droits ne fait pas disparaître l'inégalité d'éducation, et il est tout naturel qu'un père de famille bien élevé redoute pour ses enfants le contact journalier avec des camarades plus ou moins grossiers dans leurs habitudes et dans leur langage. Il est tout naturel aussi, dans l'intérêt de l'instruction elle-même, qu'on craigne de réunir dans un même établissement et pour les mêmes études des élèves qui, n'ayant ni le même âge ni la même éducation première et poursuivant des buts différents, se prêteront mal à l'unité de direction, de méthode et d'enseignement. Mais c'est seulement dans les grandes villes qu'il peut y avoir des clientèles distinctes pour les divers établissements d'instruction. On méconnaît absolument la condition de nos chefs-lieux de canton si l'on y suppose une clientèle d'une seule espèce, agricole ou ouvrière. La clientèle qu'ils pourront offrir aux écoles primaires supérieures se composera partout, par portions presque égales, de cultivateurs, d'artisans et de petits marchands; car les artisans et les marchands, quoique proportionnellement beaucoup moins nombreux, donneront beaucoup plus que les cultivateurs. Voilà déjà, pour les nouvelles écoles, la nécessité de compter avec des âges et avec des buts différents. Les fils d'artisans et de marchands, appartenant à une population agglomérée, peuvent commencer plus tôt et terminer plus vite leurs études élémentaires que les fils de cultivateurs, qui vivent en général dans des fermes, loin des maisons d'école. Ils réclament aussi une autre culture que celle qui conviendrait à la classe purement agricole.

Ce n'est pas tout. Il y a des différences de fortune dans ces familles modestes qui se partagent entre la culture du sol, les métiers manuels et le petit commerce. Les plus aisées envoient aujourd'hui leurs enfants au collège pour y suivre les cours de l'enseignement secondaire spécial, et quelques-unes même pour y faire des classes de latin. Le collège lui-même n'est souvent qu'une étape avant d'autres études : on y cherche une préparation aux écoles d'agriculture, aux écoles d'arts et métiers, aux écoles normales, aux écoles vétérinaires, aux écoles secondaires de médecine et de pharmacie. L'enseignement primaire supérieur pourra remplacer avec avantage les premières années de collège. Sous la diversité même à laquelle il devra se prêter pour satisfaire aux besoins locaux, il contiendra nécessairement un fond commun de notions grammaticales, historiques, géographiques, scientifiques, qui se retrouvent partout où se font des études plus élevées que celles de l'école primaire proprement dite. Une bonne instruction primaire conduite jusqu'au degré supérieur permet certainement de suivre avec fruit les cours de troisième année de l'enseignement spécial. Elle permet également (on en a fait plus d'une fois l'expérience) de faire en une seule année ou même, avec quelques efforts, de passer entièrement les deux ou trois classes élémentaires de l'enseignement classique. Grâce à l'école cantonale, la petite bourgeoisie des campagnes pourra donc retarder de deux ou trois ans le moment où elle devra se séparer de ses enfants pour leur imposer le régime pénible et toujours périlleux de l'internat des collèges et pour s'imposer à elle-même les sacrifices qu'il exige. Avantage précieux à tous les points de vue, mais auquel il faudrait évidemment renoncer si les écoles primaires supérieures ne devaient être ouvertes qu'aux enfants de plus de douze ans.

Cet avantage ne serait pas seulement recherché par la petite bourgeoisie ; il aurait aussi un grand prix pour la bourgeoisie proprement dite, plus nombreuse qu'on ne croit dans nos cantons ruraux. Il y a toujours dans chaque canton un certain nombre de fonctionnaires publics : juge de paix, receveur de l'enregistrement, percepteurs et autres employés des administrations financières; il y a de plus des notaires, des médecins, des propriétaires plus ou moins riches, souvent même des chefs d'importantes industries. Ce sont là autant de familles qui, sauf le cas assez exceptionnel dans notre pays d'une éducation domestique, envoient leurs enfants à l'école primaire, et qui seront heureuses de pouvoir les garder le plus longtemps possible auprès d'elles en les envoyant à l'école supérieure. Cela leur sera d'autant plus facile que plus d'un père pourra compléter l'enseignement de l'école en donnant lui-même à son fils les premières leçons de latin, et le préparer ainsi à n'entrer au collège qu'en sixième ou même en cinquième. La bourgoisie des campagnes, comme celle des villes, préférerait sans doute, si elle y trouvait les mêmes avantages, des maisons d'éducation où ne seraient pas confondus des enfants de toute condition; mais elle sait qu'elle rencontrerait à peu près le même mélange, avec des inconvénients d'un autre ordre, dans les pensionnats de l'enseignement secondaire. Ce mélange se fait d'ailleurs beaucoup plus aisément accepter dans les campagnes que dans les villes. Dans ces dernières, on choisit ses relations, on se fait sa société : dans les campagnes, les rapports sont continuels, et ils entraînent une familiarité forcée entre les familles qui diffèrent le plus par l'éducation ou par la fortune. La loi ne doit pas se montrer plus jalouse que les familles elles-mêmes d'entretenir et d'aggraver les distinctions sociales. Là où elle ne peut établir qu'une école, elle doit l'ouvrir toute grande à tous ceux qui peuvent lui demander un enseignement utile : elle irait contre le premier but qu'elle doit se proposer quand elle crée des établissements d'instruction, si elle s'appliquait elle-même à en restreindre la clientèle sous prétexte de leur donner plus d'unité.

Il ne faut pas seulement consulter et ménager autant que possible les intérêts des familles, il faut aussi tenir compte des intérêts des communes, à qui l'on impose les frais de construction et d'entretien des écoles. Ce seront là de lourdes charges, qui pourront sans doute être atténuées par les subventions des départements et de l'Etat, mais dont la plus grosse part pèsera sur les budgets locaux. Ces charges, nous n'en doutons pas, seront acceptées sans murmurer par la plupart des communes, qui sauront en comprendre l'utilité; mais elles la comprendront d'autant mieux si toutes les classes de leur population peuvent participer aux bienfaits de ces créations si coûteuses et contribuer à leur donner des éléments de vie et de prospérité.

Et qu'on ne croie pas que l'enseignement primaire supérieur, en donnant satisfaction à des besoins très divers, compromette sérieusement cette unité à laquelle le projet de loi attache avec raison tant d'importance. L'exposé des motifs définit très bien cet enseignement en disant que « son but est de continuer, de développer et de spécialiser dans une certaine mesure les connaissances qui constituent l'enseignement primaire ». Voilà le programme commun de toutes les écoles qu'il s'agit de créer dans les campagnes et dans les villes. Ce ne seront pas des écoles professionnelles, dans le sens propre du mot : il en faudrait pour chaque ordre de métiers; leur destination sera de donner, comme le dit encore très bien l'exposé des motifs, « un enseignement intermédiaire entre l'instruction primaire proprement dite et l'instruction secondaire. » Cet enseignement intermédiaire, de même que les deux degrés d'instruction entre lesquels il prend place, aura nécessairement un caractère général. Il conviendra à tous les enfants, quelle que soit leur condition ou leur vocation, qui pourront dépasser le niveau de l'instruction élémentaire, soit qu'il marque lui-même le niveau supérieur au-dessus duquel ils ne chercheront pas à monter, soit qu'il remplisse plus exactement son rôle d'intermédiaire en les préparant à d'autres enseignements d'un ordre plus élevé. Voilà son unité véritable; voilà ce qui détermine son objet et sa méthode, et ce serait en compromettre tous les fruits que de vouloir lui assigner un autre caractère.

Ce caractère général n'exclut pas d'ailleurs une direction spéciale, conforme aux besoins de chaque région et pour laquelle le projet de loi s'en rapporte sagement à l'appréciation des communes elles-mêmes. L'exposé des motifs complète la définition que nous avons citée plus haut en disant que le nouvel enseignement devra joindre à son programme général « quelques notions qui sont plus particulièrement utiles pour les classes ouvrières et agricoles ». Ce sont ces notions qui créeront surtout des différences entre les écoles, suivant les besoins et les vœux des populations; mais, pourvu qu'elles restent l'accessoire et ne tendent pas à devenir le principal, leur spécialité n'empêchera pas l'enseignement où elles trouveront place de convenir à toutes les catégories de familles réunies sur un même territoire. Là où l'agriculture domine, tous les enfants, alors même qu'ils devraient lui rester entièrement étrangers, ne peuvent que gagner à recevoir quelques notions agricoles. Là où dominent au contraire l'industrie et le commerce, nulle famille ne se plaindra de voir ses enfants initiés à ces grands intérêts au milieu desquels doit probablement se passer leur vie. Des considérations locales peuvent seules d'ailleurs déterminer le degré de spécialité que doit recevoir l'enseignement dans le double intérêt de la bonne direction et de la prospérité des écoles et des besoins de leur clientèle.

IV

Sur un autre point encore, par suite des mêmes vues systématiques, le projet de loi n'a pas suffisamment tenu compte des intérêts des communes et des vœux des familles. Il prétend imposer la création d'écoles primaires supérieures aux villes mêmes dans lesquelles une expérience de près d'un demi-siècle a justifié l'heureuse combinaison qui a fait substituer aux premiers essais de ces écoles les cours de français d'abord et plus tard l'enseignement spécial des lycées et des collèges.

Le rédacteur de l'exposé des motifs n'a pu se dissimuler les conséquences déplorables d'une telle mesure. Il y constate, en effet, que les écoles primaires supérieures instituées par la loi de 1833 n'avaient pu résister à la concurrence des établissements d'instruction secondaire; que la plupart de celles qui s'étaient fondées dans les premières années de la monarchie de Juillet avaient disparu avant la chute de cette monarchie et que celles qui s'étaient maintenues avaient reçu un coup mortel de la loi de 1865, qui a organisé l'enseignement spécial. Il reconnaît d'un autre côté que la juxtaposition dans les lycées et dans les collèges de l'enseignement classique et d'un enseignement intermédiaire est considérée depuis longtemps comme indispensable, non seulement à la prospérité, mais à l'existence même de la plupart de ces établissements. Qu'attend-il donc de ces nouvelles créations, qu'il prétend mettre obligatoirement à la charge d'un grand nombre de petites villes déjà plus ou moins obérées par l'entretien de leurs collèges? Dans les grandes villes, toutes les catégories d'établissements scolaires peuvent subsister concurremment sans se faire tort. Paris peut posséder tous les types d'enseignement intermédiaire, depuis l'école Turgot jusqu'aux cours spéciaux du lycée Charlemagne. Dans les petites villes et dans beaucoup de villes moyennes, deux établissements rivaux, quelque distinction que l'on s'efforce de mettre entre eux, ne pourront que se disputer, dans les conditions les plus onéreuses, une clientèle restreinte. C'est bien assez, pour les lycées et pour les collèges, de la concurrence des institutions libres; n'y ajoutez pas une autre concurrence infiniment moins justifiable entre des établissements relevant du même budget.

« Laissons l'enseignement spécial tel qu'il est, dit l'exposé des motifs, et, sans nous adresser à la clientèle qui le fréquente, tâchons d'en organiser un autre qui convienne à une population différente, mais bien plus nombreuse. » Il est étrange que ces lignes aient pu être écrites à la suite d'un historique de la question qui tend précisément à démontrer le tort mutuel, presque toujours mortel à l'un ou à l'autre, que se feront inévitablement l'enseignement primaire supérieur et l'enseignement secondaire spécial. Non, l'expérience l'atteste surabondamment, il n'y a dans la plupart de nos villes de province qu'une seule clientèle pour les deux enseignements, et il faut ajouter que si cette clientèle est libre dans son choix, si elle ne subit aucune pression, elle fera ce qu'elle a toujours fait : elle préférera le collège à l'école.

C'est donc une charge en pure perte que le projet de loi impose aux petites villes en les astreignant à créer et à entretenir des écoles primaires supérieures à côté de leurs collèges. Les nouvelles écoles ne pourront que végéter, si elles ne tombent pas tout à fait comme leurs devancières. Mais, quel que doive être leur sort, elles dureront assez, si la loi est exécutée, pour faire aux collèges eux-mêmes un tort irréparable. Non seulement elles leur prendront le peu d'élèves qu'elles pourront recruter, mais elles détourneront en tout ou en partie les ressources communales nécessaires à leur conservation et à leur entretien. Et dans quel moment les collèges communaux sont-ils menacés de cette concurrence contre nature? C'est quand l'autorité même qui prétend l'imposer aux communes leur demande des sacrifices énormes pour réparer, compléter ou reconstruire les bâtiments des collèges, qui sont presque tous dans un état déplorable. En même temps qu'il présentait à la Chambre des députés le projet de loi sur l'enseignement primaire supérieur, M. Bardoux déposait et les Chambres ont adopté un autre projet ayant pour but de faciliter et de hâter les travaux indispensables qu'exigent les établissements publics d'enseignement secondaire. Le concours de l'État est promis aux communes dans une très large mesure; une caisse spéciale est mise à leur disposition pour des subventions et pour des avances; mais il faudra cependant qu'elles pourvoient sur leurs propres ressources à la plus grande partie des dépenses. Comment le pourront-elles, et comment voudront-elles même s'y prêter, si dans le même temps d'autres dépenses, également considérables, sont mises à leur charge dans un but indéniable de concurrence à leurs collèges? La plupart s'y refuseront, et nos bâtiments scolaires resteront longtemps encore dans le même état ou plutôt dans un état moralement pire; car leur infériorité à l'égard des constructions qu'a su élever l'enseignement libre aura été dénoncée publiquement par le chef de l'Université lui-même.

Et ce n'est pas le plus grand danger. Beaucoup de villes se souviendront que le maintien de leurs collèges est facultatif, tandis que la création d'écoles primaires supérieures, de par la loi nouvelle, deviendra obligatoire. Ne pouvant faire face à l'entretien de deux établissements rivaux, elles sacrifieront leurs collèges.

Ce sacrifice profitera-t-il du moins à l'enseignement primaire supérieur? Il n'y faut compter que pour une faible part. Les institutions cléricales se sont mises partout en mesure de disputer la clientèle et, quand il y a lieu, de recueillir la succession des collèges laïques. Elles s'efforcent d'avoir leur enseignement spécial, comme elles avaient auparavant leurs cours de français, et, si elles restent sous ce rapport bien au-dessous des lycées et des bons collèges communaux, elles auront cependant plus d'attrait pour un grand nombre de familles que de simples écoles, même décorées du nom d'écoles supérieures.

J'admire les illusions dans lesquelles paraît se complaire l'auteur du projet, après avoir lui-même pris soin de rappeler les démentis que leur oppose l'expérience du passé. Il espère trouver dans nos petites villes et dans leurs environs « une population nombreuse » d'ouvriers et de cultivateurs « qui aurait besoin de donner à ses enfants une instruction plus étendue que l'instruction élémentaire », mais qui « n'aurait pas besoin de l'enseignement toujours un peu trop théorique des lycées et des collèges » et qui « ne trouverait dans les établissements précités ni professeurs, ni programmes, ni condisciples en rapport avec ses aspirations, ses goûts et ses habitudes. » Les familles dont on escompte ainsi les préférences obéissent peut-être à une vanité mal entendue, mais elles ont de tout temps manifesté des sentiments contraires : elles ne craignent pour leurs enfants ni l'enseignement, ni les professeurs, ni les condisciples que leur offrent les établissements d'instruction secondaire. J'assiste, chaque année, à la distribution des prix d'un collège communal : j'y entends proclamer, pour les prix et pour les accessits de l'enseignement spécial et de l'enseignement classique lui-même, des noms appartenant à des familles de boulangers, de menuisiers, de maçons, de fermiers, et en me reportant à cinquante ans en arrière, alors que je faisais mes premières classes dans le même collège, je me souviens combien de fils de cultivateurs et d'artisans j'avais eus aussi parmi mes condisciples. Quand les mêmes tendances n'ont jamais cessé de se manifester, il est sage de compter aves elles et de chercher à en tirer le meilleur parti, au lieu de leur faire violence.

Le parti clérical le sent bien, et dans les petites villes il ne dédaigne pas plus cette clientèle démocratique pour ses collèges que pour ses écoles. Si les institutions ecclésiastiques peuvent flatter la vanité de certaines familles bourgeoises en donnant à leurs enfants des camarades à particules, elles pratiquent à leur façon la fusion des classes en ne négligeant rien pour attirer aussi d'autres élèves d'une condition plus humble. Les cercles catholiques d'ouvriers sont, pour cet objet, l'un de leurs moyens de propagande le plus efficaces. Les écoles primaires supérieures, il n'en faut pas douter, résisteront beaucoup moins à leur concurrence que ne peuvent le faire les collèges communaux, avec un enseignement plus étendu et mieux approprié à des vocations diverses, un matériel scientifique plus complet, un personnel de maîtres plus nombreux et plus instruit, un personnel d'élèves qui, pris dans son ensemble, paraîtra toujours d'un ordre plus relevé.

Je suppose cependant que l'enseignement primaire supérieur acquière dans les petites villes, par l'excellence de son organisation, assez de prestige pour attirer à lui la clientèle de l'enseignement spécial des collèges communaux et pour défier la concurrence des institutions cléricales : faudra-t-il s'en applaudir? La plupart des collèges communaux, privés en tout ou en partie des ressources de l'enseignement spécial, ne tarderaient pas à succomber; les sacrifices qu'ils ont coûtés aux villes et ceux qu'elles s'apprêtent à faire pour les améliorer seraient perdus; leurs professeurs seraient sur le pavé; une partie au moins de leur clientèle, celle de l'enseignement classique, irait enrichir les collèges du clergé : veut-on acheter à ce prix le succès problématique d'une création nouvelle?

Il était permis d'espérer que nous avions renoncé en France à cette politique d'utopistes qui prétend tout créer à nouveau et d'une seule pièce, sans tenir compte et sans vouloir tirer parti de ce qui existe. Au lieu de susciter à l'enseignement spécial des collèges une concurrence redoutable, pourquoi ne pas chercher à l'améliorer, à le mettre mieux en rapport avec les besoins auxquels on veut donner satisfaction? Il est, dit-on, « un peu trop théorique ». Rien n'empêche de lui donner un caractère plus pratique, et il ne faut pas croire que des instituteurs, même du degré supérieur, le lui donneraient plus aisément que des professeurs pourvus de grades universitaires. L'abus des théories est souvent le fait de la demi-science. Il faut craindre, d'ailleurs, même pour les plus humbles écoles, l'abus contraire. On reproche déjà, en Allemagne, aux *écoles réelles*, qui sont jusqu'à un certain point, mais dans un ordre plus élevé, l'équivalent de notre enseignement secondaire spécial et de notre enseignement primaire supérieur, des tendances trop *américaines*. Un enseignement qui ne vise pas une profession déterminée et dont l'objet est plus ou moins général ne doit pas craindre d'ouvrir aux intelligences de vastes horizons, en ayant soin seulement de se proportionner à leur degré de force ou de culture.

Les autres griefs que l'on élève contre l'enseignement spécial, et dont la plupart ont trouvé place dans l'exposé des motifs du projet de loi, ne sont pas plus irrémédiables. Est-il vrai que, dans l'enseignement spécial, « on entre à tout âge, sans avoir fait preuve de connaissances déterminées? » On peut s'étonner qu'un ministre de l'instruction publique, dans un document législatif, fasse un pareil reproche à un enseignement placé sous son autorité. Il dépendait de lui, en effet, de veiller à l'exécution des règlements universitaires, qui, à tous les degrés d'enseignement, défendent d'admettre et de garder dans une classe un élève incapable d'en suivre les leçons. Si une prescription aussi raisonnable rencontre dans la pratique les plus grandes difficultés, comment peut-on se flatter d'en assurer plus aisément l'observation rigoureuse dans les écoles primaires supérieures que dans les lycées et dans les collèges? Nous avons vu que la question de l'âge ne saurait, sans de graves inconvénients, être soumise à une réglementation un peu étroite. Quant aux conditions de capacité, elles appellent des examens préalables, que l'on a raison d'exiger pour l'enseignement primaire supérieur, mais qu'il n'est pas moins convenable d'établir à l'entrée de chacune des classes de l'enseignement spécial, s'ils n'y existent pas. C'est seulement, sur le degré de force de ces examens que l'on pourra être plus ou moins tolérant, et il n'y a aucun motif de supposer que la sévérité sera plus grande à l'égard du premier de ces enseignements qu'à l'égard du second.

On reproche encore à l'enseignement spécial de se prêter, pour ses élèves, à « toutes sortes de destinations différentes ». C'est là plutôt un mérite qu'un défaut. L'enseignement intermédiaire, nous ne saurions trop le répéter, ne peut pas avoir, en dehors des grandes villes, des établissements distincts pour tous les genres de clientèle auxquels il s'adresse. Il faut, dans les campagnes et dans les petites villes, qu'il s'accommode autant que possible, dût son unité en souffrir un peu, aux buts les plus divers. Voilà pourquoi l'enseignement spécial, avec les ressources dont il dispose et le concours qu'il peut trouver dans le personnel et dans le matériel de l'enseignement classique, remplace avec avantage, partout où il est organisé, l'enseignement primaire supérieur. Rien ne sera d'ailleurs plus facile que de mettre les deux enseignements en harmonie, sans resserrer le premier dans les limites du second. L'enseignement spécial, en y comprenant la classe préparatoire, a une durée de cinq ans. Les programmes des premières années peuvent très bien être adaptés à ceux des trois années dans lesquelles devra se renfermer l'enseignement primaire supérieur. Les uns comme les autres pourront d'ailleurs recevoir tous les compléments que réclament les besoins locaux, et, pour ces compléments, les collèges communaux, disposant de ressources plus étendues, auront certainement l'avantage sur les nouvelles écoles. Ils conserveront de plus, pour une instruction plus élevée, leurs cours de quatrième et de cinquième années.

Cette harmonie entre les programmes de l'enseignement primaire supérieur et ceux de l'enseignement secondaire spécial fera profiter ces derniers d'une des meilleures dispositions du projet de loi. Nous voulons parler de celle qui veut que chaque année d'études présente un enseignement complet (art. 5). L'expérience a prouvé qu'une faible partie des élèves de l'enseignement spécial va jusqu'au terme des études. La plupart s'arrêtent à la troisième année, et un certain nombre se retirent dès les deux premières. Ce n'est pas seulement le caprice des parents ou le mauvais vouloir des enfants qui abrège ainsi la durée de l'instruction; ce sont souvent des nécessités domestiques, dont il est juste de tenir compte. Avec un enseignement qui, chaque année, formera un tout, les études, quelle qu'en soit la durée, porteront toujours des fruits.

Faut-il maintenant s'arrêter à un dernier reproche, qui s'adresse non à l'enseignement spécial, mais aux établissements dans lesquels il est donné? Les lycées et les collèges conviendraient mal pour l'enseignement primaire supérieur, parce que, « tout en admettant des externes, ils sont principalement organisés en internats. » On a raison de réduire à des externats les nouvelles écoles dont on impose la création aux chefs-lieux de canton. Les charges seront moins grandes pour les budgets communaux et il n'en résultera pas une gêne insurmontable pour les familles ; car, comme le dit l'exposé des motifs, les élèves étrangers au chef-lieu de canton « appartiendraient presque toujours à des familles ayant dans ce chef-lieu, situé à une faible distance de leur domicile, des parents, des connaissances chez qui elles pourraient placer leurs enfants gratuitement ou moyennant une redevance généralement moindre que celle qu'on exige pour un pensionnat proprement dit. » Le projet autorise d'ailleurs l'annexion d'un pensionnat à l'externat, partout où cela paraîtra nécessaire, et on peut prévoir que, dans l'état de nos mœurs, par la force même des choses, ce qui n'est admis qu'à titre d'exception deviendra la règle. Or les écoles primaires supérieures pourvues d'un pensionnat se trouveront dans les mêmes conditions que les lycées et les collèges, qui reçoivent à la fois des externes et des pensionnaires, et elles ne différeront en rien sous ce rapport des collèges communaux, qui, loin d'être « principalement organisés en internats », reçoivent une majorité d'externes, comme l'atteste la statistique de l'enseignement secondaire.

Nous avons traité plus haut la question très délicate et très complexe de l'internat, et nous avons montré que nos mœurs domestiques, d'un côté, et, de l'autre, la concurrence des pensionnats cléricaux font du maintien des internats, pour l'enseignement secondaire public, non une chose bonne en soi, mais un mal nécessaire. S'il faut subir cette nécessité, il est du moins permis de chercher à l'atténuer. Nous ne saurions donc trop approuver les encouragements donnés aux externats et surtout la multiplication des bourses d'externes. Mais ces bourses, dont on veut avec raison doter l'enseignement primaire supérieur, existent déjà dans l'enseignement secondaire, et elles pourraient sans peine y recevoir plus d'extension.

L'enseignement primaire supérieur peut donc trouver dans les lycées et dans les collèges tous les avantages que l'on attend d'écoles distinctes. Des établissements séparés pour les divers enseignements seraient certainement préférables, toutes choses égales d'ailleurs; rien ne saurait remplacer une organisation parfaitement appropriée à un seul but, partout où elle est possible et où elle offre des chances de succès. Mais dans la plupart de nos villes de province il n'y a de viable, il n'y a d'avantageux que la réunion dans un même établissement de l'enseignement primaire supérieur et des deux enseignements secondaires. L'enseignement primaire supérieur, ainsi annexé à l'enseignement spécial et à l'enseignement classique, sera sans doute dans des conditions moins favorables que s'il pouvait profiter, dans une bonne école distincte, telle que l'école Turgot à Paris, de toutes les ressources que lui offre une grande ville; mais il vaudra beaucoup mieux que s'il était réduit aux modestes externats de trois maîtres, y compris le directeur, dont le projet de loi impose à toutes les petites villes la création et l'entretien. Non seulement il sera plus élevé et plus complet dans les matières qui lui sont propres, mais il pourra recevoir d'utiles additions, telles que des leçons de dessin, données par des maîtres spéciaux, des leçons de langues vivantes et même, suivant le vœu de M. Egger [1], des

1. *Journal des Débats* du 11 novembre 1878.

leçons de latin, soit comme préparation aux études classiques, soit en vue du certificat de grammaire exigé pour les professions d'officier de santé et de pharmacien de seconde classe. Enfin, quand cette réunion des trois enseignements ne servirait qu'à rapprocher les différentes classes sociales, ce ne serait pas un résultat à dédaigner dans une société démocratique.

Nous n'avons pas épargné les critiques au projet de loi. Il suffirait cependant d'un très petit nombre de modifications pour le rendre à peu près irréprochable. Il faudrait d'abord supprimer la distinction des écoles urbaines et des écoles rurales et fondre ensemble les dispositions relatives à ces deux catégories d'écoles. Il faudrait également retrancher la condition d'un âge d'admission. Enfin il faudrait dispenser les communes déjà pourvues de cours d'enseignement spécial dans un lycée ou dans un collège de l'obligation de fonder et d'entretenir des écoles d'enseignement primaire supérieur, en renvoyant à un règlement la réforme des programmes du premier enseignement pour les mettre en harmonie avec ceux du second. Ces modifications suffiraient pour la loi elle-même ; mais une loi, si bien faite qu'elle puisse être, vaut surtout par la façon dont elle est appliquée. Nous ne saurions donc trop recommander, soit dans la rédaction des programmes, soit dans l'organisation des études, soit dans l'enseignement lui-même, d'éviter cet esprit systématique et un peu étroit que nous avons eu le regret de signaler dans le projet de loi et surtout dans l'exposé des motifs. L'enseignement qu'on veut créer ne portera tous ses fruits que s'il sait élargir ses cadres pour prendre place entre l'enseignement primaire et l'enseignement secondaire proprement dits, comme un mode général d'instruction approprié, non à une seule classe, mais à toutes les classes de la nation.

CHAPITRE V

L'INSTRUCTION DES SOURDS-MUETS ET DES AVEUGLES

Les divers services que comprend aujourd'hui le ministère de l'instruction publique ou qui rentrent naturellement dans ses attributions appartenaient, dans l'origine, au ministère de l'intérieur. Tous n'en furent pas détachés lors de la création d'un ministère spécial. L'Intérieur garda pendant plusieurs années le Collège de France, le Muséum, l'Institut : il s'est fait jusqu'à présent une sorte de point d'honneur de ne pas abandonner les Écoles nationales de sourds-muets et d'aveugles.

Il en fut d'abord assez embarrassé. Elles ont été rattachées tour à tour aux services les plus hétérogènes, aux beaux-arts, aux haras, et enfin aux établissements de bienfaisance, qui les ont conservées.

Cet état de choses n'a pas cessé de soulever les plaintes les mieux justifiées.

En 1838, M. Léon de Malleville, rapporteur du budget de l'intérieur à la Chambre des députés, exprimait et développait un vœu formel pour que les établissements destinés à l'éducation des sourds-muets et des aveugles cessassent « de ressortir à un ministère qui n'a pas l'instruction pour principal objet ».

En 1847, le même vœu était reproduit dans un mémoire étendu adressé au Ministre de l'intérieur par les professeurs mêmes de l'Institution nationale des sourds-muets de Paris.

La même année, M. Alphonse Esquiros, dans son livre sur *Paris au XIXe siècle*, qui contient une étude très complète sur l'Institution nationale des sourds-muets, s'appropriait ce vœu en l'appuyant des arguments les plus pressants.

En 1873, M. Maxime du Camp, traitant à son tour de Paris et de ses institutions, concluait dans le même sens, après un réquisitoire fortement motivé contre les défauts de toute sorte qui déshonoraient, suivant lui, notre enseignement des sourds-muets.

En 1875, M. Léon Vaïsse, ancien directeur de l'Institution nationale des sourds-muets de Paris, émettait encore le même vœu dans une conférence publique à la Sorbonne.

La plupart des congrès qui, dans ces dernières années, se sont occupés des sourds-muets et des aveugles, se sont approprié ce vœu. Un sous-chef de bureau au ministère de l'intérieur, M. Denis, qui a été autorisé par ses chefs à plaider *pro administratrione sua* dans la *Revue générale d'administration* et dans le *Journal officiel*[1], taxe d'« inconvenance » l'initiative du congrès international de Paris en 1878, sous le prétexte qu'une réunion ouverte à des étrangers aurait dû s'abstenir de toute ingérence dans une question qui ne concerne que l'administration française. L'initiative dont il s'agit a été prise avec l'assentiment au moins tacite de tous les membres français du congrès, dont aucun n'a protesté. Elle a eu pour promoteur M. Vaïsse, « dont le nom vénéré et les éminents services font attacher le

1. *Les institutions nationales des sourds-muets et le ministère de l'intérieur* (*Revue générale d'administration*, mai 1882; *Journal officiel* des 10 et 12 juin de la même année).

plus grand prix à ses conseils » (c'est M. Denis lui-même qui parle ainsi). Je ne crois pas qu'on puisse s'arrêter sérieusement à ce reproche d'inconvenance.

Après le congrès *international* de Paris est venu, en 1879, le congrès *national* de Lyon. M. Denis, qui proclame lui-même l'entière compétence de ce dernier congrès, prétend qu' « *il n'y a pas été dit un mot* de la question du transfert ». Je le renvoie aux procès-verbaux, où il pourra lire les lignes suivantes :

« M. Vaïsse rappelle le vœu émis par le congrès de Paris en faveur de la translation des établissements de sourds-muets du département de l'intérieur à celui de l'instruction publique. »

Un autre congrès également national, qui s'est tenu à Bordeaux en 1881, a émis un vœu dans un sens opposé. M. Denis en triomphe, mais il convient de rechercher dans quelles conditions s'est produit ce revirement. L'enseignement des sourds-muets et des aveugles comprend un assez grand nombre d'ecclésiastiques et de congréganistes. On a tout fait pour éveiller les alarmes de cette catégorie de maîtres. On a évoqué devant eux le spectre de la laïcisation, si l'enseignement dont ils sont chargés passait sous la direction du Ministre de l'instruction publique. Aussi quels sont les orateurs qui, à Bordeaux, ont plaidé la cause du Ministre de l'intérieur? Ce sont deux ecclésiastiques, M. le chanoine Bourse et M. l'abbé Guérin.

Quelque solution que l'on adopte sur la question générale de la *laïcisation*, je regretterais infiniment que l'enseignement des sourds-muets et des aveugles fût forcé de répudier les services d'un grand nombre de maîtres aussi capables que dévoués, dont le remplacement par des laïques sera d'ici longtemps impossible. Mais rien ne prouve que le Ministre de l'instruction publique soit un *laïciseur* plus intransigeant que le

Ministre de l'intérieur. Jusqu'à présent, la guerre aux congréganistes a été poursuivie plutôt par les préfets, par certains conseils municipaux et par certains maires que par les fonctionnaires de l'Université. C'est précisément la tiédeur supposée de ces derniers qui fait que les partisans les plus ardents de la *laïcité* insistent pour maintenir aux préfets, représentants directs du Ministre de l'intérieur, la nomination des instituteurs.

Une autre raison a influé aussi sur la décision du congrès de Bordeaux. Depuis deux ans, le ministère de l'intérieur, rompant avec les habitudes invétérées de routine qui lui étaient si justement reprochées, a introduit dans l'enseignement des sourds-muets de très importantes réformes. On a pu craindre de compromettre ces réformes par une révolution administrative qui en enlèverait la direction aux autorités qui les ont résolument, quoique tardivement, entreprises.

J'avoue que cette considération me touche moi-même et que je ne répugnerais pas à y voir un motif d'ajournement. Je ferai toutefois deux observations. Comment le ministère de l'intérieur s'est-il décidé à ces réformes? C'est sur les réclamations réitérées de ceux qui lui reprochaient son incompétence et qui le menaçaient d'une dépossession. Il a donc reconnu lui-même l'utilité de leur intervention. D'un autre côté, d'après quels exemples ces réformes ont-elles été introduites dans notre enseignement officiel? C'est d'après les exemples donnés, en France même, par quelques institutions privées ou publiques, étrangères à la direction du ministère de l'intérieur. Les vrais promoteurs des réformes sont M. Magnat, M. Grosselin, M. Félix Hément. Ce dernier, qui a rendu tant de services à l'instruction populaire sous toutes ses formes, est inspecteur primaire du département de la Seine. Il a été délégué du Ministre de l'instruction publique au congrès de Bordeaux, et il s'y est énergiquement prononcé pour le transfert [1]. Plus encore que les exemples de certaines écoles françaises, ceux des écoles italiennes ont eu raison de la longue hésitation du ministère de l'intérieur. Or les écoles de sourds-muets sont placées en Italie sous l'autorité directe du Ministre de l'instruction publique. Les méthodes si heureusement appliquées de l'autre côté des Alpes sont d'origine française. Nous les avions abandonnées sous une administration incompétente; l'Italie se les était appropriées sous une administration plus éclairée : quel plus fort argument en faveur de la thèse que je soutiens?

Cette thèse a été l'objet de propositions sans cesse reproduites à la Chambre des députés, depuis 1877, par nous-même, par M. Alfred Naquet, par M. de Hérédia. Elle s'est heurtée constamment à l'opposition du ministère ou plutôt des bureaux de l'intérieur; mais les commissions du budget lui ont toujours fait un accueil sympathique, et le gouvernement a pris l'engagement formel de la soumettre à une enquête.

On peut, pour des raisons de circonstance, ajourner la question; mais les considérations qui ont été présentées depuis plus de quarante ans en faveur du transfert sont devenues de plus en plus pressantes, loin qu'elles aient rien perdu de leur valeur, et il faudra bien qu'elles triomphent tôt ou tard de la résistance opiniâtre qu'une administration intéressée leur a jusqu'ici opposée. Comme ces considérations sont combattues avec hauteur dans l'article du sous-chef de bureau au ministère de l'intérieur, je crois devoir les rappeler brièvement.

1. Le rapport de M. Hément au Ministre de l'instruction publique, dans lequel il reproduit et défend par d'excellentes raisons ses conclusions en faveur du transfert, a été publié par le *Journal officiel* du 11 juillet 1882.

Suivant M. Denis, « le caractère essentiel des institutions de sourds-muets et d'aveugles est la bienfaisance; la question pédagogique y est incontestablement secondaire. » C'est le contre-pied de la vérité. L'instruction est sans doute un très grand bienfait pour les enfants privés de l'ouïe ou de la vue comme pour tous les autres enfants; mais c'est un bienfait de l'ordre intellectuel, qui n'a rien de commun avec les secours matériels que distribuent les établissements de bienfaisance. La transmission de l'enseignement aux sourds et aux aveugles exige des procédés spéciaux; mais ces procédés ne sont pas moins d'ordre purement pédagogique, et, pour en apprécier la valeur, ce n'est pas dans les bureaux du ministère de l'intérieur ou de l'assistance publique, c'est parmi ceux dont toutes les études ont été dirigées vers les questions de pédagogie qu'on peut trouver des hommes vraiment compétents. En quoi consistent d'ailleurs ces procédés spéciaux? Pour les aveugles, l'enseignement oral est de même nature que pour les voyants : les écrits seuls diffèrent et ils ne diffèrent que par des lettres ou des notations en relief. Pour les sourds, les écrits sont les mêmes que pour les entendants-parlants, et la grande réforme accomplie dans ces dernières années a substitué l'enseignement oral à l'enseignement par les signes. Il n'y aura bientôt plus de sourds-muets, mais des sourds-parlants, exercés à lire la parole sur les lèvres de ceux qui leur parlent. Aussi les écoles ordinaires peuvent-elles déjà recevoir des enfants sourds et les instruire en même temps que leurs autres élèves. L'instruction des infirmes s'est donc rapprochée, même dans ses procédés spéciaux, de celle des enfants qui possèdent tous leurs sens. En dehors de ces procédés, tout est pareil dans ce qui fait l'objet et les méthodes propres de l'enseignement. La grammaire, les lettres, l'histoire, les sciences ne changent pas de nature, parce qu'elles sont enseignées à des sourds ou à des aveugles; elles n'ont rien non plus à modifier dans leurs procédés d'exposition et de démonstration. Enfin, ni l'organisation et la distribution des classes, ni la discipline scolaire ne diffèrent sensiblement dans une école de sourds ou d'aveugles de ce qu'elles doivent être dans toute autre école. En un mot, ces écoles sont des établissement d'instruction au même titre que les écoles primaires et les lycées, et il n'y a aucune raison de les assimiler à des hospices.

C'est cette assimilation injustifiable que repoussent unanimement tous ceux qui, depuis le rapport de de M. de Malleville, ont demandé le transfert au ministère de l'instruction publique des écoles de sourds-muets et d'aveugles. Un hospice est destiné à guérir des malades ou à entourer de soins spéciaux des incurables perdus pour la société; une école a pour but de rendre à la société des membres utiles : les écoles de sourds-muets et d'aveugles, qu'il ne faut pas confondre avec un établissement hospitalier tel que les Quinze-Vingts, ne poursuivent et ne doivent poursuivre que ce dernier but.

M. Denis s'étonne que les propositions de transfert comprennent, avec les intitutions de sourds-muets, l'Institution nationale des jeunes aveugles, « bien que de ce côté il fût impossible d'articuler aucun grief contre l'administration ». Il ne s'agit pas de griefs particuliers, mais de hautes considérations d'intérêt général. Qu'il relise le discours prononcé au congrès international de 1878 par un homme éminent, dont le dévouement inépuisable s'étend à tous les genres d'infortune et qu'une cécité précoce intéresse particulièrement au sort des aveugles :

« Non, messieurs, disait M. Nadault de Buffon, les

maisons consacrées à l'enseignement des aveugles ne sont pas des établissements de bienfaisance comme les hospices, les dépôts de mendicité, les maisons de refuge ou les maisons d'aliénés : ce sont des établissements d'enseignement public. Les enfants aveugles doivent participer comme tous les autres enfants aux sacrifices que fait le pays pour assurer et répandre l'instruction. »

On allègue le caractère professionnel de ces institutions, qui doivent non seulement donner à leurs élèves une instruction générale, mais les préparer aux carrières où ils rencontreront le moins de chances défavorables. Ce caractère professionnel est sans contredit d'une très grande importance; mais en quoi appelle-t-il l'autorité directe du Ministre de l'intérieur? Quand il s'agit de de vocation spéciale, les ministères compétents sont la Guerre pour les écoles militaires, la Marine pour les écoles navales, le Commerce pour les écoles d'arts et métiers : ce n'est jamais le ministère de l'intérieur. Ce ministère est-il plus compétent quand l'instruction professionnelle ne vise aucune profession déterminée? Un homme de bien, M. Salicis, a entrepris depuis plusieurs années une campagne pour associer, dans l'école primaire, à l'instruction proprement dite la préparation à certains métiers. Il a pu réaliser cette idée dans une importante école de la ville de Paris : l'école de la rue Tournefort, dont l'administration universitaire vient de s'emparer pour la transformer en une école normale. Personne n'a pensé à demander que cette école et celles qui pourraient être fondées sur le même plan fussent placées sous l'autorité du Ministre de l'intérieur. Une loi a été votée récemment pour instituer des écoles d'apprentissage : l'exécution de cette loi a été confiée aux Ministres de l'instruction publique et du commerce : le Ministre de l'intérieur n'y a revendiqué aucune part.

Une dernière raison est invoquée en faveur du *statu quo* : c'est le patronage dont les sourds et les aveugles ont besoin au sortir des écoles. Je suis très loin de contester la nécessité de ce patronage ; mais je ne vois pas pourquoi il réclamerait l'intervention directe du Ministre de l'intérieur. Le concours des préfets peut être assurément très utile; mais, bien que les préfets soient les agents immédiats du Ministre de l'intérieur, ils reçoivent aussi les instructions et les ordres des autres Ministres, et ils ne peuvent se refuser, dans les limites de leurs attributions, à aucun acte d'intérêt général. Le meilleur patronage est, d'ailleurs, celui qui est exercé par des sociétés libres. De telles sociétés ne font pas défaut, et leur zèle ne sera pas moins actif, parce que les écoles auxquelles il s'applique passeront du ministère de l'intérieur au ministère de l'instruction publique.

J'ai rappelé à la tribune de la Chambre des députés la réponse que m'avait faite un employé du ministère de l'intérieur (peut-être était-ce M. Denis), à qui je demandais pour quelles raisons son administration résistait opiniâtrément à la réforme si désirable dont j'avais pris l'initiative. « C'est, m'a-t-il dit, qu'une administration n'aime pas à se laisser dépouiller de ce qu'elle possède. » Cette raison naïve, qui ne se produira pas dans un document public, est au fond la seule qui explique une opposition aussi obstinée que mal fondée. Le transfert au ministère de l'instruction publique entraînerait la suppression d'un bureau au ministère de l'intérieur; il enlèverait au Ministre de l'intérieur des moyens d'action auxquels nul dépositaire du pouvoir ne renoncera jamais de bonne grâce : des places à donner, des bourses à distribuer, un patronage à exercer sur toute l'étendue du pays.

Ces raisons d'un mesquin intérêt politique sont un

motif de plus, si l'on veut bien ne considérer que l'intérêt de l'instruction, pour retirer au ministère de l'intérieur les écoles de sourds-muets et d'aveugles. La direction de ces écoles a été trop souvent confiée à des agents sans compétence, empruntés à d'autres services. L'Ecole nationale des sourds-muets de Paris n'a eu, à ma connaissance, qu'un directeur choisi parmi ses professeurs : c'est M. Léon Vaïsse, et on sait quel est son avis sur la question du transfert. Pour le recrutement des professeurs, on a senti la nécessité d'un concours d'agrégation, et on fait appel, pour juger ce concours, à des membres de l'Université : le choix ne serait-il pas plus éclairé s'il était fait par le chef même de l'Université, si le Ministre de l'instruction publique avait le souci direct de l'enseignement auquel il s'agit de pourvoir et s'il avait sous ses ordres un certain nombre de collaborateurs déjà pleinement initiés aux besoins de cet enseignement. Enfin, pour l'inspection, on s'en rapporte aux inspecteurs ordinaires des établissements de bienfaisance. Un de ces inspecteurs, M. Claveau, s'est dévoué à cette œuvre, et il y a acquis une compétence à laquelle je me fais un devoir de rendre hommage; mais, s'il peut y avoir de très heureuses exceptions, on avouera qu'en thèse générale l'inspection des hospices ne prépare guère à l'inspection des écoles.

Il ne faut pas seulement considérer nos quatre Écoles nationales de Paris, de Bordeaux et de Chambéry. Au-dessous de ces écoles, il y a un grand nombre d'institutions départementales ou communales dont la situation reste indécise entre des administrations différentes. Il y a encore les écoles primaires qui donnent aux petits sourds-muets un commencement d'instruction d'après la méthode de M. Grosselin. Ces dernières relèvent seules du Ministre de l'instruction publique. Elles sont sans lien avec les écoles spéciales dont elles préparent les futurs élèves. Il y a là cependant un patronage à exercer, et il appartiendrait naturellement au Ministre de l'instruction publique. Il y a là aussi une hiérarchie à instituer, des règles d'avancement à établir, tout un ensemble de programmes qui ne peut être demandé qu'aux conseils de l'enseignement. Il faudrait, en un mot, comme le demandait M. de Malleville en 1838, une organisation générale de l'instruction des sourds-muets et des aveugles, et l'éminent rapporteur ajoutait, avec une grande hauteur de vues, que cette instruction spéciale ne serait pas seule à profiter de sa réunion aux autres services de l'instruction publique : « Par une heureuse réciprocité, ces établissements serviraient à résoudre, par ce qu'ils offrent de spécial, plus d'une importante question soulevée à l'occasion des méthodes générales d'enseignement. »

Une disposition de la loi sur l'instruction obligatoire, due à l'initiative d'un député, M. Jules Philippe, étend l'application de cette loi aux déshérités de la nature, aux sourds et aux aveugles. Elle suppose, par conséquent, que leur instruction ne sera pas soumise à d'autres règles que celle des autres enfants. Sans méconnaître les conditions particulières que leur fait leur infirmité, elle veut qu'aucune barrière inutile ne les sépare du reste de la nation. Elle appelle donc un régime scolaire qui établisse la communauté de l'instruction partout où elle est possible et qui assure, du moins, là où il faut des écoles distinctes, la communauté d'une même direction supérieure [1].

Voilà le but élevé et patriotique que les pouvoirs

1. Pour assurer l'exécution de cette disposition législative, une commission a été nommée par le Ministre de l'instruction publique. La nomination de cette commission est un grand pas vers la seule solution rationnelle de la question.

publics ne doivent jamais perdre de vue. M. Denis considère le discours que j'ai prononcé en 1881 en faveur de cette réforme « comme une sorte de testament qu'un de mes anciens collègues pourrait avoir l'idée de consulter, de remettre au jour pour en réclamer l'exécution.... » Il s'est fait « un devoir de discuter la valeur d'un document auquel les hasards parlementaires peuvent donner une importance qu'il n'a pas. » Je veux bien ne pas attacher plus d'importance que mon contradicteur officiel aux efforts que j'ai faits dans ma carrière parlementaire et à ceux que je fais aujourd'hui comme écrivain dans l'intérêt de l'éducation nationale; mais j'en attache beaucoup aux idées que j'ai défendues avec les hommes les plus autorisés, et je ne compte pas seulement pour les faire triompher sur « les hasards parlementaires »; je compte sur cette « loi du bon sens » que M. Édouard Lockroy invoquait en 1879 dans une conférence au théâtre des Nations, où il plaidait éloquemment la même cause.

APPENDICE

TRAVAUX ET DISCOURS PARLEMENTAIRES

I

CONSEIL SUPÉRIEUR DE L'INSTRUCTION PUBLIQUE

I. — Loi du 27 mars 1873.

Contre-projet.

Remplacer le projet de la Commission par les dispositions suivantes :

ARTICLE Ier. — Les autorités préposées à l'enseignement public n'ont aucune juridiction sur l'enseignement libre.

La surveillance de l'enseignement libre est placée dans les attributions du Ministère de l'Intérieur.

ART. 2. — Il est créé, pour l'enseignement libre, un Conseil supérieur, des inspecteurs généraux, des conseils et des inspecteurs départementaux.

ART. 3. — Le Conseil supérieur exerce, en ce qui concerne l'enseignement libre, tous les droits attribués par les lois antérieures au Conseil supérieur de l'instruction publique. *Il est composé comme il suit* [1] :

Quatre membres élus au scrutin de liste par l'Assemblée nationale et pouvant être choisis hors de son sein ;

Deux membres du Conseil d'Etat ;

1. Les paragraphes en *italiques* sont empruntés au projet de la Commission.

Un membre de l'armée et un membre de la marine élus par l'Assemblée nationale ;

Quatre archevêques ou évêques élus par leurs collègues ;

Un délégué de l'Eglise réformée élu par les Consistoires ;

Un délégué de l'Église de la confession d'Augsbourg élu par les Consistoires ;

Un membre du Consistoire central israélite élu par ses collègues ;

Deux membres de la Cour de cassation élus par leurs collègues ;

Trois membres de l'Institut élus en assemblée générale de l'Institut ;

Un membre du conseil des arts et manufactures élu par ses collègues ;

Un membre du conseil supérieur du commerce élu par ses collègues ;

Un membre du conseil supérieur de l'agriculture élu par ses collègues ;

Les inspecteurs généraux de l'enseignement libre.

Art. 4. — *Les membres élus du conseil supérieur sont nommés pour six ans. Ils sont indéfiniment rééligibles.*

Art. 5. — *Le conseil tient deux sessions par an. En dehors de ces deux sessions ordinaires, il peut être convoqué par* un décret du Président de la République.

Il élit son président, son vice-président et ses secrétaires, au nombre de deux. Jusqu'à la constitution du bureau, le plus âgé des membres présents remplit les fonctions de président et le plus jeune celles de secrétaire.

Art. 6. — Les inspecteurs généraux de l'enseignement libre sont nommés par le Président de la République. Ils sont révocables.

Ils remplissent, pour les affaires contentieuses, les fonctions du ministère public près le conseil supérieur, et, dans ce cas, ils cessent d'y avoir voix délibérative.

Art. 7. — Les conseils départementaux exercent, en ce qui concerne l'enseignement libre, tous les droits attribués par les lois antérieures aux conseils académiques et aux conseils départementaux de l'instruction publique. *Ils sont composés dans chaque département,* y compris celui de la Seine, *ainsi qu'il suit :*

1° Le président du Conseil général, président ;

2° L'inspecteur départemental de l'enseignement libre;

3° Le préfet ;

4° L'évêque;

5° Le général commandant le département ;

6° Le procureur général de la Cour d'appel, dans les villes où siège une Cour d'appel, et, dans les autres, le procureur de la République près le tribunal de première instance du chef-lieu ;

7° Un ecclésiastique désigné par l'évêque ;

8° Un délégué de l'Eglise réformée, élu par le Consistoire auquel se rattache le chef-lieu du département ; un délégué de l'Eglise de la confession d'Augsbourg, élu par le Consistoire, dans les départements où il existe une église de cette Confession ;

9° Un délégué du Consistoire israélite dans chacun des départements où il existe un consistoire ;

10° Quatre membres du Conseil général nommés par leurs collègues;

11° Deux membres de la Cour d'appel élus par elle, ou, à défaut de la Cour d'appel, deux membres du tribunal de première instance du chef-lieu élus par ce tribunal.

Par exception et seulement au cas d'empêchement légitime, le procureur général, le préfet, l'évêque et le général pourront se faire remplacer par un délégué.

ART. 8. — *Les membres élus du conseil départemental sont nommés pour six ans et rééligibles.*

Le conseil se réunit sur la convocation de son Président.

La présence de la moitié plus un des membres est nécessaire pour la validité des délibérations.

Dans sa première réunion, le conseil désigne, parmi ses membres, un vice-président et un secrétaire, qui sont nommés pour trois ans et rééligibles.

Le secrétaire est chargé de la garde des archives du conseil.

ART. 9. — Il y a, dans chaque département, un inspecteur départemental de l'enseignement libre, nommé par le Ministre de l'Intérieur. Il peut lui être adjoint des sous-inspecteurs. L'inspecteur et les sous-inspecteurs sont révocables.

L'inspecteur remplit, pour les affaires contentieuses,

les fonctions du Ministère public près le conseil départemental, et, dans ce cas, il cesse d'y avoir voix délibérative. Il peut se faire assister et, au besoin, remplacer dans ces fonctions par un ou plusieurs sous-inspecteurs.

Art. 10. — Sont rétablis, pour l'enseignement public exclusivement, les art. 69, 70, 71, 72, 73, 74, 75, 85, 86 du décret du 17 mars 1808, portant organisation de l'Université. Toutefois, l'art. 72 ne sera applicable que dans cinq ans à partir de la promulgation de la présente loi.

Art. 11. — Le Conseil de l'Université exerce, en ce qui concerne l'enseignement public, tous les droits attribués par les lois antérieures au Conseil supérieur de l'instruction publique.

Art. 12. — Les conseils académiques exercent, en ce qui concerne l'enseignement public, tous les droits attribués par les lois antérieures aux conseils académiques et aux conseils départementaux de l'instruction publique.

Art. 13. — Les lois antérieures sont abrogées dans tout ce qu'elles ont de contraire à la présente loi.

Articles rétablis du décret du 17 mars 1808.

Art. 69. — Le conseil de l'Université sera composé de trente membres.

Art. 70. — Dix de ces membres, dont six choisis parmi les inspecteurs et quatre parmi les recteurs, seront conseillers titulaires de l'Université. Ils seront brevetés par nous (par le Président de la République).

Les conseillers ordinaires, au nombre de vingt, seront pris parmi les inspecteurs, les doyens et professeurs des facultés et les proviseurs des lycées.

Art. 71. — Tous les ans, le grand-maître fera la liste des vingt conseillers ordinaires qui doivent compléter le conseil pendant l'année.

Art. 72. — Pour être conseiller à vie, il faudra avoir au moins dix ans d'ancienneté dans le corps de l'Université, avoir été cinq ans recteur et avoir siégé en cette qualité au conseil.

Art. 73. — Un secrétaire général, choisi parmi les conseillers ordinaires et nommé par le grand-maître, rédigera les procès-verbaux des séances du conseil.

Art. 74. — Le conseil de l'Université s'assemblera au

moins deux fois par semaine et plus souvent si le grand-maître le juge nécessaire.

ART. 75. — Le conseil sera partagé pour le travail en cinq sections :

La première s'occupera de l'état et du perfectionnement des études ;

La seconde de l'administration et de la police des écoles ;

La troisième, de leur comptabilité ;

La quatrième, du contentieux ;

Et la cinquième, des affaires du sceau de l'Université.

ART. 85. — Il sera établi, au chef-lieu de chaque académie, un conseil composé de dix membres désignés par le grand-maître parmi les fonctionnaires et officiers de l'académie.

ART. 86. — Les conseils académiques seront présidés par les recteurs ; ils s'assembleront au moins deux fois par mois et plus souvent si les recteurs le jugent convenable. Les inspecteurs des études y assisteront lorsqu'ils se trouveront dans les chefs-lieux des académies.

10 janvier 1872.

Développement du contre-projet précédent.

M. Beaussire. Messieurs, après la brillante discussion que vous avez entendue, peu de mots me suffiront pour justifier l'esprit de mon contre-projet. Ce contre-projet respecte l'ordonnance générale du projet de loi de la commission pour tout ce qui concerne la surveillance et le contrôle de l'enseignement libre.

J'admets pleinement que cette surveillance et ce contrôle doivent être confiés aux représentants de la société plutôt qu'aux représentants de l'Etat. J'admets avec monseigneur l'évêque d'Orléans que ceux qui ont si longtemps revendiqué et qui ont conquis la liberté de l'enseignement en doivent être les premiers gardiens.

Je leur accorde même plus qu'ils ne demandent. Il me paraît bon que les autorités préposées à l'enseignement public, à l'enseignement universitaire, n'aient aucune action sur l'enseignement libre ; que l'enseignement libre se meuve dans sa sphère, sous la seule surveillance, sous le seul contrôle des représentants de la société et que l'Etat n'y intervienne que pour assurer le respect des lois.

Mais, pour des raisons semblables, je trouve bon aussi que les gardiens intéressés de l'enseignement libre n'aient aucune action sur l'enseignement public. Vous avez, leur dirai-je, la liberté chez vous; vous l'avez aussi large que possible. S'il faut l'étendre encore, j'y consens, j'y souscris de grand cœur. Vous n'avez pas encore la liberté de l'enseignement supérieur : nul plus que moi ne désire qu'elle vous soit donnée. Vous êtes soumis à des autorités qui vous paraissent suspectes : nul plus que moi ne désire que vous soyez dégagés de ces autorités; gardez votre liberté, étendez-la autant que vous pourrez, demandez pour elle toutes les garanties qui vous paraîtront désirables ; mais, quand vous avez une liberté pleine et entière sur votre terrain, ne venez pas réclamer la domination sur le nôtre.

Voilà, messieurs, tout mon contre-projet; il crée deux ordres d'autorités, il crée deux conseils, l'un pour l'enseignement libre, l'autre pour l'enseignement public.

L'enseignement public, messieurs, est placé en effet dans des conditions toutes particulières, qui ne permettent pas d'accepter pour lui le projet de la commission; je l'accepte pour l'enseignement libre, je ne l'accepte pas pour l'enseignement public.

Qu'est-ce que l'enseignement public? Je n'ai pas besoin de repousser la chimère de l'Etat enseignant. L'honorable M. Pascal Duprat en a fait justice hier, et je constate qu'il ne s'est trouvé personne pour la défendre; l'honorable M. Brisson, qui avait eu le tort de se servir de cette expression, s'est empressé de la retirer. Non, il n'y a pas un Etat enseignant, il n'y a pas un Etat docteur; il y a simplement, comme le disait si bien l'honorable M. Pascal Duprat, il y a un enseignement institué aux frais de l'Etat, sous la responsabilité de l'Etat.

Eh bien, messieurs, par cela seul que l'enseignement public, par cela seul que l'Université, pour lui rendre son vrai non, est instituée aux frais de l'Etat et sous la responsabilité de l'Etat, je ne saurais admettre que l'Etat abdique entre les mains des représentants de la société la haute direction qui lui appartient sur l'enseignement universitaire. Mais je n'insiste pas, messieurs, sur cette considération; j'en ai une autre plus grave et plus délicate tout ensemble.

Parmi les grandes institutions de l'Etat, l'Université est placée dans une situation toute spéciale, sur laquelle votre attention n'a pas été suffisamment appelée jusqu'ici. Les autres institutions publiques s'imposent aux citoyens; l'Université, depuis la loi de 1850, fait seulement appel à leur libre confiance; elle est placée dans les conditions de la libre concurrence. Eh bien, messieurs, puisqu'elle a les chances et les périls de la libre concurrence, je demande qu'elle en ait aussi les garanties. Elles exigent que l'Université ait des chefs à elle, qui s'inspirent de ses traditions, qui se pénètrent de son esprit, des chefs en un mot qui aient confiance en elle et en qui elle ait confiance. (Marques d'adhésion sur divers bancs.)

Eh bien, messieurs, je le demande encore, quelle est la situation de l'Université?

A sa tête est placé un ministre; je prie l'honorable ministre de l'instruction publique [1] qui sait mes sentiments pour lui, de ne voir dans ce que je vais dire rien qui lui soit personnel; à la tête de l'Université est un ministre que la politique lui donne et que la politique peut lui enlever. Ce ministre, par l'effet de la responsabilité ministérielle que vous voulez, que je veux comme vous, peut être un étranger à l'Université : cela s'est vu. Ce peut être un ennemi de l'Université : cela s'est vu. Ce peut être aussi un de ces amis maladroits qui sont plus dangereux qu'un sage ennemi, suivant le fabuliste.

Or à côté de ce ministre, dont il est permis de suspecter soit la bonne volonté, soit le zèle intelligent, que placez-vous? Un conseil qui est le fruit d'élections hétérogènes — que vous demanderez à des corps extrêmement respectables assurément, à des corps qui représentent les forces sociales, mais qui ne représentent peut-être pas des forces sympathiques à l'enseignement public, sympathiques à l'Université. — Ce conseil, vous ne savez pas quelle sera sa majorité ni quel sera son esprit. C'est l'inconnu.

L'Etat, qui a la responsabilité de l'enseignement public, s'expose ainsi à en livrer la haute direction, la haute juridiction à ses adversaires ou à ses rivaux. Est-ce que cela ne vous paraît pas énorme? Est-ce qu'il y a dans notre société une administration qui soit placée dans des conditions pareilles?

1. M. Jules Simon.

On nous a dit que le conseil devait représenter les familles, qui ont bien le droit de faire entendre leur voix quand il s'agit de l'éducation de leurs enfants.

Je comprendrais ce raisonnement, messieurs, s'il vous était possible d'obtenir une représentation fidèle des familles qui ont confiance dans l'Université et qui lui envoient leurs enfants et si vous ne risquiez pas, au contraire, de mettre à sa tête les représentants des familles qui la traitent en ennemie ou en suspecte. Mais vous ne pouvez évidemment pas choisir dans la société entre les éléments qui sont favorables à l'Université et ceux qui lui sont contraires.

Dans ces conditions, il n'y a que deux éléments dont puisse se composer le conseil supérieur de l'Université, ou du moins il ne peut y avoir que deux influences qui concourent à la formation de ce conseil : d'un côté, l'Etat, qui, je le répète, a la responsabilité de l'enseignement public, et, de l'autre, l'Université elle-même, dans les limites de son autonomie légitime.

Je ne veux pas pour l'Université une autonomie absolue. Placée sous la direction suprême de l'Etat, elle ne peut pas être entièrement maîtresse chez elle; mais du moins qu'elle ne soit pas dans d'autres mains que les siennes ou celles des représentants de l'Etat.

Je comprendrais encore, messieurs, le système de la commission pour l'enseignement public, si le conseil qu'elle institue ne devait être qu'une assemblée purement consultative, comme paraissait l'entendre l'honorable M. Vacherot; mais il n'en est pas ainsi dans le projet de loi : c'est véritablement, comme on l'a dit, un conseil de gouvernement. Il a part à l'administration de l'Université; il a en même temps la haute juridiction sur l'Université, il est consulté sur les livres, il est consulté sur les programmes, il est consulté sur la situation des fonctionnaires. Un tel conseil comme tribunal suprême de l'Université, comme pouvoir législatif suprême de l'Université, ne peut pas être remis entre des mains douteuses.

Ce qu'il faut à l'Université, c'est le rétablissement de son ancien conseil, le conseil que lui avait donné le décret qui l'a instituée, le conseil qui, jusqu'à la loi de 1850, a été sa force et son honneur. Je reconnais que l'Université, jusqu'à la loi de 1850, avait une grande tache, la tache du monopole. Je suis heureux, pour elle, que cette tache lui ait été enlevée; mais je n'admets pas, je n'admettrai jamais que l'Université, avant la loi de 1850, ait jamais été un instrument de despotisme.

Ah! sans doute son fondateur le voulait; il se faisait cette illusion qu'on peut tenir dans ses mains les intelligences, comme on peut tenir les corps. Mais si, dans la dernière période de sa dictature guerrière, il a jeté les yeux sur sa fille, l'Université, il a dû bien vite s'apercevoir qu'elle lui échappait tout entière. L'Université, j'ai le droit de le dire, malgré la tache du monopole, a été dans sa brillante période, celle qui remplit la première moitié de ce siècle, la plus libre et la plus libérale institution qu'il y ait eu dans le monde. (*Mouvements divers.*)

Eh bien, messieurs, qu'allez-vous faire? ou plutôt qu'a-t-on fait depuis 1850? L'honorable M. Vacherot, avec la générosité que nous lui connaissons, a pu oublier qu'il avait été une des victimes de ce détestable régime; mais nous, nous ne l'oublions pas. La loi de 1850 a le mérite très grand, à mes yeux, d'avoir donné à la France la liberté de l'enseignement. Elle a un autre mérite, auquel je n'attache pas moins de prix : elle a respecté en partie l'autonomie universitaire, en laissant à l'Université, sous le nom de section permanente, quelque chose de son ancien conseil; son tort ineffaçable est d'y avoir introduit la confusion dont je me plains entre les autorités préposées à l'enseignement libre et les autorités préposées à l'enseignement public. Ce tort a été aggravé par la législation de l'Empire. La législation de l'Empire a respecté la confusion qui avait été introduite dans nos lois par le régime de 1850; elle a de plus fait disparaître les derniers vestiges de l'autonomie universitaire.

Eh bien, qu'est-il arrivé? Le second Empire pas plus que le premier, pas plus que la Restauration, n'a mis la main sur l'Université. L'Université ne s'est jamais prêtée à aucun despotisme, à aucune réaction.

Seulement le découragement s'est mis dans ses rangs. Quelques-uns des hommes qui pouvaient le plus utilement, le plus honorablement la servir, l'ont abandonnée. Elle a eu, chaque année, de nouvelles pertes à déplorer, et ceux qui sont restés, croyez-vous, messieurs, que sous ce régime, ils aient pu apporter à leurs fonctions le même zèle que leurs prédécesseurs, sous le régime de liberté qui avait subsisté jusqu'en 1850 ? Je dis le régime de liberté, car, si l'Université avait le malheur d'être un monopole, ce monopole était régi dans les conditions de la liberté la plus grande, du plus grand respect des opinions.

Eh bien! messieurs, les membres de l'Université, livrés à des mains hostiles, exposés tous les jours à voir détruire les règles qui assuraient pour eux les bonnes études, à voir tout innover dans leurs programmes, exposés à voir disparaître toutes leurs traditions, se sentaient mal à l'aise pour l'accomplissement de leurs devoirs et il leur a fallu, croyez-le bien, une très grande force d'âme et un très grand dévouement pour qu'ils ne se soient pas sentis entièrement paralysés.

Mais, n'en doutez pas, si les études se sont affaiblies, si nous portons le mal d'une instruction et d'une éducation sans nerf et sans vigueur, la faute en est au coup dont l'Université a été frappée il y a vingt-trois ans.

Pour rappeler un point qui personnellement m'est plus cher que les autres, vous connaissez tous l'appel qu'adressait il y a quelques années aux pères de famille, sous le nom de « cri d'alarme », notre éminent collègue monseigneur l'évêque d'Orléans. Il se plaignait de l'envahissement d'une philosophie matérialiste et athée et contre cette philosophie il faisait appel non seulement à ses confrères du clergé catholique, non seulement à ceux qu'il considère comme des frères égarés, aux ministres des autres cultes, mais aux philosophes spiritualistes. Eh bien, pourquoi la philosophie spiritualiste n'avait-elle plus conservé son empire sur les âmes? C'est parce que toute philosophie avait été tenue en suspicion dans le nouveau régime sous lequel avait été placé l'enseignement public.

Et ne croyez pas que pour restaurer cette philosophie il suffirait de livrer l'enseignement philosophique à la discrétion des évêques : non, messieurs; ce dont il a besoin, c'est de la liberté dont il a joui jusqu'à cette date fatale de 1850.

Si vous voulez, messieurs, porter remède à de pareils maux, si vous voulez sauver l'intelligence française, la culture française, l'éducation française, rentrez dans les vrais principes : d'un côté la liberté d'enseignement aussi large que possible; d'un autre côté, un enseignement public en possession de toute l'autonomie que comporte la responsabilité de l'Etat.

En terminant, je ne veux vous soumettre qu'une seule réflexion. L'honorable duc de Broglie qualifiait admirablement l'autre jour la loi de 1850 en disant qu'elle avait été « une loi de réaction et de transaction » : de réaction, c'est son vice ; de transaction, c'est son honneur.

Eh bien, messieurs, craignez qu'on ne dise de votre loi, en la comparant à la loi de 1850, que la transaction a disparu et que la réaction seule est restée. (Aux voix ! aux voix !)

M. Langlois et *plusieurs membres à gauche.* (Très bien ! très bien !)

11 janvier 1873.

Paragraphe additionnel à l'article 11

Révocation et interdiction de l'enseignement.

Toutefois il ne peut prononcer définitivement l'interdiction de l'enseignement libre que si sa décision est prise à l'unanimité des suffrages.

16 janvier 1873.

Développement de cet amendement.

M. Beaussire. Messieurs, le paragraphe auquel je propose une addition donne au conseil un droit énorme : celui de prononcer la révocation des membres de l'enseignement public et d'y ajouter l'interdiction de l'enseignement libre, c'est-à-dire la perte absolue de leur carrière.

J'accepte le droit de révocation, quoique la composition du conseil ne m'offre pas une entière confiance. (Murmures à droite. — Approbation sur quelques bancs à gauche.) Mais ce que je ne saurais accepter, c'est l'interdiction de l'enseignement libre, prononcée à la simple majorité des voix. (Approbation sur les mêmes bancs à gauche.)

La révocation, messieurs, c'est le droit de l'État, c'est

le droit de la société vis-à-vis des professeurs qui compromettent par leurs doctrines, par leur enseignement, une institution publique. L'enseignement libre leur offre le refuge des doctrines qui n'ont encore pour elles que la minorité; c'est ce refuge que dernièrement, dans un très beau langage, invoquait M. le Ministre de l'Instruction publique, lorsqu'il disait : « Quand j'étais professeur, si l'évolution de ma pensée m'avait conduit à des doctrines qui n'auraient pas pu être professées dans une chaire publique, j'aurais donné ma démission, et j'aurais cherché un refuge dans l'enseignement libre! »

Eh bien, messieurs, si vous adoptez sans modification l'article qui vous est proposé et qui n'est, du reste, je le reconnais, que le maintien de la législation de 1850, vous permettrez à la majorité de la société, représentée ou censée représentée par le Conseil supérieur, de bannir absolument de toute sorte d'enseignement les doctrines qui lui déplaisent. J'ai le droit de le dire, messieurs, c'est un droit énorme, c'est un droit exorbitant, c'est le droit pour la majorité d'étouffer la liberté de la pensée humaine, lorsque cette pensée n'a pour elle qu'une minorité. (Très bien, très bien! sur plusieurs bancs. — Réclamations à droite.)

Ne croyez pas, messieurs, que je me forge des chimères; il y a un fait abominable, qui s'est passé en 1851, lors de la première application de la loi de 1850.

Un professeur de philosophie éminent, un de mes anciens maîtres, un des amis particuliers de M. le Ministre de l'Instruction publique, M. Amédée Jacques, fut traduit devant le Conseil supérieur de l'Instruction publique pour un écrit où il avait professé les doctrines spiritualistes les plus pures, mais auquel il avait eu le tort de donner pour préface quelques pages trop peu mesurées de polémique religieuse.

Il fut condamné à la révocation, il fut condamné à la radiation des cadres de l'Université. C'était le droit du Conseil. La condamnation me paraît, à mon point de vue, excessive; elle se comprenait toutefois, elle pouvait se justifier; mais le Conseil y ajouta l'interdiction de l'enseignement libre; il brisa la carrière de ce professeur, agrégé de l'Université, ayant conquis tous ses titres par son savoir, par son talent, par son caractère, et il le réduisit, savez-vous à quoi? Il le réduisit à chercher une nouvelle carrière dans une république hospitalière de l'Amérique du Sud, à la Plata. (Exclamations sur quelques bancs à droite.)

Voix à gauche. Ah! cela vous fait rire!

Un membre à droite. Il aurait dû se rendre en Icarie!

M. Beaussire. Voilà un exemple de carrière brisée par une décision que j'ai le droit d'appeler inique, et vous penserez assurément, messieurs, qu'un tel fait justifie suffisamment mon amendement.

M. Langlois. Il est mort à la Plata!

M. Beaussire. Oui, il y est mort!

M. Beaussire. Je ne porte aucune atteinte à l'équilibre de la loi de 1850. Mais il y a, messieurs, une chose qui doit vous frapper : pour que l'interdiction de l'enseignement libre soit prononcée, il faut une cause d'indignité évidente, manifeste.

Voix à droite. Eh bien ?

M. Beaussire. Eh bien, est-ce que dans ce conseil, tel que vous le composez, il se trouverait un homme pour refuser, dans un cas pareil, cette interdiction ? Du moment où vous n'avez pas l'unanimité, c'est qu'il y a doute... (C'est évident! à gauche), c'est qu'il y a le droit d'une minorité respectable (Très bien! très bien! à gauche); ce droit, vous devez le maintenir, et nous devons, nous, le revendiquer. (Nouvelles marques d'approbation à gauche. Dénégations à droite.)

M. le Président. Je consulte l'Assemblée sur le paragraphe additionnel proposé par M. Beaussire.

(Le vote a lieu par mains levées.)

M. le Président. Après avoir pris l'avis du bureau, l'amendement n'est pas adopté. (Mouvement.)

. . . .

M. Langlois. Nous proposons un autre amendement.

M. Beaussire. Je propose de substituer aux mots : à l'unanimité, ces mots : aux deux tiers des suffrages. La commission accepte cette proposition. (Exclamations sur plusieurs bancs à droite. Approbation à gauche.)

M. le Président. M. Beaussire propose une autre disposition, ainsi conçue :

« Toutefois il ne peut prononcer définitivement l'interdiction de l'enseignement libre que si sa décision est prise aux deux tiers des suffrages. »

La commission accepte cet article additionnel.

II. — Loi du 27 février 1880.

Amendement.

Représentation des Facultés de théologie et des Écoles militaire et navale.

Art. 1er. — Ajouter :

1° *Après le délégué du Muséum,*

Un professeur des Facultés de théologie catholique élu par les professeurs titulaires, chargés de cours et suppléants pourvus du grade de docteur;

Un professeur des Facultés de théologie protestante élu dans les mêmes conditions;

2° *Après le délégué de l'École polytechnique,*

Un délégué de l'École spéciale militaire élu par les examinateurs, le directeur des études et les professeurs, et choisi parmi eux;

Un délégué de l'École navale élu par les examinateurs et les professeurs, et choisi parmi eux.

7 juillet 1879.

Développement de cet amendement.

M. Emile Beaussire. Mon amendement a pour but de combler deux lacunes du projet de loi.

Le principe du projet, c'est la représentation de tous les ordres d'enseignement, d'abord de tous les enseignements universitaires, et en second lieu de tous les enseignements qui, sans appartenir à l'Université, sont intéressés à la bonne direction de ses études et peuvent l'éclairer de leurs lumières.

Eh bien, messieurs, parmi les enseignements universitaires, le projet de la commission, contrairement au texte du projet ministériel, exclut tout un ordre de facultés, les facultés de théologie, et en second lieu, parmi les enseignements extra-universitaires, il exclut deux écoles auxquelles l'Université prépare directement et dont elle ne peut se dispenser de connaître les programmes. Ces deux écoles sont : l'École spéciale militaire et l'École navale.

M. de Gasté. Très bien!

M. Emile Beaussire. Je vous demanderai la permission, messieurs, d'intervertir l'ordre de mon amendement et de vous parler d'abord de ces deux dernières écoles, parce que je crois que sur ce point ma tâche sera plus facile.

Vous savez, messieurs, que l'une des classes supérieures de l'enseignement secondaire, la classe de mathématiques élémentaires, a pour objet principal de préparer aux grandes écoles scientifiques, sauf l'École polytechnique, à laquelle on se prépare par la classe de mathématiques dites spéciales.

Dans cet ordre d'études, la préparation à l'école de Saint-Cyr est assurément la plus importante à tous les égards; dans tous les temps, il y a eu au sujet de cette préparation, entre le ministère de l'Instruction publique et le ministère de la guerre, certaines difficultés qui se sont aplanies depuis qu'un délégué du Ministre de la guerre a sa place dans le Conseil supérieur de l'instruction publique. Il en est de même, quoique avec moins d'importance, je le reconnais, pour la préparation à l'*École navale*. L'École navale reçoit moins d'élèves que l'École de Saint-Cyr, e elle leur demande des connaissances moins étendues; mais, comme elle reçoit de plus jeunes élèves, elle exige une préparation particulière, qui ne cadre pas très aisément avec le programme général de l'enseignement secondaire.

M. de Gasté. Très bien! très bien!

M. Emile Beaussire. Pour tout concilier, il faut une entente entre ces différents intérêts, et cette entente ne peut s'établir que par la présence au sein du conseil supérieur d'un représentant du Ministre de la marine. Dans le système du Conseil supérieur de 1873, qui se composait non seulement de membres de l'enseignement, mais de représentants des intérêts sociaux, les délégués des deux ministères de la guerre et de la marine étaient, d'un côté un général, et de l'autre un amiral. Ce système, vous n'en voulez plus, et, quant à moi, j'accepte le projet du gouvernement et le projet de la commission; j'accepte un conseil supérieur composé à peu près exclusivement de membres de l'enseignement; mais alors je crois utile, indispensable de substituer au général et à l'amiral qui se trouvaient dans l'ancien conseil un professeur ou un examinateur de l'École spéciale militaire, un professeur ou un examinateur de l'Ecole navale. De cette façon, vous aurez des hommes compétents, spéciaux, qui représenteront excellemment des ordres d'enseignement dont on ne saurait nier les rapports étroits avec l'enseignement universitaire.

La commission a fait une objection. D'après le rapport, ces écoles sont des écoles professionnelles qui ne sauraient prétendre à une haute valeur scientifique. Mais, messieurs, ce n'est pas seulement la science que vous représentez dans le Conseil supérieur. C'est aussi l'intérêt pédagogique, l'intérêt des études elles-mêmes. Puisque l'Université prépare directement par ses programmes à l'École spéciale militaire et à l'École navale, il me semble qu'elle est intéressée à avoir dans son conseil des représentants de ces deux écoles, qui viennent faire connaître leurs désirs, leurs besoins et qui indiquent les réformes qu'il faudrait établir au point de vue de leurs programmes d'enseignement.

On me dira peut-être que ces questions peuvent être traitées entre le Ministre de l'instruction publique et les Ministres de la marine et de la guerre, ses deux collègues.

Vous n'ignorez pas, messieurs, que les questions de ce genre ne se traitent jamais entre les Ministres eux-mêmes, mais entre les bureaux des ministères, et, quand il s'agit de leurs attributions respectives, vous savez à quel point les bureaux sont intraitables. Il n'y a qu'un moyen de prévenir les conflits : c'est le moyen qui a si bien réussi depuis six ans, c'est d'admettre autour de la table d'un même conseil ceux qui représentent le mieux les intérêts divers qu'il s'agit de concilier, et soyez sûrs que la conciliation se fera alors sans effort.

Je n'insiste pas sur ce point. Je suis convaincu que j'aurai pour moi M. le Ministre de l'instruction publique, qui a bien voulu, au sein de la commission, se faire, en faveur des idées que je soutiens, l'interprète et le défenseur de ses deux collègues, les Ministres de la guerre et de la marine.

M. de Gasté. Très bien !

M. Emile Beaussire. J'arrive maintenant à la première partie de mon amendement, aux facultés de théologie. Ici, messieurs, l'intérêt est beaucoup plus direct. L'Ecole spéciale militaire et l'Ecole navale sont des écoles extra-universitaires : les facultés de théologie font partie de l'Université; elles ont les mêmes droits que les autres facultés; elles sont soumises aux mêmes règles et à la même juridiction. Je ne comprendrais donc pas, alors que les autres facultés sont représentées dans le conseil, que les facultés de théologie en fussent exclues. L'honorable rapporteur objecte que les facultés de théologie ne figuraient pas dans l'ancien conseil. Mais il y avait à cela deux raisons bien simples : d'abord l'ancien conseil ne représentait pas tous les enseignements universitaires, comme le nouveau conseil que nous allons instituer.

Une autre raison, c'est que ce conseil, tel qu'il avait été composé par l'Assemblée nationale de 1871, faisait représenter l'enseignement théologique non pas par les professeurs de théologie, dont on se défiait peut-être, parce que ce sont des membres de l'Université, mais par les évêques d'un côté, et par les consistoires de l'autre.

Vous avez renoncé à ce système; désormais, à part les deux députés et les deux sénateurs, vous ne voulez plus dans le conseil que des professeurs.

Eh bien, messieurs, au lieu des évêques et des membres des consistoires, vous deviez garder les professeurs de théologie. Et, comme je le disais tout à l'heure, M. le ministre de l'instruction publique dans son projet avait fait très nettement la part des facultés de théologie.

Dans un article de la *Revue des Deux-Mondes* auquel il a été fait souvent allusion dans la discussion de la loi sur l'enseignement supérieur, on lui a reproché d'avoir exclu les facultés de théologie. M. le Ministre de l'instruction publique n'avait nullement mérité ce reproche, au moins par sa rédaction.

M. Paul Bert. Il n'en avait pas fait mention.

M. Emile Beaussire. Voici le texte du projet ministériel :

« 7° Cinq professeurs des facultés de l'Etat et des écoles supérieures de pharmacie, élus au scrutin de liste à raison d'un pour chaque ordre d'enseignement par l'ensemble des professeurs, chargés de cours, agrégés et maîtres de conférences pourvus du grade de docteur. »

Vous le voyez, messieurs, aucune faculté n'était nommée, mais aucune n'était exclue. Il y avait cinq professeurs qui devaient faire partie du conseil. Il y a en effet cinq ordres de facultés : théologie, médecine, droit, sciences et lettres.

M. Paul Bert. Et les écoles supérieures?

Les professeurs de théologie auraient donc été électeurs et éligibles; aucune exclusion n'était formulée. Y en avait-il une dans l'intention de M. le ministre? Je l'ignore; mais à coup sûr, une fois le texte adopté, les professeurs de théologie auraient été, comme je le disais tout à l'heure, électeurs et éligibles. J'ajoute que les facultés de théologie ont toujours été représentées dans les conseils académiques et qu'elles le sont également dans le projet de M. le Ministre de l'instruction publique.

Voici encore le texte :

«... 3° des doyens des facultés... » — c'est-à-dire toutes les facultés — « directeurs des écoles supérieures, etc. »

Ainsi, pour ce qui est des précédents, ils n'ont rien de contraire à la thèse que je soutiens. Les facultés de théologie doivent être conservées dans la représentation de tous les ordres d'enseignements universitaires.

Toutefois le rapport m'oppose une raison de fond, et cette raison, messieurs, je la recommande à toute votre attention; car si elle prévalait devant vous, vous consacreriez un abandon extrêmement regrettable des droits de l'Etat vis-à-vis des Eglises.

La commission nous dit qu'elle a considéré que l'Etat, n'exerçant aucun contrôle sur le programme de l'enseignement des facultés de théologie, il serait peu logique d'admettre leurs délégués à contrôler les programmes suivis dans les autres ordres d'enseignement. Comment! l'Etat n'exerce aucun contrôle sur le programme de l'enseignement théologique !

Messieurs, s'il en était ainsi en fait, ce serait de la part de l'Etat une désertion coupable. Mais je suis convaincu qu'il n'en est pas ainsi, et en droit la thèse du rapport n'est pas soutenable.

Depuis la constitution de l'Université, l'Etat a toujours revendiqué son droit de contrôle sur l'enseignement théologique, et ce droit, il est plus précieux, il est plus important que pour les autres ordres d'enseignement.

En effet, quand il s'agit des lettres et des sciences, le professeur une fois nommé, nommé avec toutes les garanties qu'exigent les règlements universitaires, M. le Ministre de l'instruction publique peut s'en rapporter à lui : il peut incliner à droite ou à gauche; pourquoi? parce que le professeur de lettres et le professeur de sciences représentent l'intérêt le plus précieux en matière d'enseignement supérieur : la libre science, la libre recherche, le libre examen.

Mais en est-il de même du professeur de théologie?

Non, il ne représente pas sa pensée personnelle; il représente la foi de son Eglise, il représente une autorité infiniment respectable assurément, mais assurément aussi une autorité rivale et distincte de celle de l'Etat.

Eh bien, en face de cette autorité à laquelle je ne conteste pas son droit de contrôle sur l'enseignement théologique, il faut qu'il y ait le droit de contrôle de l'Etat, non pas pour que l'Etat fasse de la théologie, il n'a pas à en faire, mais pour que l'Etat défende ce que vous défendiez l'autre jour, messieurs, et ce que personne ne conteste en principe : les maximes de l'Etat, la politique nécessaire de l'Etat. Je n'entends pas par là la politique variable de tous les jours, mais la politique permanente, à laquelle aucun Etat civilisé ne doit renoncer.

Il faut aussi que l'Etat défende dans l'enseignement théologique certains principes de morale auxquels cet enseignement donne une place nécessaire.

Dans la discussion, il a été beaucoup question de la morale théologique. Je n'examine pas si les accusations qui ont été portées contre cette morale sont fondées ou non; je n'en ai pas besoin pour ma thèse. Mais personne ne niera qu'il y a là un intérêt d'Etat, auquel l'Etat ne peut rester étranger.

Et voulez-vous savoir, messieurs, comment, à une autre époque, un des ministres qui ont le plus honoré l'Université, M. de Salvandy, s'exprimait sur les droits de l'Etat en matière d'enseignement théologique, dans une circulaire du 23 octobre 1838, qui avait pour but de rassurer les évêques, circulaire remplie de témoignages de déférence à l'égard de l'autorité religieuse.

M. de Salvandy s'exprimait ainsi : « En ce qui touche la connaissance à donner chaque année à l'ordinaire des objets de l'enseignement et du nom des auteurs que les élèves devront étudier, il ne peut y avoir aucune difficulté. Les professeurs, avant de commencer l'année scolaire, feront cette communication à l'évêque du diocèse... » Puis M. de Salvandy ajoutait : «... en même temps qu'ils soumettront leurs programmes aux recteurs de l'académie conformément aux règlements universitaires. »

Mais il ne s'agit pas seulement de programmes, il s'agit

de toute la constitution de l'enseignement théologique; et vous allez voir que, pour toute cette constitution, l'avis du Ministre et, par conséquent, de son conseil, est nécessaire.

Parmi les attributions du Conseil, vous placez l'avis à donner sur la création et sur la transformation des chaires. Or il y a dans les facultés de théologie des chaires à créer et à transformer; c'est ainsi que dernièrement M. le Ministre de l'instruction publique a transformé deux chaires de la faculté de théologie protestante de Paris, et, au nom des droits universitaires, au nom des règlements universitaires, il a pourvu directement à la nomination des professeurs à ces nouvelles chaires.

On a contesté le droit de M. le Ministre de l'instruction publique; on lui a dit : Vous deviez consulter le consistaire. Et M. le Ministre, je ne l'en blâme pas, invoquant les règles et les principes de l'Université, a répondu : Ce sont des chaires nouvelles; je pouvais y pourvoir sans l'avis des consistoires. Vous vous rappelez, messieurs, l'objection qui a été faite à M. le Ministre de l'instruction publique dans une lettre écrite par le président du consistoire de Paris : la preuve que les règlements universitaires ne sont pas applicables, c'est que les facultés de théologie ne sont pas représentées dans le Conseil supérieur! De sorte que, si vous supprimez cette représentation, ou vous consacrerez l'arbitraire ministériel pur et simple, et je suis sûr que M. le Ministre n'en veut pas, ou vous consacrerez l'abandon des droits du chef de l'Université, ce dont il ne veut pas davantage.

Enfin il y a des questions de discipline. Les professeurs de théologie sont assurément, au point de vue des dogmes, justiciables de leur Eglise; mais, au point de vue de leur enseignement, de l'observation des règles auxquelles ils sont soumis, ils sont justiciables des conseils de l'enseignement. Comme tous les autres membres de l'Université ils sont déférés aux conseils académiques d'abord et en second lieu au Conseil supérieur de l'instruction publique s'ils interjettent appel.

Eh bien, messieurs, s'ils subissent la juridiction du Conseil supérieur, pourquoi n'y seraient-ils pas représentés, comme les autres professeurs de facultés?

Il y a une objection qui n'est pas dans le rapport, mais qui est peut-être dans vos esprits et à laquelle je veux répondre.

On nous dit : Le Conseil supérieur de l'instruction publique doit être purement laïque, nous n'y voulons pas d'ecclésiastiques et pas plus de professeurs de théologie que d'évêques et d'archevêques.

Messieurs, je comprends le sentiment qui vous anime; mais il faut vous placer au point de vue de l'état actuel de notre société française, telle que l'ont constituée nos lois depuis la Révolution

Si nous étions sous le régime de la séparation de l'Eglise et de l'Etat, oh alors, vous auriez raison, vous pourriez dire : Plus de facultés de théologie, et par conséquent plus de représentation de ces facultés dans le conseil! Mais nous n'en sommes pas là; nous vivons sous le régime d'un concordat, qui unit dans une certaine mesure l'Eglise et l'Etat. Ce concordat, qui a consacré les droits de la société laïque, a voulu cependant qu'il y eût, dans cette société laïque, sous l'autorité de cette société laïque, des Eglises salariées par l'Etat et un enseignement théologique institué par l'Etat.

Cet enseignement, sous le régime du concordat, est la garantie des droits de la société laïque. En effet, d'après le concordat, le gouvernement est appelé à nommer lui-même les membres du haut clergé.

Eh bien, pensez-vous que le Ministre des cultes doive nommer soit un archevêque ou un évêque, soit un pasteur protestant de son chef et sans consulter personne? Croyez-vous, d'un autre côté, qu'il doive s'incliner purement et simplement devant la présentation des corps ecclésiastiques? Non, messieurs. M. le Ministre des cultes s'informe; or il y a un genre d'informations que la loi lui prescrit et qui est une garantie très précieuse et plus sûre que de simples conseils. Nos lois ont voulu que nul, dans l'Eglise catholique, ne fût appelé soit aux fonctions d'archevêque ou d'évêque, soit à celles de curé d'une cure de première classe, sans être pourvu de grades en théologie, de grades conférés par des facultés de théologie sous le contrôle de l'Etat, de l'Université. Nos lois ont voulu de même que nul ne fût pourvu des fonctions pastorales dans les Eglises protestantes sans être pourvu également de grades.

Dans les Eglises protestantes, on se soumet à la règle; dans les Eglises protestantes, nul n'est nommé aux fonctions sacerdotales sans être pourvu de grades en théologie. Dans les Eglises catholiques, il n'en est pas ainsi. Et pourquoi? C'est parce que l'Etat jusqu'à présent n'a pas tenu la main à l'exécution des lois et ordonnances.

M. Paul Bert. Il n'a pas pu!

M. Beaussire. Eh bien, si vous acceptez la théorie de la commission, cette théorie d'après laquelle l'Etat n'aura aucun contrôle sur le programme des facultés de théologie, vous accepterez ainsi l'abandon des droits de l'Etat, en ce qui concerne les garanties qu'il a le droit d'exiger des membres du clergé catholique.

Et voulez-vous savoir encore, messieurs, comment s'exprimait, dans la même circulaire, le ministre dont j'invoquais tout à l'heure le témoignage, M. de Salvandy? Voici ce qu'il disait :

« L'obligation de prendre des grades en théologie pour être apte à remplir certaines fonctions ecclésiastiques est depuis longtemps reconnue dans l'Eglise; et jamais le droit de conférer les grades n'a cessé d'appartenir exclusivement aux facultés chargées de l'enseignement théologique. Les membres de ces facultés peuvent seuls prendre une part légale et régulière à cette collation des grades, et le président doit d'autant plus avoir la qualité de professeur qu'en cas de partage sa voix est prépondérante. »

Voilà les règles, règles d'autant plus précieuses à la société laïque que les facultés de théologie, au moins dans l'Eglise catholique, n'ayant pas reçu d'institution canonique, relèvent principalement de l'Etat, sans éveiller dans l'Eglise aucun sentiment d'hostilité.

On a fait enfin, non pas dans le rapport, je le répète, mais au dehors, dans des conversations particulières et dans les délibérations de la commission, une autre objection. On a dit : Mais les professeurs des facultés de théologie appartiennent si peu à l'Etat, qu'ils sont nommés sur la présentation des évêques.

D'abord cela n'est pas vrai, quand il s'agit de chaires nouvelles. Puis, même pour les chaires anciennes, la présentation des évêques ne lie pas le Ministre de l'instruction publique. Dans les lois antérieures, qui n'ont jamais été abrogées, les nominations aux chaires des facultés de théologie sont faites au concours, et les évêques peuvent seulement présenter des candidats pour les concours. Bien plus, depuis le décret de 1854, les évêques présentent aux chaires des facultés de théologie catholique, dans les mêmes conditions que les facultés elles-mêmes présentent pour les autres ordres d'enseignement, et le ministre est libre de choisir le dernier sur la liste de présentation ; il peut même choisir en dehors de cette liste. (Bruit. — Aux voix ! Aux voix !...)

Je vous demande pardon si je me suis étendu un peu longuement sur ce point ; mais la question en vaut la peine.

M. Marcel Barthe et *d'autres membres*. Oui ! Oui ! Parlez ! parlez !

M. Beaussire. Elle a une gravité exceptionnelle.

Je termine en disant que de votre décision sur cette question dépendra une chose bien importante au point de vue des rapports de l'Eglise et de la société civile : c'est la consécration ou l'abandon des droits de l'Etat sur l'enseignement théologique dans les différentes Eglises reconnues et salariées par lui. (Dénégation sur plusieurs bancs à gauche.)

17 juillet 1879.

II

LIBERTÉ DE L'ENSEIGNEMENT SUPÉRIEUR

I. — Loi du 12 juillet 1875.

Discussion générale.

M. Beaussire. Messieurs, pas plus que mon honorable collègue de l'Université et mon ami Paul Bert, je ne viens contester le principe de la liberté de l'enseignement supérieur.

J'appelle de tous mes vœux cette liberté féconde ; je l'appelle dans l'intérêt de la société française, qui doit être, sous toutes les formes, une société foncièrement libérale; je l'appelle dans l'intérêt de l'Université elle-même.

Comme le disait très bien tout à l'heure l'honorable rapporteur de la commission, la liberté de l'enseignement sera pour l'Université un stimulant utile, et c'est d'elle principalement que nous devons attendre les réformes qu'appelle le misérable état de notre enseignement supérieur public.

Sur ce dernier point, messieurs, je n'ai rien à ajouter à ce qui a été si bien dit par les deux précédents orateurs. J'ai cependant une réserve à faire.........

Quand M. Paul Bert et M. Laboulaye ont parlé du matériel de nos établissements publics d'enseignement supérieur, ils n'ont eu que trop raison; mais, à mon sens, ils ont exagéré quand ils ont paru, contrairement à leurs intentions, je n'en doute pas, attaquer le corps enseignant lui-même.........

L'honorable M. Paul Bert a parlé d'un enseignement uniforme donné sur tous les points du territoire, sous le contrôle et la direction d'un gouvernement jaloux.

L'honorable M. Laboulaye a parlé d'un enseignement incolore.

Dans ce double reproche, messieurs, il y a une exagération manifeste; il n'est que trop vrai qu'en France, de même que dans la plupart des autres pays de l'Europe, l'enseignement supérieur est de par les lois... (Bruit de conversations.)

M. Cochery et *d'autres membres à gauche.* Attendez le silence, ou demandez le renvoi à demain.

M. Emile Beaussire. Messieurs, je remplis un devoir ingrat en venant à cette heure et au milieu des dispositions peu bienveillantes de l'Assemblée.

M. Challemel-Lacour. Très bien! vous avez raison de vous en plaindre.

Voix à droite. C'est à gauche que l'on ne vous écoute pas.

M. Emile Beaussire. Je n'accuse aucun côté de l'Assemblée, je dis que, lorsque, dans une question d'enseignement supérieur, un membre de l'enseignement croit devoir apporter le fruit de son expérience, lorsqu'il vient défendre un corps sur lequel règnent, d'un côté ou de l'autre de l'Assemblée, des préjugés regrettables, je dis qu'il est peu bienveillant de ne pas lui accorder l'attention que nous devrions toujours mutuellement nous prêter.

De tous les côtés. Parlez! Parlez!

A gauche. Il faut écouter alors!

M. Emile Beaussire. Je reconnais qu'en France, messieurs, et dans la plupart des pays de l'Europe, l'enseignement supérieur public est placé, de par les lois, dans un trop grand état de dépendance; je reconnais que la parole du professeur, que sa carrière même peuvent, de par les lois, être à la merci du caprice d'un ministre; je reconnais que, sous tous les régimes, il y a eu des actes odieux de persécution qui ont frappé les savants les plus dignes et les plus respectables. Mais en fait, messieurs, il y a une puissance contre laquelle se brisent les exigences des gouvernements les plus despotiques et des réactions les plus aveugles : c'est l'indépendance que les lettres et les sciences donnent partout à ceux qui les professent. (C'est vrai. — Très bien!)

En fait, il n'y a dans notre pays, je puis dire qu'il n'y a dans aucun pays, aucun corps qui soit plus indépendant, plus soucieux de sa dignité personnelle que le corps enseignant.

Plusieurs voix. C'est vrai !

D'autres voix. Et les autres corps ?

M. Emile Beaussire. Aussi, malgré les textes que nous a cités M. Paul Bert et qui prescrivent au corps enseignant l'uniformité de ce qu'on appelle les bonnes doctrines, il règne dans nôtre enseignement supérieur public la plus grande variété. Ce que M. Paul Bert appelait de ses vœux, et ce que j'appelle aussi des miens, la diversité des enseignements et des doctrines dans une même enceinte, cette diversité existe, dans des proportions trop restreintes, je le reconnais, parce que le personnel de nos professeurs est lui-même trop restreint ; mais nous savons tous que soit dans nos écoles de droit, soit dans nos écoles de médecine, soit dans nos facultés des sciences et des lettres, il y a des professeurs appartenant à toutes les opinions, pratiquant toutes les méthodes, professant toutes les doctrines qui ne sont pas interdites par les lois ou par les mœurs publiques, et le faisant avec une parfaite et consciencieuse liberté.

Il y a aussi un autre reproche qui a été fait à notre enseignement supérieur public : c'est que cet enseignement, en province du moins, n'a pas d'auditeurs, se fait dans le vide, ou que, s'il a un auditoire, il n'a que celui que lui envoient les pensions de demoiselles. (Rumeurs.)

Messieurs, j'ai professé pendant plus de dix ans dans une de nos facultés des lettres ; cette faculté est assurément une des moins vivantes au point de vue du nombre moyen des auditeurs, et cependant il s'y est toujours fait, devant des auditeurs attentifs et sérieux, des cours qui étaient autre chose qu'un amusement de gens du monde, des cours où l'on pouvait puiser une instruction véritablement scientifique.

Il y a lieu d'améliorer dans de très larges proportions ; mais ne disons pas, parce que cela est injuste, que tout est à faire. Les améliorations se produiront de deux façons : par l'initiative intelligente du gouvernement et du pouvoir parlementaire, et aussi par l'effet de cette libre concurrence que le projet de loi a pour objet d'instituer.

J'accepte donc, comme les précédents orateurs, le principe du projet de loi; j'accepte toutes les dispositions qui ont pour objet de faciliter l'ouverture de conférences libres, de cours libres, de facultés libres, d'universités libres ; je ne crains rien de la liberté réglée par la loi.

J'ai cependant, sur plusieurs dispositions du projet de loi, d'importantes réserves à faire, et je vous demande la permission de vous les exposer brièvement.

Le projet de loi — et il a raison — accorde la liberté, non seulement aux particuliers, mais aux associations, aux corporations et, pour employer le mot consacré, aux congrégations. J'y souscris absolument. Seulement je crois que le projet dépasse la mesure quand il croit devoir toucher, à propos des associations formées dans un but d'enseignement supérieur, à notre législation générale sur les associations et sur les personnes morales ; je crois que le droit commun suffit. Je désirerais pour ma part que la liberté d'association reçût des garanties nouvelles ; mais cela doit se faire d'ensemble. Il faut que toutes les associations soient appelées à jouir du bénéfice des mêmes lois ; autrement, messieurs, ce que vous créez, ce que vous organisez, ce n'est pas la liberté, c'est le privilège.

L'honorable rapporteur nous dit que les associations enseignantes ne pourront pas vivre si elles ne peuvent être débarrassées de quelques-unes des entraves des lois existantes.

Je lui en demande bien pardon ; si son argumentation était vraie, les seules associations qui pourraient vivre seraient celles auxquelles serait accordée la personnalité civile, et alors ce que vous allez constituer, ce n'est pas la liberté pour toutes les associations, c'est la liberté pour quelques-unes.

Mais j'ajoute que nos lois ne portent aucune entrave à la création, à la fondation de sociétés en vue de l'enseignement supérieur.

En effet, indépendamment de la déclaration d'utilité publique telle qu'elle est réglée par nos lois, les établissements d'enseignement supérieur libre peuvent se constituer sous la forme de sociétés civiles ou de sociétés commerciales. C'est ainsi que s'est constitué l'enseignement secondaire libre ; c'est ainsi qu'il a pu créer des établissements florissants. C'est ainsi que des congrégations religieuses qui ne sont pas reconnues, qui ne sont pas autorisées par la loi, ont pu cependant acquérir des propriétés considérables. Qu'on modifie la loi, je ne demande pas mieux ; mais qu'on la modifie pour tous et qu'on ne la modifie pas au profit de quelques-uns.

Voilà ma première réserve. J'en ferai une autre beaucoup plus grave au sujet d'une partie considérable du projet de loi : celle qui a pour objet la collation des grades.

La collation des grades est devenue, dans la préoccupation de beaucoup d'entre nous, non pas seulement une partie importante de la loi, mais la loi tout entière, et c'est pour cela que vous me permettrez d'en parler dans la discussion générale.

A mes yeux, messieurs, la question des grades est une question prématurée, qui compromet la liberté de l'enseignement supérieur et qu'il eût été plus sage d'ajourner. J'ajoute que cette question n'est liée que par un lien factice à la question de la liberté de l'enseignement supérieur. On fait sur ce point une confusion qu'il importe de détruire.

Les grades universitaires ont un double caractère : d'un côté, ce sont des titres purement scolaires, purement scientifiques ou littéraires, et n'ayant qu'une valeur d'opinion, qu'une valeur facultative; d'un autre côté, ce sont des titres professionnels et légalement obligatoires.

Si vous considérez les grades universitaires dans le premier sens, il n'y a aucune difficulté : toute autorité scolaire, qu'elle soit publique ou libre, a le droit de faire passer des examens, de délivrer des diplômes attestant la capacité de ses élèves. Ces diplômes n'engagent que la responsabilité de ceux qui les délivrent. Ils n'ont d'autre valeur que celle qu'accorde la confiance publique aux professeurs ou aux établissements de qui ils émanent.

M. Ernest Picard. C'est cela ! Très bien. Ce sont des témoignages.

M. Beaussire. Si c'est ainsi qu'on entend la collation des grades, elle est la conséquence naturelle, nécessaire de la liberté de l'enseignement.

Et il n'est pas besoin de la loi pour donner aux établissements libres le droit de conférer des grades ainsi entendus...

M. Ernest Picard. Ce ne sont pas des grades !

M. Beaussire... le droit de délivrer des diplômes ainsi entendus, si vous voulez. Ce droit, ils en usent.....

M. Ernest Picard. Ils en abusent!

M. Beaussire... dès à présent, et ils pourront continuer à en user dans le silence même de notre loi.

Mais, en ce qui concerne les grades conférés par nos facultés publiques, la situation est toute différente. L'Etat et les différentes administrations s'en sont emparés; ils leur ont donné une valeur tout autre que cette valeur scolaire dont je parlais tout à l'heure; ce sont des titres obligatoires exigés pour l'exercice de certaines professions ou pour obtenir certaines fonctions, et dans ce sens la collation de ces grades, de ces diplômes, est un acte de la puissance publique (Très bien! très bien! à gauche.)

Aussi partout où il y a examen officiel dans toutes les sphères, partout où il y a examen exigé pour l'exercice d'une profession ou pour l'obtention d'un emploi, ces examens sont faits par des délégués de la puissance publique. Vous ne me citeriez pas un seul examen ayant une valeur officielle qui échappe à cette condition. Nul ne peut exercer la profession d'instituteur dans une école primaire communale ou libre sans avoir passé un examen devant des délégués de la puissance publique.

Nul ne peut exercer la profession, que dirai-je? de vétérinaire ou de sage-femme (Interruption et rires à droite), sans avoir passé un examen devant des délégués de la puissance publique. (Très bien! à gauche.)

Eh bien, messieurs, ce que l'on nous demande par le projet de loi ou par des amendements dépassant de beaucoup les concessions du projet de loi, c'est que, pour des professions beaucoup plus relevées, des particuliers, agissant sous leur responsabilité propre en dehors de toute délégation officielle, puissent exercer un droit que pour la profession la plus humble l'Etat réserve à ses agents. Il y a là un renversement de tous les principes.

Mais enfin je suppose que la proposition de changer à l'égard de certains examens, à l'égard de certains diplômes, les règles actuellement et partout existantes, vous paraisse digne d'examen, au moins aurait-il fallu une enquête préalable auprès des autorités, auprès des corps qu'interessent ces titres professionnels. Vous avez nommé une commission dans laquelle vous avez fait entrer ceux de vos collègues que vous avez regardés comme les plus compétents en matière d'instruction publique. Vous avez appelé devant vous les ministres qui se sont succédé à l'Instruction publique. Est-ce que cela était suffisant?

Savez-vous ce qu'on vous propose de faire? Il y a tel de ces examens qui est exigé par la loi militaire comme condition du volontariat d'un an; on vous propose de changer d'un trait de plume un article de la loi militaire; est-ce que vous avez consulté le Ministre de la guerre? D'autres examens plus élevés sont exigés pour l'exercice des professions de médecin ou d'avocat. La profession de médecin intéresse la science médicale ; elle est placée sous l'autorité de M. le Ministre de l'agriculture et du commerce.

M. de Tillancourt. Elle intéresse aussi surtout les malades (on rit).

M. Beaussire. Avez-vous consulté le corps médical? Avez-vous consulté le Ministre de l'agriculture et du commerce? De même pour la profession d'avocat, et j'ajoute pour la magistrature : en changeant les conditions qui sont actuellement exigées pour obtenir les grades de licencié ou de docteur en droit, vous faites une révolution dans l'ordre judiciaire, avez-vous consulté les conseils de l'ordre des avocats? avez-vous consulté le Ministre de la justice? Non, messieurs, voilà des innovations considérables, qui nous sont proposées implicitement pour tous les services publics, et on veut que nous les adoptions sans enquête préalable auprès des autorités compétentes! on veut n'y voir qu'une question purement universitaire!

Non, ce n'est pas l'enseignement qui est en jeu, ce n'est pas l'université qui est en jeu, dans la collation des grades telle que je l'ai définie, telle que l'entendent le projet de loi et les amendements, ou du moins la plupart des amendements qui nous ont été proposés; il s'agit en grande partie de toutes les carrières libérales dans notre pays. Eh bien, je dis que c'est une question trop grave pour que vous veniez ainsi la trancher à la légère à propos d'un projet de loi sur la liberté de l'enseignement supérieur.

M. Langlois. Très bien! très bien.

M. Emile Beaussire. Mais il y a un autre côté de la question dont on ne s'est pas suffisamment préoccupé.

Les grades universitaires figurent dans notre budget

des recettes : ils sont pour l'Etat une source de revenus; eh bien, si vous autorisez, par la libre collation des grades, le partage entre les représentants de l'Etat et de simples particuliers, vous soulevez une question financière dont vous ne calculez peut-être pas la gravité, et vous la soulevez sans avoir consulté le Ministre des finances, sans vous préoccuper du trouble que vous risquez d'apporter dans l'équilibre de nos budgets.

A toutes ces considérations, à toutes ces objections, je prévois la réponse. Je l'ai lue dans le rapport de l'honorable M. Laboulaye.

La collation des grades, dit-on, est une conséquence de la liberté d'enseignement; il n'y a pas de vraie liberté s'il n'y a pas égalité de tous les droits. Les établissement de l'Etat confèrent des grades ; il faut donc que les établissements libres puissent aussi en conférer ; autrement on leur donnerait la vie sans leur donner les moyens de vivre.

Voilà l'argument; je l'ai entendu répéter bien des fois. Il ne m'a pas touché.

En effet, je puis rétorquer cet argument, comme je rétorquais tout à l'heure un argument analogue à propos des associations. Proposez-vous d'accorder la collation des grades à tous les établissements libres? Non, personne n'y pense. Vous voulez que certains établissements libres puissent obtenir cette collation; et alors que faites-vous des autres? Si un établissement libre ne peut subsister qu'à la condition d'avoir la collation des grades, tous ceux qui ne l'auront pas sont condamnés à périr. Vous n'aurez donc pas la liberté pour tous, telle que la demandent les vrais libéraux; vous aurez simplement un partage du monopole entre les facultés de l'Etat et certaines facultés privilégiées. (Très bien! très bien! à gauche.)

Eh bien, ce n'est pas ainsi que l'on fonde sincèrement la liberté. Je me hâte d'ajouter qu'en fait la collation des grades n'est pas une condition nécessaire d'existence pour la liberté de l'enseignement supérieur.

Sous le régime de la loi actuelle, qui n'est pas absolument libérale, des établissements libres d'enseignement supérieur ont pu se créer; ils ont prospéré, ils prospèrent encore, sans avoir la collation des grades. Je citerai une de nos grandes écoles spéciales qui a été longtemps un établissement libre avant de devenir un établissement public : l'Ecole centrale. L'Ecole centrale dès sa fondation a délivré des diplômes; elle en délivre encore. Elle n'a jamais demandé pour ses diplômes un privilège officiel. Ils rentrent dans ce que j'appelais tout à l'heure des titres facultatifs. Et cependant ils sont recherchés, et ils ont une grande valeur.

Il y a deux ou trois ans, il s'est fondé à Paris une grande institution d'enseignement supérieur dont les services sont appréciés de tous, une institution à la fondation de laquelle ont participé plusieurs membres appartenant à toutes les parties de cette Assemblée : c'est l'Ecole libre des sciences politiques. Cette Ecole libre fait passer des examens, elle délivre des diplômes, elle ne réclame pour ses examens, pour ses diplômes aucune valeur officielle, et cependant elle subsiste, et elle ne fait que grandir.

Ainsi il n'est pas vrai que la collation des grades soit une condition absolue d'existence pour l'enseignement libre.

On fait une autre objection. On dit que, sans la collation des grades, les établissements libres sont placés sous la dépendance des établissements publics auxquels leurs élèves doivent demander des grades.

Messieurs, à cette objection comme aux précédentes, je ferai la même réponse. Du moment que vous n'accordez pas à tous les établissements libres la collation des grades, un grand nombre seront placés sous la dépendance des établissements privilégiés. Ils resteront dans cette situation inférieure que vous déclarez incompatible avec la vraie liberté.

Mais, en fait, qu'est-ce que cette dépendance? Parmi nos cinq ordres de facultés, il y en a trois : la théologie, les lettres, les sciences, qui n'ont point, à proprement parler, d'élèves, qui font passer des examens à des candidats venus de tous les côtés, s'étant instruits comme ils l'ont voulu. Rien ne sera changé : vous aurez multiplié les sources d'instruction; mais la situation restera la même pour tous les candidats aux grades. L'objection ne porte donc que sur les écoles de droit et de médecine.

Eh bien, messieurs, dans l'état actuel, il existe, vous le savez, une assez grande rivalité entre nos différentes facultés de droit ou de médecine. Notre honorable et savant collègue, M. Bouisson, ne me contredira pas si je dis que la faculté de médecine de Monpellier est la rivale, la noble rivale de la faculté de médecine de Paris.

Or des élèves de la faculté de médecine de Montpellier viennent très souvent prendre leurs derniers grades devant la faculté de médecine de Paris, et réciproquement des élèves de la faculté de médecine de Paris vont quelquefois prendre leurs derniers grades devant la faculté de médecine de Montpellier. Je le demande, malgré la rivalité qui existe entre les deux facultés, est-ce que jamais on s'est plaint de la partialité de l'une ou de l'autre à l'égard des candidats qui n'avaient pas été ses élèves? Si, par impossible, l'impartialité la plus grande ne présidait pas aux examens, est-ce que la puissance publique, avertie par les intéressés, n'est pas là pour réprimer l'injustice?

Croyez-vous que nos professeurs de faculté, quand ils agissent comme délégués de l'Etat, comme représentants de l'Etat dans la collation des grades, ont un pouvoir arbitraire et souverain? Non, messieurs, leurs examens sont sujets à révision, et les grades qu'ils ont conférés ne sont acquis que lorsque le pouvoir central, après avoir exercé son contrôle, a reconnu que les examens ont été régulièrement et loyalement passés. N'ayez donc, messieurs, aucune crainte. Vous pouvez maintenir les traditions et les principes de notre droit public : la liberté d'enseignement n'en souffrira pas.

Mais, si vous voulez faire autre chose, si vous voulez partager ce qui appartient en propre à la puissance publique entre les facultés de l'Etat et certains établissements plus ou moins chers à certains partis, vous ferez, messieurs, une œuvre mauvaise à deux points de vue : mauvaise d'abord au point de vue scolaire.

En effet, l'expérience de la Belgique est là pour nous l'attester, la concurrence en matière de grades produit inévitablement l'avilissement des grades et l'abaissement des études. Vous ferez une œuvre mauvaise à un point de vue plus général : vous détruirez l'égalité dans la liberté, vous ne ferez que dédoubler le monopole.

Le monopole de l'Etat, non pas en matière d'enseignement, mais en matière de grades, je l'admets, parce que là il s'agit des droits de la puissance publique. Le monopole attribué à des établissements privés, je ne l'admets pas, car c'est un abandon des droits de l'Etat; c'est en même temps un abandon des droits de la liberté. Pour que la liberté fonctionne, il faut que tous les établissements libres soient dans des conditions égales. Cette égalité, vous la détruisez, si vous reconnaissez deux sortes d'établissements libres, les uns investis des mêmes droits que les facultés de l'Etat, les autres maintenus sous le régime du droit commun. La liberté n'a rien à voir avec un pareil régime.

Je me résume, messieurs; j'appelle de tous mes vœux la liberté vraie, la liberté complète de l'enseignement supérieur; mais si, sous le nom de liberté, on ne devait nous accorder qu'un partage, qu'un dédoublement du monopole universitaire, à mon très grand regret, je voterais contre le projet de loi. (Très bien! et applaudissements à gauche.)

3 décembre 1874.

Amendement de M. Paris (jury mixte).

Réponse à Mgr Dupanloup.

M. Emile Beaussire. Messieurs, je commence par remercier M. le Ministre de l'instruction publique des modifications très utiles qu'il a bien voulu apporter à l'amendement de M. Paris; mais, malgré ces modifications, je n'en tiens pas moins cet amendement, comme l'a qualifié l'honorable rapporteur de la commission, pour le plus mauvais des systèmes qui nous sont proposés. (Vive approbation à gauche. — Rumeurs à droite.)

C'est ce que je vais essayer d'expliquer en très peu de mots, car je comprends l'impatience de l'Assemblée.

Le vice principal de cet amendement, c'est de constituer deux jurys inégaux avec des droits égaux. D'un côté, les facultés de l'Etat, dont on vous expliquait hier avec une si haute raison et une si grande éloquence le mode de nomination; de l'autre, un jury dans lequel entreront pour une part ces mêmes professeurs de l'Etat, et pour une autre part les examinateurs que M. le Ministre de l'instruction publique sera forcé de prendre dans une faculté quelconque, dans un de ces établissements que vous ne connaissez pas encore.

M. le Ministre de l'instruction publique nous disait

tout à l'heure : Ces facultés offriront, d'après la loi, de très fortes, de très sérieuses garanties.

Je lui en demande bien pardon. Les garanties qu'elles offriront seront de tous points inférieures à celles qu'offrent les facultés de l'Etat. (Très bien! très bien! à gauche. — Réclamations à droite.)

M. le Ministre de l'instruction publique nous disait encore : Voyez quelles conditions le nouvel article exige pour l'ouverture d'une faculté de médecine ; elles sont extrêmement rigoureuses.

Ces conditions ne dépassent pas celles qui sont exigées pour la fondation d'une école secondaire ou préparatoire de médecine. Nous avons en France une trentaine de ces écoles ; nous ne voudrions pas leur accorder le droit de conférer les grades. Quel que soit le mérite de leurs professeurs, personne ne proposera de dépouiller à leur profit les facultés de l'Etat.

Eh bien, du jour au lendemain, par le vote d'un conseil municipal, ces écoles secondaires peuvent se transformer en facultés (C'est cela! Très bien! à gauche), et ces professeurs, qui aujourd'hui n'ont le droit de conférer aucun grade, fourniront forcément une partie plus ou moins grande des jurys chargés de les conférer. (Assentiment à gauche.)

Voilà une révolution qui pour la seule médecine, c'est-à-dire pour l'ordre de facultés dont vous avez subordonné l'enseignement aux garanties les plus sérieuses, voilà, dis-je, une révolution que vous accomplissez d'un trait de plume. (C'est vrai! Très bien! à gauche.)

Et maintenant, pour les autres facultés, pour les écoles de droit, est-ce que vous croyez qu'il manquera, soit à Paris, soit dans nos villes de province, d'avocats sans cause et de répétiteurs pour se constituer en facultés? (A gauche : Très bien! très bien!)

Voix à doite. Mais ils devront être docteurs!

M. Emile Beaussire. Vous êtes forcés de les accepter comme examinateurs. Ce sont, dites-vous, des docteurs qui feront nécessairement partie de ces facultés. J'estime beaucoup, messieurs, le grade de docteur; mais, véritablement, pensez-vous que tout docteur soit digne d'être un examinateur au nom de l'Etat?

Il y a quelques années, on nous a présenté une loi sur la magistrature; elle exigeait le grade de docteur pour obtenir une première nomination comme magistrat, le titre et les fonctions de juge suppléant ou de substitut. Pensez-vous qu'un juge suppléant ou un substitut soit l'égal d'un professeur de faculté chargé de conférer les grades en droit au nom de l'Etat? (Très bien! très bien! à gauche.)

M. Lefèvre-Pontalis (Seine-et-Oise). C'est le Ministre qui nomme!

M. Emile Beaussire. Vous me dites que c'est le Ministre qui nomme. Oui; mais il est forcé de choisir dans une faculté qui s'est constituée elle-même et qui s'impose à son choix.

J'ajoute une autre considération, qui répond à un des arguments de M. le Ministre de l'instruction publique.

Il y aura, dit M. le Ministre, un contrôle réciproque des professeurs de l'Etat et des professeurs libres faisant passer les examens.

Je crains bien que ce contrôle réciproque ne soit illusoire. Le professeur de l'Etat arrive dans une maison qui lui est étrangère; il y arrive en suspect. (Réclamations à droite. — Très bien! très bien! à gauche.) Il y arrive se défiant de lui-même, parce qu'il craint le soupçon de partialité. (Nouvelles réclamations à droite.)

Je lisais, messieurs, l'autre jour, dans un journal un très beau passage d'un de nos anciens et de nos plus regrettés collègues, M. de Laprade, qui, rappelant son expérience de professeur de faculté (je pourrais aussi rappeler la mienne), disait que généralement, quand les professeurs des facultés des lettres et des sciences ont devant eux un élève formé par l'enseignement libre, craignant d'être partiaux ou de le paraître, ils font fléchir devant ces candidats la rigueur de leurs légitimes exigences. (Rumeurs à droite.)

Eh bien, messieurs, ce sera nécessairement, forcément, dans vos nouveaux jurys, la position des professeurs de l'Etat, et pendant ce temps-là, que feront les professeurs libres?

Des professeurs libres qui constituent à eux seuls un jury d'examen pour leurs propres élèves seraient peut-être équitables : des professeurs libres placés à côté des professeurs de l'Etat seront les avocats de leurs élèves. De ces avocats, vous allez faire des juges.

A gauche. C'est cela! c'est cela! Voilà la vérité.

M. Emile Beaussire. J'en suis convaincu, messieurs, et je n'hésite pas à le dire, d'après tous les témoignages que j'ai recueillis dans l'Université, le niveau des examens s'abaissera considérablement dans vos nouveaux jurys.

Mais ce n'est pas là la conséquence la plus déplorable. Ce qu'il y a de plus grave encore, c'est que, par la force des choses, le même niveau s'abaissera non moins forcément dans les facultés de l'Etat.

En effet, messieurs, vous savez très bien quelle est aux yeux des candidats, quels qu'ils soient, la meilleure des facultés. C'est la faculté la plus indulgente. Les candidats en général n'ont pas d'autre mesure. Si les facultés de l'Etat continuaient à se montrer sévères, elles seraient désertées pour les facultés libres et pour les jurys mixtes qui nous sont proposés. (Marques d'assentiment à gauche.)

Et vous placez ainsi des hommes honorables, des hommes dignes de toute votre confiance, dans cette alternative de choisir entre leur devoir et, je ne veux pas dire leur intérêt personnel, car il ne s'agit pas ici d'intérêt personnel, je dirai l'intérêt du corps auquel ils appartiennent : un de ces intérêts tellement respectables, tellement pressants que très souvent ils font fléchir le devoir. (Nouvel assentiment à gauche).

M. Antonin Lefèvre-Pontalis (Seine-et-Oise). Ce n'est pas rassurant pour les élèves !

M. Emile Beaussire. L'honorable M. Paris et M. le Ministre de l'instruction publique nous ont présenté le système qu'ils préconisent comme une transaction. A mes yeux, ce n'est pas une transaction, c'est une concession et une concession à ce qu'il y a de plus regrettable, de moins avouable, à la défiance envers les facultés de l'Etat. (Murmures à droite. — Très bien ! très bien ! à gauche.)

Cette défiance ne repose sur aucun fondement, et je regrette d'autant plus la concession qui nous est proposée, qu'elle est faite au moment où cette défiance s'est produite devant vous dans les termes les plus injustes, je pourrais dire les plus injurieux. (Exclamations à droite. — Très bien ! très bien ! à gauche.)

Je ne veux pas revenir sur le débat qui a rempli une de vos dernières séances. Cependant il est une protestation que je crois de mon devoir de faire entendre.

Parmi les nombreuses citations que vous a faites

Mgr l'évêque d'Orléans, il en est une d'une gravité tout exceptionnelle et à laquelle il n'a pas été répondu. Il ne s'agissait pas de livres, d'articles de journaux ou de thèses ; il s'agissait d'une leçon d'ouverture faite à Paris par un professeur de la faculté de médecine. Mgr l'évêque d'Orléans n'ayant pas voulu désigner ce professeur, — c'était une intention louable, mais qui rendait la défense beaucoup plus difficile, — j'ai cependant recherché cette leçon d'ouverture, et je l'ai trouvée ; elle contenait en effet les passages qui ont été apportés à la tribune ; mais ils étaient précédés d'une profession de foi qui a été laissée de côté et qui en change complètement le sens. (Ah ! Ah ! — Applaudissements à gauche.) Voici, messieurs, cette profession de foi. Le professeur, — je ne crains pas de le nommer, car c'est un des hommes qui honorent le plus la science française et l'école de médecine de Paris, M. le docteur Léon Lefort, — auteur de cette leçon, avait à traiter de l'histoire de la chirurgie dans tous les temps. Après avoir passé en revue les progrès de cette science dans l'antiquité païenne, arrivé aux temps chrétiens, il s'exprimait ainsi :

« Si en vous traçant rapidement l'histoire de la chirurgie dans ses rapports avec les évolutions de l'esprit humain, je rencontre forcément sur ma route l'influence sur les sciences du christianisme naissant, n'oubliez pas que, dans toutes les religions, il y a l'œuvre ultérieure des hommes, à côté de l'œuvre primitive et souvent sublime de leurs fondateurs. C'est seulement l'œuvre des hommes que nous avons à apprécier, et cela ne saurait nous faire oublier que, dans son principe initial, le christianisme, tel que l'a fait son divin fondateur, doit être regardé comme la religion morale la plus pure, car il a apporté au monde un principe que l'antiquité n'a pas connu : la charité..... » (Très bien ! et vifs applaudissements à gauche.)

M. de La Borderie. Qu'est-ce que cela prouve ?

M. Emile Beaussire. Vous allez le voir tout à l'heure !

M. le Président. Monsieur de La Borderie, n'interrompez pas ; vous n'avez pas la parole.

Un membre à droite. Réprimez les interruptions de gauche.

M. le Président. Je réprime les interruptions à gauche comme à droite. (Très bien !)

M. Emile Beaussire. Permettez-moi d'achever la citation, messieurs :

« ... la charité, principe nécessaire, si fécond qu'il s'est imposé à toutes les religions du monde civilisé. »

Voilà comment s'exprimait un de ces professeurs qu'on vous a dénoncés, qu'on a dénoncés à M. le Ministre de l'instruction publique comme outrageant le christianisme. (Nouveaux bravos à gauche. — Nouvelles rumeurs à droite.)

Et maintenant, messieurs, je voudrais dire un mot de ces thèses qui ont été apportées à cette tribune comme un argument contre la collation des grades par les facultés universitaires. Quel est le reproche qui a été fait aux facultés de l'Etat au nom de la liberté de conscience? Est-ce de s'être montrées partiales contre des jeunes gens spiritualistes et chrétiens? Non, c'est de s'être montrées trop indulgentes, trop tolérantes à l'égard de jeunes gens qui, malheureusement, avaient été nourris ou s'étaient nourris d'autres idées. Je comprends, messieurs, que l'Etat ou que les représentants de l'Etat regrettent cette faiblesse. Mais, vous qui parlez des droits de la conscience, qu'est-ce qui vous alarme, puisqu'aucun des candidats, aucun des pères de famille au nom desquels vous parlez ne s'est jamais plaint? (Rumeurs à droite. — Très bien! très bien! à gauche.)

Messieurs, cette indulgence, cette faiblesse est-elle propre à la faculté de médecine de Paris? Lorsque j'entendais Mgr l'évêque d'Orléans, je me rappelais un fait qui s'est passé au dernier siècle, sous l'ancien régime universitaire, objet des regrets d'une partie de cette Assemblée. Il y a un peu plus de cent ans, une thèse fut apportée à la faculté de théologie de Paris, c'est-à-dire à la faculté gardienne de l'orthodoxie; cette thèse fut admise à l'unanimité; le jeune docteur ne reçut que des éloges. Quelque temps après, cette même thèse était dénoncée, ainsi que l'ont été les thèses de médecine dont on parlait l'autre jour, comme remplie des doctrines les plus abominables. La faculté de théologie de Paris était invitée à la casser, et le parlement de Paris décrétait le jeune docteur de prise de corps.

Un membre à droite. Eh bien?

M. Emile Beaussire. Qu'est-ce que cela prouve, demandez-vous, messieurs? Cela veut dire qu'aucune faculté, quelques garanties que vous preniez relativement à sa formation et à ses doctrines, n'est à l'abri d'erreur, et lorsque les erreurs ne sont que le fait de l'indulgence, il n'y a pas lieu à tant d'alarmes. (Murmures à droite. — Très bien ! à gauche.)

Ce qu'il faut considérer c'est l'œuvre générale des dépositaires de la puissance publique dans la collation des grades. (C'est cela ! à gauche.) Eh bien, je le répète, il n'y a aucun péril en la demeure. Vous pouvez provisoirement, jusqu'à ce que la question ait été mieux étudiée, jusqu'à ce que nous sachions à quelles facultés nous aurons affaire, vous pouvez provisoirement maintenir le régime actuel ; cela vaudra infiniment mieux sous tous les rapports que de livrer...

A droite. Mais c'est voté !

M. Emile Beaussire. Non, ce n'est pas voté. Vous avez répoussé le système absolu de M. Jules Ferry ; mais vous n'avez pas repoussé le maintien provisoire de l'état actuel, car ce système est celui de la commission, et sur celui-là vous n'avez pas statué.

Eh bien, je répète qu'il vaudrait beaucoup mieux maintenir provisoirement l'état de choses actuel, qui ne donne lieu à aucun reproche sérieux... (Rumeur à droite), à aucune crainte, que de livrer à l'inconnu, au hasard les droits les plus sacrés de l'Etat et les intérêts les plus respectables de l'enseignement public et des hautes études. (Vive approbation et applaudissements à gauche et au centre gauche.)

16 juin 1875.

Les universités libres.

M. Beaussire. Je demande à l'Assemblée de rejeter le paragraphe additionnel proposé par la commission. Vous ne pouvez pas admettre que des établissements qui comprennent simplement trois facultés prennent le nom d'université, qui est la propriété, depuis soixante-dix ans, d'une grande institution nationale, embrassant tout l'ensemble de l'instruction publique, depuis les facultés de la Sorbonne jusqu'aux écoles de villages.

Un membre à droite. C'est une restitution !

M. Beaussire. Comment ! une restitution ! non seulement

c'est contraire à l'état de choses consacré actuellement et depuis trois quarts de siècle par les lois et par l'usage, mais c'est contraire à l'usage ancien avant la Révolution; c'est contraire à l'usage de tous les pays qui nous entourent.

En France, le nom d'université exprime aujourd'hui la totalité, l'universalité de l'enseignement national. Sous l'ancien régime, le nom d'université exprimait la totalité, l'universalité de l'enseignement supérieur; il n'y avait d'université que là où toutes les facultés étaient réunies. Il en est de même dans tous les autres pays. Jamais ce grand nom n'a été abaissé au point de désigner des établissements où n'est réunie qu'une portion de l'enseignement supérieur.

Je m'entretenais hier de cette question avec un citoyen de la République helvétique; il me disait qu'en Suisse jamais il ne serait permis, jamais il ne serait licite d'appeler université la réunion de trois facultés; le nom légal, dans ce cas, est académie. Pour qu'il y ait université, il faut un enseignement supérieur complet, embrassant toutes les facultés.

On me dira peut-être que les noms sont libres et qu'on peut leur donner la signification que l'on veut. Mais il n'en est pas ainsi. Quand un nom est un nom propre, un particulier a le droit de défendre devant les tribunaux la propriété de ce nom; une grande institution nationale n'aurait-elle pas le droit de défendre aussi la propriété de son nom devant les représentants de la nation? (Très bien! très bien! à gauche.)

En supposant même que ce soit un nom banal, un nom qui peut recevoir, lorsqu'on l'introduit pour la première fois dans l'usage, une signification arbitraire, est-ce que la fixité du sens des noms n'importe pas à la clarté des idées?

A quelle équivoque ne vous exposez-vous pas si, lorsqu'on prononcera le nom d'université, ce nom qui sert à désigner pour tous les esprits libéraux le plus ferme rempart des idées, des principes et des besoins de la société moderne, il faudra une périphrase, il faudra dire qu'il s'agit de l'université de l'Etat et non de l'université libre de Carpentras ou de Quimper-Corentin! (Approbation à gauche. Interruptions et réclamations à droite.)

M. Huon de Penanster. Est-ce qu'il n'y a pas en Angleterre les universités libres de Cambridge et d'Oxford?

M. Beaussire. Veuillez ne pas m'interrompre; vous me répondrez si vous voulez.

Pourquoi cette dérogation à la propriété des noms? Pourquoi cette dérogation à l'usage? Je n'y vois absolument qu'une seule raison, et cette raison même est un argument de plus pour repousser le paragraphe qui vous est proposé.

On nous a demandé, lors de la seconde délibération, pour les simples établissements libres, pour les facultés libres, la participation au droit de collation des grades. Il y avait là quelque chose d'excessif, et beaucoup l'ont senti. Les facultés de l'Etat confèrent les grades non pas parce qu'elles sont des facultés, mais parce qu'elles sont des parties intégrantes de l'Université, c'est-à-dire de la représentation complète et totale de l'enseignement national, des droits de l'Etat en matière d'études, en matière de sciences ou de lettres. Aussi a-t-on voulu tourner la difficulté. On vient nous dire aujourd'hui : Eh bien, non, nous ne demandons pas la collation des grades pour de simples facultés, nous la demandons pour des universités.

Soyons sincères, messieurs; n'est-ce pas là jouer sur les mots? Qu'y a-t-il de commun entre ce que nous appelons en France l'Université et ce qu'on appellera de ce nom, grâce au nouveau paragraphe qui vous est proposé par la commission, à savoir la simple réunion dans une ville quelconque de trois facultés? Mais je suppose, et je voudrais encore espérer qu'il n'en est rien, que vous adoptiez le nouveau système du projet de la loi sur la collation des grades. Avez-vous besoin de ce nom d'université? Ne pourrez-vous pas dans l'article 13, au lieu du mot université libre, dire les établissements comprenant trois facultés ? Ce sera une périphrase, ce sera allonger de quelques mots l'article 13 du projet de loi; cela vaut mieux que de faire violence à la propriété des noms et à l'usage et de fonder un privilège sur une équivoque manifeste.

J'apporte peut-être un peu de vivacité dans cette question secondaire.

A gauche. Vous avez raison ! Très bien !

M. Beaussire... Mais il m'a semblé qu'il m'appartenait à moi, ancien professeur de l'Université, encore membre honoraire de l'Université, de défendre au moins, si je ne puis sauver ses droits, la propriété d'un nom qu'elle honore, d'un nom qu'elle a toujours porté dignement et fièrement, à travers les bons et les mauvais jours, et qui n'autorise aucune équivoque dans l'esprit de ses adversaires comme dans celui de ses amis.

Aussi permettez-moi en terminant de faire appel à tous les partis dans cette Assemblée.

Je m'adresse d'abord aux adversaires de l'Université; ils ne cesseront pas, j'en suis bien convaincu, après le vote de la loi, de la combattre comme ils l'ont combattue jusqu'à présent; eh bien, dans leurs attaques contre elle, de quel mot se serviront-ils, si elle n'a plus un nom qui lui appartienne en propre, si elle en a été spoliée au profit de ces universités au petit pied? (Très bien! très bien! à gauche.)

Je m'adresse également aux amis de l'Université, qui sont en très grand nombre, j'aime à le reconnaître, sur tous ces bancs, car ce n'est pas ici une affaire de parti; ils sont accoutumés à honorer ce nom d'Université dans les institutions où ils se sont formés, auxquelles ils confient leurs fils; eh bien, qu'ils le respectent en lui-même, qu'ils le maintiennent intact à l'abri de toute usurpation.

Enfin, je m'adresse à M. le Ministre de l'instruction publique [1]. Voilà plus de quarante années qu'il honore l'Université, comme professeur, comme savant, comme membre de l'Institut. (Très bien, très bien!) Elle est heureuse de le voir à sa tête; elle lui est reconnaissante de l'éclat qu'il a jeté sur elle dans sa carrière de professeur; elle lui est reconnaissante des services que, cette année même, il a rendus au pays (Bravos et applaudissements à gauche), et, quels que soient les griefs qu'elle puisse avoir aujourd'hui contre quelques-uns de ses actes, elle lui reste attachée comme à un de ses maîtres les plus respectés, comme à un de ses chefs qui lui ont fait le plus d'honneur. Eh bien, s'il se croit obligé par des raisons politiques de sacrifier quelques-uns des droits de ce grand corps universitaire, qu'il ne lui impose pas le sacrifice de son nom; qu'il ne s'associe pas à une usurpation, qu'il ne laisse pas toucher à un nom auquel le sien est si honorablement uni, qu'il appuie le rejet que

1. M. Wallon.

je demande à l'Assemblée de prononcer[1]. (Très bien! très bien! à gauche.)

9 juillet 1875.

II. — Projet de loi de 1876.

Réponse à M. Rouher.

M. Beaussire. L'honorable M. Rouher a cherché à mettre le projet de la commission en contradiction avec le projet ministériel. La contradiction n'existe en aucune façon. (Exclamation à droite.) La commission s'est approprié la pensée, le sens exact du projet du gouvernement; elle n'a fait qu'en préciser davantage les termes.

Que disait le projet ministériel?

« Les élèves des facultés libres peuvent se présenter pour l'obtention des grades devant les facultés de l'Etat. »

Que dit le projet de la commission?

« Tous les examens et épreuves préparatoires qui déterminent la collation des grades ne peuvent être subis que devant les facultés de l'Etat. »

A gauche. Très bien! très bien!

M. Beaussire. De quels examens et de quelles épreuves préparatoires parlons-nous? Nous parlons des examens et des épreuves préparatoires qui sont exigés pour la collation des grades, qui entrent dans cette collation, qui la déterminent.

Plusieurs membres à gauche. C'est cela. Très bien!

M. Beaussire..... comme le dit très bien la commission dans la rédaction qu'elle nous propose. L'honorable M. Rouher nous rappelait ce qui se passe pour le baccalauréat ès lettres et il nous disait : Mais est-ce qu'on oblige les candidats au baccalauréat ès lettres à se présenter plusieurs fois devant les facultés de l'Etat?

Eh bien, M. Rouher ne connaît pas la législation actuelle

1. Nous n'avons pas toujours été aussi sévère, comme on a pu le voir en d'autres endroits de ce livre, pour l'emploi du nom d'Université en dehors de l'Université nationale. C'est qu'ici il ne s'agissait pas d'une dénomination inoffensive, mais d'un privilège injustifiable qui cherchait dans cette dénomination même un semblant de justification.

qui régit le baccalauréat ès lettres. (Rires sur divers bancs au centre et à gauche et rumeurs à droite.)

Le baccalauréat est divisé actuellement en deux épreuves, qui sont subies à une année d'intervalle. Ces deux épreuves étant obligatoires, les candidats au baccalauréat ès lettres sont obligés de se présenter deux fois devant les facultés des lettres. (Très bien! très bien! à gauche. Aux voix!)

Il en est de même pour le baccalauréat en droit : pour ce grade, tant que l'examen sera divisé en deux épreuves subies à une année d'intervalle, la même obligation existe nécessairement.

La commission n'a pas voulu légiférer en matière d'examens. C'est le Conseil supérieur de l'instruction publique, ainsi que M. le Ministre le rappelait très bien, qui seul fait les règlements pour les examens et les grades. La commission fait acte législatif. Elle dit : Partout où il y aura un examen ou une épreuve légalement obligatoire, en vue d'obtenir un grade ou un titre officiel et privilégié, il faut que le candidat se présente devant la faculté de l'Etat. (Très bien! très bien!)

Si le conseil supérieur, sur la proposition du ministre, veut modifier les conditions des grades, c'est affaire à lui. La commission n'a rien pu prescrire comme elle n'a rien pu interdire sur ce point. Ce que la commission a voulu faire, c'est de maintenir intacte la législation existante. Et, en effet, permettez-moi d'ajouter cette considération. L'honorable M. Rouher disait que nous prétendions introduire une réforme radicale dans la législation des grades.

Il n'en est absolument rien. Il ajoutait que nous voulions modifier de la façon la plus grave la loi du 12 juillet 1875. Il n'en est encore absolument rien. (Protestations à droite.)

La loi du 12 juillet 1875, il est bon de le rappeler, obligeait non seulement les élèves de l'enseignement public, mais une grande partie des élèves de l'enseignement libre, à se présenter devant les facultés de l'Etat.

Les élèves des cours libres, les élèves des établissements libres qui ne sont pas des facultés, les élèves des facultés libres qui ne sont pas réunies en corps d'universités, sont obligés, d'après la loi de 1875, de se présenter pour les grades et pour les examens exigés en vue des grades devant les facultés de l'Etat. Et ceux de nos honorables collègues qui prétendent que ce régime est contraire à la liberté de l'enseignement oublient qu'eux-mêmes l'ont imposé à une grande partie de l'enseignement libre. Il n'y a en réalité que les élèves des universités libres qui soient dispensés, d'après la loi de 1875, de se présenter devant les facultés de l'Etat; c'est seulement pour ceux-là qu'on avait institué le jury mixte.

Mais, d'après l'article 15 de la loi de 1875, les élèves des établissements ou facultés libres, ainsi que les élèves des universités libres, étaient obligés, les uns devant les facultés de l'Etat, les autres devant les jurys mixtes, de se conformer à tous les règlements universitaires et par conséquent de se présenter non pas une fois, mais deux, trois, quatre et même cinq fois, s'il était nécessaire, devant la même faculté ou devant le même jury.

Ainsi nous ne créons absolument rien; ce que nous restituons aux facultés, c'est ce qui appartenait aux jurys mixtes pour une très faible partie des élèves de l'enseignement libre.....

Il y a quelques jours, M. Jubes Ferry reprochait au parti de l'Empire, au parti que vous avez entendu tout à l'heure à la tribune, d'être inconséquent en s'associant aux détracteurs de l'Université fondée par le premier Empereur. Eh bien, ce reproche n'est pas fondé; à mon avis, nos facultés ne ressemblent en rien à ces facultés que voulait constituer Napoléon.

Le parti de l'Empire est conséquent avec lui-même quand il cherche à amoindrir l'autorité des facultés de l'Etat, l'autorité de notre Université.

L'Université fondée par l'Empire n'a jamais répondu aux intentions de son fondateur. Il voulait en faire un instrument de despotisme; elle a toujours été un instrument de liberté. (Très bien! très bien! à gauche. Aux voix! aux voix!)

7 juin 1876.

III. — Loi du 18 mars 1880.

Art. 2. —Amendement.

Rédaction de la Commission.

Les élèves des établissements publics et privés d'enseignement supérieur sont soumis aux mêmes règles d'études, etc. . . . .

Rédaction proposée.

Tous les candidats aux grades sont soumis aux mêmes règles d'études, etc.

14 juin 1879.

Développement de cet amendement.

M. Emile Beaussire. Messieurs, mon amendement ne soulève aucune question de principe. Je l'aurais réservé pour la seconde lecture, si vous n'aviez pas déclaré l'urgence. Cet amendement n'a pour but que de remplacer une rédaction qui me paraît très défectueuse.....

Si la rédaction de la Commission était maintenue, elle pourrait autoriser, non pas sous le ministre actuel de l'instruction publique, mais sous un ministre mal intentionné, et on en a vu....

Une voix à doite. Et on en verra!

M. Emile Beaussire... les procédés les plus inquisitoriaux, les plus graves atteintes à la liberté et aux intérêts de l'enseignement.

Que dit, en effet, le texte de la Commission? Il dit que les élèves des établissements privés destinés à l'enseignement sont soumis aux mêmes règles d'études que les élèves des établissements publics.

Eh bien, messieurs, avec cette rédaction, si on la prend à la lettre, il n'y a plus d'indépendance dans les établissements privés.

L'autre jour, dans un très beau langage auquel j'ai été heureux d'applaudir, M. le Ministre de l'instruction publique faisait appel à ces fécondes expériences que nous ne pouvons attendre que de l'initiative privée en matière d'enseignement, comme dans tout le reste.

Or, pour que les établissements libres ou privés puissent tenter ces fécondes expériences, il faut qu'ils soient indépendants dans leur régime intérieur, dans leurs règles d'études. Avec la rédaction de la Commission, on pourra, en inspectant ces établissements, exiger que le régime intérieur, que les études, que les exercices, que tout, en un mot, soit sur le même modèle que dans les établissements publics. Je me hâte de dire que ce n'est pas là ce qu'a voulu la commission.

Cet article fait suite à l'article 1er, qui est relatif à la collation des grades; il veut que tous les jeunes gens sortant des établissements privés ou des établissements publics, qui se présentent à l'examen, justifient qu'ils remplissent les mêmes conditions. Ce n'est pas, — je crois pouvoir le dire, sans crainte d'être démenti par M. le rapporteur, — ce n'est pas dans des établissements privés qu'on viendra s'assurer si tous ces jeunes gens ont suivi les mêmes règles d'études; c'est au moment même où ils se présenteront pour l'obtention des grades.

Mais alors il faut écrire, non pas : « les élèves des établissements publics ou privés, » mais « tous les candidats aux grades ».

Remarquez, messieurs, que certains établissements privés — et ce sont les plus utiles à mon avis — ne préparent à aucun grade, ne se proposent de faire aucune concurrence aux facultés de l'Etat. On a cité l'Ecole libre des sciences politiques, l'Ecole d'anthropologie. Vous ne penseriez pas à assujettir les élèves de ces établissements aux conditions qui sont prescrites pour les établissements publics. Il est donc indispensable de modifier la rédaction.

On me dira que le sens de l'article n'est pas douteux.

Mon Dieu, messieurs, l'honorable M. Spuller nous disait aujourd'hui même qu'il ne faut pas s'attacher aux interprétations et qu'il n'y a que les textes qui restent. Nous avons de trop fameux exemples de lois qui, parfaitement expliquées dans la discussion, ont été appliquées, d'après leur texte, contre l'esprit dans lequel elles avaient été votées.

Je vous citerai par exemple la loi sur le colportage, qui était destinée à régler seulement le colportage professionnel et qu'on a appliquée au prêt d'un ouvrage. Un citoyen prête un volume à son voisin; il commet, d'après la jurisprudence de la Cour de cassation, une contravention à la loi du colportage!

Je vous citerai aussi dans les lois sur l'instruction publique la définition de l'instruction primaire.

Dans la loi de 1833 et dans les lois subséquentes, on a mis en tête, sans explication, l'instruction morale et religieuse, et, dans la pratique, on a entendu cette instruction comme appelant obligatoirement l'enseignement du catéchisme. Vous avez vu le conseil académique de

Lyon et le Conseil supérieur de l'instruction publique interdire à jamais l'exercice de l'enseignement à d'honorables instituteurs qui, franchement, sans tromper personne, avaient déclaré que leurs élèves ne recevraient dans leurs écoles — écoles privées, remarquez-le — aucune instruction dogmatique et qu'ils pourraient librement recevoir cet enseignement à la maison paternelle dans l'église ou dans le temple. Et, pour cette prétendue violation de la loi, on leur a interdit à jamais la profession d'instituteurs.

Eh bien, messieurs, sous un autre ministre, je ne sais pas quand, avec les changements de régimes et de principes auxquels il faut s'attendre (Très bien! à droite), sous la loi des majorités, nous pouvons voir un ministre poursuivre des établissements libres d'enseignement supérieur, parce que les élèves suivent tel régime et pas tel autre.

Pour prévenir toute interprétation contraire à l'esprit de la loi, et puisque nous ne nous occupons en ce moment que de la collation des grades, je demande à la commission de vouloir bien accepter la rédaction que j'ai proposée, c'est-à-dire la substitution du mot « candidat » au mot « élève ».....

3 juillet 1879.

Art. 3. — Amendement.

Rédaction de la Commission.

Les élèves des établissements privés d'enseignement supérieur prennent leurs inscriptions aux dates fixées par les règlements, dans les facultés de l'Etat.

Les inscriptions sont gratuites pour les élèves de l'Etat et pour les élèves libres.

Rédaction proposée.

Toutes les inscriptions en vue des grades doivent être prises dans les facultés de l'Etat, aux dates fixées par les règlements.

Elles sont gratuites pour tous les candidats.

14 juin 1879.

Développement de cet amendement.

M. Emile Beaussire. Messieurs, mon amendement est la conséquence de celui que j'ai présenté sur l'article 2. Votre commission a bien voulu accepter ce dernier amendement et vous l'avez sanctionné par vos suffrages. J'espère que celui que je défends en ce moment aura la même fortune; aussi n'insisterais-je pas en faveur de son adoption si l'honorable M. de Soland ne m'avait personnellement pris à partie et, à propos de cet amendement, n'avait cherché à me mettre en contradiction avec moi-même.

L'honorable M. de Soland m'a fait l'honneur de citer un passage d'un ouvrage écrit par moi en 1866. Je n'ai pas assez bien entendu la citation pour avoir pu m'assurer si elle est entièrement exacte; mais j'ai reconnu du moins les sentiments que j'ai toujours professés, et je n'entends pas les désavouer.

J'ai écrit à plusieurs reprises, en 1866 et depuis, sur la liberté de l'enseignement; j'ai traité plus d'une fois cette grande question à la tribune de l'Assemblée nationale et à celle de cette Chambre, et toujours je me suis prononcé pour la plus complète et la plus large consécration de la liberté d'enseignement.

Je n'ai pas varié, messieurs.

J'en ai donné la preuve l'autre jour en votant pour le contre-projet de l'honorable M. Bardoux; j'en donnerai une nouvelle preuve en votant contre l'article 7; j'en donnerais encore la preuve aujourd'hui en acceptant la suppression des inscriptions obligatoires, si elle était proposée et si elle avait chance d'être adoptée. Mais, sur la question spéciale qui nous est soumise en ce moment, je crois pouvoir me rallier, sauf une légère rectification du texte, à l'article 3 du projet de loi, sans me montrer infidèle à mes principes et à mes convictions. Comme M. le Ministre de l'instruction publique vous l'a très bien expliqué tout à l'heure, la disposition qu'il vous propose est simplement un retour au droit commun. En 1875, on a créé un véritable privilège au profit de certains établissements; on a maintenu l'ancienne législation universitaire pour tous les candidats qui ne sont pas élèves de ces établissements privilégiés qu'on appelle des facultés ou des universités libres.

Bien avant la loi de 1875, l'Université, qui, malgré son monopole, a toujours été libérale, autorisait un grand nombre de ses élèves à se préparer aux examens en dehors du siège des facultés, sans les astreindre à la fréquentation de leurs cours.

Et cependant, messieurs, ces candidats qui ne suivaient pas les cours étaient, et ils sont aujourd'hui, astreints à venir prendre leurs inscriptions auprès des facultés de l'Etat.

Au banc de la commission. Votre amendement est accepté.

M. Emile Beaussire. J'en remercie la commission, mais elle me permettra d'ajouter deux mots en réponse à l'honorable M. de Soland.

Il existe des établissements libres qui ne sont pas des facultés, il existe notamment à Nantes une école libre de droit; eh bien, les élèves de cette école vont, tous les trimestres, prendre leurs inscriptions à Rennes, et ils ne se plaignent pas de payer à la fois leurs inscriptions à Rennes et à Nantes. Ainsi, c'est le droit commun qui a toujours subsisté; j'ajoute, messieurs, que c'est le droit commun nécessaire, tant qu'on n'aura pas modifié notre législation universitaire.

L'honorable M. Keller vous rappelait hier que les inscriptions peuvent être l'objet d'une pénalité, qu'on peut être privé du droit de prendre une ou plusieurs inscriptions. Cette pénalité, messieurs, qu'on ne propose pas de supprimer, exige évidemment, comme garantie naturelle et indispensable, que l'inscription soit prise devant une autorité universitaire relevant de l'Etat.

Ainsi, dans le droit commun, tel que l'a maintenu la loi de 1875, le projet de loi ne contient aucune innovation, aucune entrave à la liberté de l'enseignement supérieur. Voilà pourquoi je me suis associé à l'article 3, en vous proposant une simple modification du texte; cette modification consiste à substituer le mot « candidat » au mot « élève », afin de bien marquer que les inscriptions ne sont pas seulement une indication de scolarité, mais aussi et surtout un acte de candidature. C'est là leur objet, leur destination propre. Celui qui prend une inscription devant une faculté se déclare candidat à un grade conféré par cette faculté. Lorsqu'on le prive d'une ou de plusieurs inscriptions, cela veut dire qu'on retarde son examen de trois ou plusieurs mois. Il y a là des actes qui appartiennent à la puissance publique et qui ne peuvent appartenir qu'à elle. Voilà pourquoi il est nécessaire de les restituer à la puissance publique, en faisant disparaître les privilèges dont la loi de 1875 avait gratifié les universités et les facultés privées. (Très bien ! très bien ! Aux voix !)

4 juillet 1879.

III

ENSEIGNEMENT PUBLIC

I. — Proposition de loi de M. Paul Bert sur l'organisation de l'enseignement supérieur de l'Etat.

Contre-projet.

CHAPITRE PREMIER. — DES UNIVERSITÉS EN GÉNÉRAL.

ART. 1er. — Les établissements publics d'enseignement supérieur réunis dans une même ville et comprenant au moins trois Facultés et trente chaires forment une *université*.

Des décrets rendus en la forme de règlements d'administration publique, le Conseil supérieur de l'instruction publique entendu, assurent l'institution et l'organisation des universités et déterminent leurs circonscriptions respectives.

ART. 2. — Chaque université comprend comme *succursales :*

1° Tous les établissements publics d'enseignement supérieur existant dans sa circonscription, en dehors de son chef-lieu;

2° Les établissements libres qui lui sont annexés sur leur demande et sur l'avis conforme de son conseil, par décrets du Président de la République.

ART. 3. — Les professeurs et les élèves des succursales d'une université sont soumis à sa juridiction disciplinaire.

Les prescriptions de la présente loi ne sont applicables aux succursales libres qu'en ce qui concerne cette juridiction.

CHAPITRE II. — DE L'ADMINISTRATION DES UNIVERSITÉS.

ART. 4. — Chaque université est administrée par un chancelier, assisté d'un conseil.

ART. 5. — Les chanceliers des universités sont nommés par le Président de la République. Ils sont choisis parmi les membres de l'Institut, les inspecteurs généraux de l'instruction publique pourvus du grade de docteur, les professeurs ou anciens professeurs de l'enseignement supérieur public.

Ils exercent à l'égard de l'enseignement supérieur public les pouvoirs attribués aux recteurs par les lois antérieures, en tant que ces pouvoirs n'ont rien de contraire à la présente loi.

ART. 6. — Le conseil de chaque université se compose :

1° Du chancelier, président;

2° Des doyens ou directeurs des facultés ou écoles formant l'université ;

3° De trois membres élus par l'ensemble des professeurs, des chargés de cours et des agrégés de l'université ;

4° D'un membre élu par les professeurs, les chargés de cours, les agrégés de chacune des succursales publiques ou libres.

Les membres élus sont nommés pour trois ans; ils sont rééligibles.

ART. 7. — Ce conseil *se réunit régulièrement deux fois par an et, en outre, toutes les fois qu'il est convoqué, soit par le chancelier, soit par cinq de ses membres* [1].

Il exerce, à l'égard de l'université et de ses succursales, les pouvoirs attribués aux conseils académiques par les lois antérieures, en tant qu'ils n'ont rien de contraire à la présente loi.

Il fait annuellement un rapport détaillé sur l'état et les résultats de l'enseignement dans chacun des établissements de l'université.

Il donne son avis sur l'établissement ou la suppression des succursales ; *sur l'opportunité de la création, de la suppression ou de la transformation des chaires ; sur l'acceptation des dons et legs faits à l'université; sur les modifications à apporter aux programmes d'examens.*

1. Les passages en *italiques* sont empruntés au texte de la proposition de M. Paul Bert.

Ses décisions disciplinaires sont rendues à la majorité des deux tiers des voix.

Il déclare la vacance des chaires et fixe, dans un délai qui ne peut être moindre d'un mois ni dépasser trois mois, l'époque des présentations.

Il administre les biens et établit le budget annuel de l'université dans les conditions déterminées au chapitre V.

Il peut provoquer des réunions communes de plusieurs facultés ou écoles de l'université *ou même de l'université tout entière.*

Ses autres attributions seront réglées dans le cours de la présente loi.

Chapitre III. — Du personnel enseignant.

Art. 8. — Nul ne peut enseigner dans un établissement faisant partie ou dépendant d'une université, s'il n'est pourvu du grade de docteur [1].

Le personnel enseignant se compose des professeurs titulaires, des chargés de cours, des agrégés et des professeurs autorisés.

Art. 9. — La qualité de professeur titulaire est personnelle. Le nombre des professeurs titulaires, dans chaque faculté ou école, est fixé par décret.

Art. 10. — En cas de vacance d'un titre ou d'une chaire, la nomination est faite par le Président de la République, sur deux listes de trois candidats, présentées, l'une par le conseil de l'université où se produit la vacance, l'autre par l'archevêque ou évêque diocésain, le conseil ou consistoire central, l'Académie de médecine, la Cour de cassation, l'Académie des sciences, l'Académie des inscriptions et belles-lettres ou l'Académie des sciences morales et politiques, suivant l'ordre auquel appartient la faculté ou école ou la nature de la chaire.

Les suppléants sont nommés par le Ministre de l'instruction publique. Ils sont choisis parmi trois candidats présentés par le professeur suppléé et agréés par le conseil de l'université.

1. Nous n'avions pas osé, à l'époque où a été présentée cette proposition, accepter dans les facultés d'autres professeurs que des docteurs.

En cas d'urgence, les suppléants peuvent être désignés provisoirement par le chancelier, sans consulter le conseil.

Tout professeur occupant une chaire, à titre définitif ou comme suppléant, quand il n'est pas professeur titulaire, a rang de chargé de cours.

ART. 11. — Indépendamment des chaires ordinaires, des cours extraordinaires peuvent être faits, dans toutes les facultés ou écoles d'une université, soit par les professeurs titulaires, les chargés de cours ou les agrégés, soit, avec l'autorisation du conseil, par tout docteur.

Le refus ou le retrait d'autorisation devra être motivé et pourra être frappé d'appel devant le Conseil supérieur de l'instruction publique.

ART. 12. — Après deux années d'enseignement, le conseil d'une université pourra délivrer à tout professeur autorisé le titre d'agrégé.

Les agrégés perdent leurs droits, s'ils cessent pendant un an, sauf le cas d'un congé régulier, de faire des cours ou des conférences près de l'université ou de ses succursales.

ART. 13. — Dans chaque faculté ou école, le doyen ou directeur est élu pour trois ans par l'ensemble des professeurs, des chargés de cours et des agrégés. Il ne peut être choisi que parmi les professeurs titulaires. L'élection est soumise à l'approbation du Ministre de l'instruction publique. Le doyen ou directeur sortant est toujours rééligible.

Les autres fonctionnaires ou employés, à l'exception des professeurs, sont nommés par le chancelier, après avoir pris l'avis des doyens ou directeurs.

Le nombre des préparateurs, conservateurs, bibliothécaires, agents administratifs, leurs traitements, les conditions de leur nomination et de leur révocation seront, dans chaque université, déterminés par le conseil.

CHAPITRE IV. — DE LA COLLATION DES GRADES.

ART. 14. — Les facultés siégeant au chef-lieu d'une université confèrent seules le grade de docteur. Les grades de licencié et de bachelier peuvent être pris devant les autres facultés.

ART. 15. — Tout docteur faisant partie du personnel enseignant d'une université peut être appelé, par décision du conseil, à prendre part aux examens pour la collation des grades.

Art. 16. — Tout candidat, national ou étranger, peut se présenter aux examens devant une faculté sans en avoir suivi les cours, s'il justifie de certaines conditions, qui seront déterminées par le Conseil supérieur de l'instruction publique.

Chapitre V. — Du budget des universités.

Art. 17. — *Chaque université a son budget spécial. Elle le règle et en dispose sous les conditions ci-après déterminées. Les diverses facultés et écoles de chaque université ne sont point séparées au point de vue budgétaire. Cependant des legs, donations, allocations spéciales peuvent être attribués par les corps constitués ou les particuliers aux facultés* ou écoles *établies dans chaque ville.*

Art. 18. — *L'actif se compose :*

1° *Des revenus des biens de l'université, à savoir :* A. *des dons et legs de nature mobilière et immobilière faits à l'université ;* — B. *du fonds de réserve dont il est parlé à l'article 24 ;*

2° *Des allocations de l'État, soit ordinaires, soit extraordinaires, et destinées au traitement du personnel et à l'entretien du matériel ;*

3° *Des subventions des villes et des départements ;*

4° De la part afférente à l'université dans le produit des inscriptions et des droits d'examen ;

5° *Des bourses et prix qui pourraient être institués par l'État, des corps constitués ou des particuliers.*

Art. 19. — Le chancelier, les doyens, les directeurs, les professeurs titulaires et les chargés de cours touchent un traitement fixe déterminé par les lois de finances.

Les divers ordres de professeurs touchent un traitement éventuel formé : 1° *d'une part dans les droits des examens auxquels ils ont assisté; 2° d'une part dans la rétribution payée par les élèves inscrits à leurs cours.*

Art. 20. — Des décrets du Président de la République déterminent, après avoir pris l'avis du Conseil de l'instruction publique et du conseil de chaque université, le montant des droits pour les divers examens, le prix des inscriptions aux cours ordinaires, le minimum de la rétribution qui peut être demandée par les professeurs pour les cours extraordinaires, la part qui doit revenir à l'université dans ces différents produits.

ART. 21. — L'État garantit aux professeurs titulaires et aux chargés de cours un traitement minimum. Un traitement minimum peut également être garanti aux professeurs de tout ordre, soit par les conseils des universités, soit par les villes où ils professent, soit par des fondations spéciales.

ART. 22. — La remise totale ou partielle des droits d'inscription ou d'examen pourra être accordée aux élèves par les conseils des universités ou par le Ministre de l'instruction publique.

ART. 23. — Le budget, en recettes et en dépenses, de chaque université est soumis à l'approbation du Ministre de l'instruction publique et, après la clôture de chaque exercice, à l'examen de la Cour des comptes. Les inspecteurs généraux de l'instruction publique ont d'ailleurs toujours le droit de contrôler la comptabilité des universités et de leurs succursales.

ART. 24. — Le conseil de chaque université *devra constituer un fonds de réserve, auquel l'université ne pourra emprunter que sur l'avis conforme du Ministre. La part ainsi mise de côté chaque année devra s'élever au moins au cinquantième des recettes brutes de l'université.*

ART. 25. — Les villes dans lesquelles une Université a son siège ou ses succursales *devront, chaque année, inscrire à leur budget une somme égale au cinquantième des recettes brutes faites par l'université dans l'année précédente. Cette somme sera inscrite au budget de l'université et devra être affectée en premier lieu à l'entretien des bâtiments de l'université.*

ART. 26. — *Les bâtiments dans lesquels sont installées les universités ou leurs succursales appartiennent à l'État, qui s'entendra avec les administrations municipales pour l'application de ce principe.*

16 mars 1874.

II. — Écoles d'Athènes et de Rome.

M. Émile Beaussire. Messieurs, je demande à la Chambre de vouloir bien augmenter de 13 800 fr. le chiffre évidemment insuffisant qui vous est proposé pour les deux Ecoles d'Athènes et de Rome.

Le rapport de l'honorable M. Bardoux constate que l'Ecole française de Rome a été créée pour entretenir six jeunes savants aux frais de l'État. Or le chiffre qu'on nous propose ne représente que la pension de trois membres de l'Ecole de Rome. Il est évident que si nous voulons avoir à Rome une grande institution scientifique, capable de rivaliser avec une institution du même genre que l'Allemagne entretient à Rome à grands frais, nous ne pouvons pas n'y maintenir, même pendant un an, que le nombre dérisoire de trois pensionnaires.

La commission, nous dit le rapport, s'est contentée de demander la pension de trois membres de l'École de Rome, parce que tel est le nombre actuel des membres nommés. Mais M. le Ministre ne voudra pas s'en tenir là. Trois élèves ne constituent pas une grande institution scientifique, sous la direction d'un membre de l'Institut. L'École a été instituée pour six élèves; c'est pour ce chiffre qu'il faut voter un crédit. Voilà pourquoi je vous demande une somme de 10 800 francs pour la pension de trois nouveaux membres de l'Ecole de Rome, chaque pension étant fixée au chiffre de 3 600 francs.

Je demande en outre 3 000 francs de plus pour les publications des deux Écoles d'Athènes et de Rome.

La commission propose 5 000 francs pour les deux Ecoles, soit 2 500 francs pour chacune.

Or elle nous demande 4 000 francs pour les fouilles et pour les moulages. Elle reconnaît ainsi quels sont les services que ces deux écoles peuvent rendre à l'archéologie.

Dans ces deux Écoles d'Athènes et de Rome, qui représentent non pas seulement les richesses archéologiques propres à ces deux villes, mais celles que l'on peut trouver en Orient et en Italie, ce n'est pas trop de 4 000 francs pour les fouilles et pour des moulages; mais ce n'est évidemment pas assez de 5 000 francs pour les publications. L'École des hautes études de Paris obtient 8 000 francs pour ses publications, et ce n'est pas moi qui viendrai contester ce chiffre. Mais ces publications d'œuvres archéologiques entreprises au loin, à la suite de fouilles et au prix de frais artistiques considérables, ces publications réclament évidemment quelque chose de plus que 2 500 francs par Ecole.

Je crois donc que vous ne refuserez pas d'accepter mon amendement, qui se réduit à une simple augmentation de 13 800 francs soit 10 800 francs pour l'entretien de trois nouveaux pensionnaires à Rome et 3 000 francs pour les publications des deux Ecoles d'Athènes et de Rome. (Très bien! très bien!)

28 juillet 1876.

III. — Traitements et situation des professeurs.

M. Emile Beaussire. Messieurs, le rapport de votre commission sur le budget de l'instruction publique est précédé d'une introduction dans laquelle l'honorable rapporteur préconise deux réformes excellentes; je m'unis à lui pour recommander ces deux réformes à M. le Ministre de l'instruction publique, et je désire, à cette occasion, présenter à la Chambre quelques observations que je m'efforcerai de rendre aussi brèves que possible.

Les deux points dont il s'agit concernent les professeurs de l'enseignement secondaire et les professeurs de l'enseignement supérieur.

Les professeurs de lycées sont répartis en classes personnelles, dont les traitements varient de 200 à 300 francs dans les départements et de 500 francs à Paris. Mais cette différence n'est pas la seule. Il y en a une plus considérable qui résulte des catégories de lycées. Cette seconde différence jette une très grande perturbation dans le recrutement du personnel des lycées. Elle nuit à l'avancement sur place. Elle maintient dans une situation inférieure des professeurs très méritants qui, pour des raisons respectables, ne veulent pas quitter les lycées dans lesquels ils sont employés.

Il y a un autre inconvénient qui est signalé dans le rapport de mon ami M. Duvaux.

Il arrive assez souvent que des professeurs d'un certain âge, fatigués par l'enseignement, ne conviennent plus pour un lycée important, et qu'il y aurait avantage à les faire passer dans un lycée inférieur. Dans l'état actuel, on ne le peut pas sans faire subir à leurs appointements une diminution sensible. Aussi qu'arrive-t-il? Les jeunes professeurs, qui suffisent ou qui croient pouvoir suffire à tout, ambitionnent, dès les premières années, les grands lycées, et les lycées inférieurs sont exposés à des mutations continuelles. D'un autre côté, au préjudice de l'enseignement, des professeurs usés, devenus moins capables, sont maintenus dans les grands lycées, alors qu'ils conviendraient plutôt pour des lycées inférieurs. Pour remédier à cet inconvénient, le rapport vous propose d'autoriser le Ministre de l'instruction publique à faire passer un professeur d'un lycée dans un autre, sans tenir compte des catégories, et en lui conservant ses appointements. Eh bien, cette réforme qui, je le répète, est excellente, conduit à une autre plus large et non moins légitime : c'est la suppression des catégories de lycées ; ces catégories ne reposent, en effet, que sur la différence des traitements.

Si un professeur peut changer de lycée en conservant absolument son traitement, il n'y a plus de raison de maintenir les catégories.

C'est donc une réforme que je crois pouvoir signaler à toute l'attention de M. le Ministre de l'instruction publique.

Il y aurait à cette réforme, messieurs, un autre avantage, auquel, comme gardiens du bon emploi des deniers publics, vous ne seriez pas insensibles.

Tous les ans, on vous demande d'élever des lycées d'une catégorie inférieure à une catégorie supérieure. Cette année encore, on vous demande, je crois, 125 000 francs pour favoriser ainsi un certain nombre de lycées, et un amendement de l'honorable M. Renault-Morlière vous propose de porter cet accroissement à 250 000 francs.

Je suis prêt, quant à moi, à voter les 125 000 et même les 250 000 francs. Mais quelle est la conséquence de cette élévation de lycées d'une catégorie à une autre ? C'est que vous accordez en bloc un avancement important à tous les professeurs des lycées qui sont ainsi élevés d'une catégorie. Or, parmi ces professeurs, il y en a de plus ou moins méritants ; cependant tous sont favorisés. Et, d'un autre côté, il y a, dans les lycées que vous maintenez dans une catégorie inférieure, des professeurs non moins méritants qui n'obtiennent aucun avancement.

Si les catégories n'existaient pas, les sommes que vous mettez à la disposition du Ministre de l'instruction publique et dont il fait le plus libéral usage, ces sommes seraient attribuées, comme avancement, aux professeurs des lycées suivant leurs titres et leurs mérites respectifs ; la justice distributive serait beaucoup mieux observée.

Je n'insiste pas, messieurs, sur cette réforme relative à l'enseignement secondaire; j'arrive à ce qui concerne l'enseignement supérieur.

Les traitements des professeurs des facultés sont répartis, depuis 1875, de la façon la plus arbitraire. Je ne parle pas des facultés de Paris, qui sont à part; mais, dans les facultés de province, ces traitements varient de 6 000 à 11 000 francs, et il n'y a, pour servir de base à ces différences de traitement, aucune règle, aucun principe fixe.

Quand M. le Ministre de l'instruction publique a des fonds disponibles, il accorde à tel ou tel professeur une augmentation d'appointements de 500 francs ou de 1 000 francs.

Ces augmentations, qui, je n'en doute pas, sont justifiées, se donnent sans aucun contrôle; elles ne reçoivent qu'une publicité restreinte. Et en effet, messieurs, comme le dit très bien l'honorable M. Duvaux dans son rapport, il serait contraire à la dignité des professeurs de facultés qu'on lût au *Journal officiel* : « Le traitement de M. un tel, professeur à telle faculté, est élevé de 6 500 francs à 7 000 francs. » Un avancement purement pécuniaire n'est plus qu'une gratification; il n'est pas un honneur, et ni le professeur qui obtient cet avancement, ni le gouverdement qui le confère, n'éprouvent le besoin de le rendre public. Pour satisfaire à toutes les convenances et pour établir de véritables règles, le rapport vous propose, ou plutôt propose à M. le Ministre de l'instruction publique, de répartir les professeurs des facultés en un certain nombre de classes personnelles. Dès lors, plus d'arbitraire; dès lors aussi, contrôle assuré de l'opinion publique. Rien de plus convenable que de mettre au *Journal officiel* : « M. un tel, professeur à telle faculté, est élevé de la 3e à la 2e classe. » L'élévation de classe est un honneur, messieurs, et une simple augmentation d'appointements, ou plutôt une gratification, s'accorde dans l'ombre du cabinet de M. le Ministre de l'instruction publique.

Je n'ai donc que des éloges à donner à cette réforme [1].

1. Cette réforme est aujourd'hui accomplie.

Mais M. le rapporteur en tire une conséquence au sujet de laquelle certaines réserves me paraissent nécessaires.

Voici, messieurs, le passage du rapport que je crois devoir discuter :

« L'adoption de cette réforme, dit l'honorable M. Duvaux, entraîne comme conséquence la suppression au moins partielle de l'inamovibilité que l'usage, à défaut des lois et des règlements, a établie pour les professeurs des facultés. »

Tout d'abord, je ne vois pas comment la question de l'inamovibilité se lie à la réforme proposée par l'honorable M. Duvaux; ce sont là deux ordres de questions qui me paraissent absolument différents. Il ne s'agit pas, en effet, d'augmenter d'une façon plus ou moins considérable les traitements des professeurs des facultés et de leur demander, comme compensation, le sacrifice partiel ou total de leur inamovibilité; et, alors même qu'il en serait ainsi, soyez certains qu'ils n'y consentiraient pas. Ils aimeraient mieux le maintien des garanties qui protègent leur situation contre l'arbitraire qu'une augmentation, quelque considérable qu'elle fût, de leurs appointements.

Laissons donc cette question de l'inamovibilité sans la rattacher aux classes que l'on propose d'établir entre les professeurs de facultés.

« Il y a, dit le rapport de mon ami M. Duvaux, une inamovibilité consacrée, non pas par la loi et par les règlements, mais par l'usage. »

Je crois qu'il en est tout autrement : la situation des professeurs des facultés comme celle des professeurs des lycées, est consacrée par des lois et des décrets d'une précision parfaite. Parmi ces lois, il y a celle que nous avons faite l'année dernière et à laquelle l'honorable M. Duvaux a collaboré comme moi, puisque nous faisions partie de la commission qui l'a préparée : c'est la loi sur le Conseil supérieur de l'instruction publique.

D'après cette loi, nul professeur, soit de l'enseignement secondaire, soit de l'enseignement supérieur, ne peut être dépossédé de sa chaire par révocation, suspension ou retrait d'emploi, sans un jugement du conseil académique, avec faculté de recours devant le Conseil supérieur, et ce jugement doit être rendu à la majorité des deux tiers des voix. De plus, aucun professeur de l'enseignement supérieur ne peut être transféré dans un emploi inférieur que dans les mêmes formes, avec un pareil jugement rendu à la majorité des deux tiers des voix.

Voilà, messieurs, une première garantie, je ne dis pas d'inamovibilité, — il n'y a pas une inamovibilité absolue pour l'enseignement secondaire ou pour l'enseignement supérieur, — mais une garantie qui assure aux professeurs une situation à l'abri de l'arbitraire.

Je ne pense pas que la commission du budget, je ne pense pas que mon ami M. Duvaux nous demandent de renoncer à cette garantie. Mais il y a un autre cas indiqué dans le rapport; ce cas, c'est celui de l'admission à la retraite. Ce cas n'est réglé par aucune loi; mais il est réglé par un décret rendu il y a cinq ans. D'après ce décret, nul professeur de l'enseignement secondaire ou de l'enseignement supérieur ne peut être admis à la retraite, s'il ne l'a demandée, qu'après avis du Comité consultatif de l'enseignement s'il s'agit d'un professeur de l'enseignement secondaire, et qu'après avis du Conseil supérieur de l'instruction publique s'il s'agit d'un professeur de faculté.

Il n'y a là qu'un simple décret. Sans consulter les Chambres, M. le Ministre de l'instruction publique peut proposer à M. le Président de la République d'abroger ou de modifier ce décret. Je crois, pour ma part, qu'il doit être modifié, et je vous en donnerai tout à l'heure les raisons. Mais ce que vous ne voudriez pas, ce que certainement M. le Ministre de l'instruction publique ne voudrait pas, c'est qu'on lui conférât le droit de disposer de la chaire d'un professeur, soit de l'enseignement secondaire, soit de l'enseignement supérieur, sans aucune règle et sous son bon plaisir.

M. le Ministre de l'instruction publique s'est honoré en nous disant dans la discussion du projet de loi sur le Conseil supérieur qu'il désirait un sérieux contrôle, que ce qu'il appelait de tous ses vœux, c'était un frein, non pas à un arbitraire contre lequel il se sent, dans la sincérité de ses intentions, suffisamment en garde, mais au soupçon de l'arbitraire.

Il nous a demandé et nous avons été heureux de lui accorder un conseil où les intérêts universitaires fussent largement représentés.

Ce conseil vient de fonctionner pour la première fois

et il a donné toute satisfaction et à l'opinion publique et à M. le Ministre. M. le Ministre a trouvé dans les membres de ce conseil des collaborateurs animés des mêmes sentiments que lui, du même dévouement à l'Université, et ils ont fait preuve en même temps d'un complète indépendance, à laquelle il a été le premier à rendre hommage.

Je crois donc que, pour les retraites, aussi bien que pour les autres mesures qui peuvent atteindre les fonctionnaires de l'enseignement, M. le Ministre ne voudrait pas se passer de contrôle.

Aucun contrôle ne lui paraît meilleur que celui du Conseil supérieur de l'instruction publique; seulement, messieurs, voici où le décret de 1875 pourrait être utilement modifié.

Lorsque ce décret a été rendu, il n'existait pas dans le Conseil supérieur de section permanente. Cette section, nous l'avons rétablie, et c'est là une des plus heureuses dispositions de la loi nouvelle. Eh bien, messieurs, je crois, et c'est une idée que je soumets à M. le Ministre, qu'il vaudrait beaucoup mieux consulter sur les retraites la section permanente que le Conseil supérieur tout entier.

Il s'agit là de questions délicates, qui doivent se traiter en quelque sorte en famille. Il ne faut pas étaler devant un conseil composé de soixante personnes, recrutées dans tous les rangs de l'enseignement public ou libre, les reproches que l'on peut faire à tel professeur de faculté, reproches qui n'atteignent pas sans doute son honneur, mais qui portent sur des défaillances de sa santé ou de son intelligence, et qu'un ministre, soucieux de la dignité du corps enseignant, répugnera toujours à porter devant une nombreuse assemblée.

M. de Gasté. Très bien! très bien!

M. Beaussire. La réforme que je propose n'a pas pour but de rendre plus difficile l'admission à la retraite des professeurs des facultés; elle aura pour effet, au contraire, de la rendre plus facile.

Actuellement, le Ministre de l'instruction publique hésite à soumettre au Conseil supérieur ces questions de retraite; et, avant le décret de 1875, il reculait devant la nécessité de les trancher lui-même; il ne lui paraissait pas possible, sans aucun avis, sans aucun contrôle, de déclarer qu'un professeur, comptant de longues et brillantes années de services dans l'enseignement supérieur, tout d'un coup, sans demande de sa part, fût enlevé à sa chaire et mis à la retraite.

Il y a enfin un cas qui n'est l'objet d'aucune disposition directe dans les lois et dans les décrets : c'est le transfert d'un professeur d'une faculté dans une autre. Pendant longtemps, messieurs, ce transfert a été absolument inconnu : il s'est produit pour la première fois sous l'empire, et il y en a eu, à mon vif regret, un exemple sous le gouvernement actuel. Je crois que ce sont là des actes absolument contraires à la loi qui régit le recrutement des professeurs des facultés.

D'après cette loi, quand une vacance se produit dans une faculté, le ministre, avant de proposer la nomination d'un nouveau professeur à la signature de M. le Président de la République, doit demander à la faculté où se produit la vacance la présentation de deux candidats.

Cette présentation de la faculté, absolument nécessaire d'après la loi, était suivie autrefois d'une présentation du Conseil académique.

D'après la loi de 1879, la section permanente du Conseil supérieur de l'instruction publique est substituée pour cette présentation au Conseil académique.

Mais, quoi qu'il en soit, nul professeur ne peut être nommé dans une faculté où une vacance se produit, sans une double présentation.

Quand il y a des chaires nouvelles, le Ministre désigne lui-même parmi les docteurs le nouveau professeur; mais, quand il y a une vacance, quand il s'agit de pourvoir à une chaire déjà existante, il faut, je le répète, les deux présentations de la faculté où la vacance se produit et de la section permanente du Conseil supérieur.

A quelles conditions le Ministre peut-il donc faire passer un professeur d'une faculté dans une autre? A la condition qu'il demande à cette autre faculté des présentations, et à la condition encore que, à la suite de ces présentations, il en demande aussi à la section permanente du Conseil supérieur de l'instruction publique.

Je me hâte d'ajouter que le Ministre n'est pas lié par ces deux présentations; il peut, d'après le décret-loi de 1852, nommer en dehors des candidats présentés; mais c'est cependant une garantie, et il est parfaitement certain qu'un ministre qui respecte le corps à la tête duquel il est placé n'ira pas, sans les motifs les plus graves, à l'encontre de ces deux présentations.

Ainsi, messieurs, dans tous les cas que l'on peut supposer, il y a des garanties qui assurent la situation des professeurs de l'enseignement supérieur, comme celle des professeurs de l'enseignement secondaire. Les garanties sont moins étroites pour les professeurs de l'enseignement secondaire, et je vais vous en dire la raison : c'est que les professeurs de l'enseignement supérieur sont des magistrats; ils ont, en effet, dans leurs mains la collation des grades.

Eh bien, messieurs, il ne faut pas que, dans l'exercice de cette magistrature, ils soient exposés à un changement arbitraire. Il ne faut pas qu'on puisse dire que tel examinateur est atteint parce que tel jugement qu'il a rendu a déplu au gouvernement; il ne le faut pas et pour la dignité du corps enseignant et pour la dignité du Ministre lui-même.

Mais, en dehors de cette raison, qui est particulière aux professeurs de l'enseignement supérieur, l'exercice de l'enseignement public est soumis à des conditions trop rigoureuses et trop difficiles pour que les professeurs qui ont gagné leurs grades par leur travail, qui ont passé par une série d'examens et de concours soient traités comme de simples fonctionnaires, comme de simples employés du ministre dont ils dépendent.

Cette différence entre les membres du corps enseignant et les autres fonctionnaires, vous l'avez voulue, messieurs, vous avez vous-mêmes amélioré dans ce sens la loi du Conseil supérieur de l'instruction publique. Vous y avez introduit des garanties que M. le Ministre ne vous demandait pas, que la commission n'avait pas osé vous demander. Vous avez prouvé ainsi qu'il n'y avait pas à vos yeux d'intérêt plus respectable, d'intérêt plus sacré que l'indépendance du corps enseignant. Ce n'est pas l'inamovibilité absolue, je le répète, mais ce sont des garanties sérieuses qui ne doivent pas être livrées à l'usage, qui doivent être confirmées par les lois ou par des décrets ayant force de loi. Ces garanties, je les mets sous votre protection, messieurs, sous la protection éclairée de M. le Ministre; je suis sûr qu'il n'y sera pas porté atteinte.

J'aurais, messieurs, une autre question à traiter devant vous, au sujet des professeurs de facultés.

Dans ces dernières années, vous avez augmenté d'une façon considérable le personnel des professeurs de facultés ; vous avez voté des crédits pour créer des chaires nouvelles; vous avez ajouté aux professeurs de facultés des maîtres de conférences, chargés, soit de suppléer aux lacunes de leur enseignement, soit de les aider dans les examens. Ce sont là, messieurs, des réformes auxquelles personne n'applaudit plus que moi.

Mais je dois dire que ces réformes ont été exécutées au hasard. On a fait, en ce qui concerne les chaires mêmes, des créations parfaitement utiles, parfaitement justifiées, mais qui n'étaient pas indispensables, et on n'a pas créé des chaires qui sont les éléments nécessaires de notre enseignement supérieur. C'est surtout, messieurs, pour les facultés des lettres que je ne puis me défendre d'adresser ce reproche, non pas à M. le Ministre actuel de l'instruction publique, mais à l'administration universitaire depuis plusieurs années.

Quelles sont les chaires indispensables dans les facultés des lettres? Ce sont d'abord les chaires où l'on enseigne les littératures classiques, la littérature grecque, la littérature latine, la littérature française, puis les chaires de littératures étrangères, et enfin les chaires de philosophie et d'histoire.

Eh bien, messieurs, dans un grand nombre de facultés, il n'y a qu'une seule chaire pour la littérature grecque et pour la littérature latine.

Cette réunion de deux enseignements si importants dans une seule chaire se comprenait lorsque les facultés n'avaient que des auditeurs bénévoles, en quelque sorte des amateurs, qui venaient y chercher une sorte d'amusement élevé plutôt qu'une instruction sérieuse; mais aujourd'hui nous voulons que l'enseignement supérieur conduise aux grades, nous voulons qu'il ait une destination absolument scientifique. Eh bien, dès lors, vous paraît-il possible que le même professeur enseigne à la fois la littérature grecque et la littérature latine? C'était donc là la première création à faire : dédoubler les chaires de littérature ancienne partout où elles étaient réunies. Au lieu de cela, on a laissé subsister dans un trop grand nombre de facultés la réunion des deux chaires en une seule; on a créé dans d'autres facultés des chaires d'antiquités grecques et latines, des chaires de géographie, de langues romanes, dont je ne conteste pas l'utilité, mais qui, auprès de celles dont je regrette l'absence dans certaines facultés, peuvent passer pour des chaires de luxe, parce qu'elles répondent moins directement à la destination essentielle de l'enseignement supérieur.

Il y a eu, messieurs, dans les créations de conférences, le même arbitraire. Telle faculté possède quatre maîtres de conférences, telle autre n'en possède que trois, telle autre deux, telle autre un, telle autre pas un seul. Je ne suis pas fanatique de l'uniformité; il y a dans nos centres universitaires des besoins divers, et il est juste que l'on en tienne compte, mais il y a aussi des nécessités communes. Ces nécessités communes sont de deux sortes : il y a les besoins de l'enseignement et ceux des examens. Il faut d'abord que, partout où existe une faculté, elle ait ses organes essentiels, et ces organes, je vous les ai indiqués tout à l'heure; il faut aussi qu'elle ait un personnel suffisant pour l'autre partie de sa tâche, les examens. Eh bien, la distribution des titulaires, des chargés de cours et des maîtres de conférences entre les différentes facultés, non seulement ne donne pas satisfaction aux besoins essentiels de l'enseignement; mais elle n'est pas en rapport avec la seconde partie de leur tâche, avec les besoins des examens.

Il y a des facultés qui font peu d'examens relativement et qui ont un personnel de 11 à 12 professeurs, y compris les maîtres de conférences. Il y a d'autres facultés qui font beaucoup d'examens et qui sont réduites à six maîtres, six maîtres pour une tâche qui absorbe tous leurs instants et épuise toutes leurs forces!

Je vous citerai comme exemple une faculté que je connais bien, celle de Poitiers, pour laquelle un amendement a été présenté par mes honorables collègues MM. Hérault et Salomon et par moi.

Cette faculté est, après celle de Toulouse, celle qui fait passer le plus d'examens de baccalauréat et de licence; c'est aussi une de celles qui s'imposent le plus rude travail pour la préparation aux examens. Placée au centre d'une académie qui comprend 8 départements et 8 lycées, elle reçoit chaque semaine un nombre considérable de devoirs qu'elle corrige par correspondance. Eh bien, cette faculté, elle est réduite à 6 membres, 5 professeurs titulaires et un maître de conférences; elle a à peine la moitié du personnel des facultés de Lyon ou de Bordeaux.

Messieurs, c'est un état de choses que M. le Ministre de l'instruction publique ne voudra pas maintenir.

La commission n'a pas cru devoir adopter l'amendement que nous avons présenté pour la faculté de Poitiers; il y avait peut-être des raisons budgétaires qui s'y opposaient, je n'en sais rien; mais si cet amendement ne doit pas être adopté, s'il doit être ajourné, je demanderai à M. le Ministre de l'instruction publique, dans les limites des crédits, dans les limites aussi du personnel dont il dispose, de donner à la faculté de Poitiers un ou deux maîtres de conférences de plus pour soulager les professeurs.

Vous ne voulez pas, et vous avez raison de ne pas vouloir, que la fonction de professeur de faculté soit une espèce de retraite anticipée. Vous voulez que les maîtres auxquels est confié notre enseignement supérieur apportent, soit dans l'enseignement, soit dans les examens, le zèle le plus actif. Mais il ne faut pas cependant que quelques-uns soient épuisés par des labeurs au-dessus de leurs forces, tandis que vous laissez à d'autres des loisirs qui ne seront pas perdus pour d'utiles travaux personnels.

Vous le savez, messieurs, c'est la noble consolation de toutes les fatigues qu'impose l'enseignement supérieur de pouvoir trouver, à côté du rude travail de professeur et d'examinateur, le temps de se livrer à des travaux scientifiques et littéraires qui honorent l'Université et qui honorent l'esprit français.

Pour toutes ces considérations, je recommande à M. le Ministre de l'instruction publique et les deux réformes qui lui sont recommandées par l'honorable rapporteur et cette autre réforme plus modeste, mais non moins nécessaire, que je me suis permis de lui indiquer, qui consiste à pourvoir dans toutes les facultés aux besoins nécessaires et à répartir plus équitablement le personnel. Dans l'accomplissement de ces diverses réformes, M. le Ministre continuera à bien mériter de l'Université, et moi, vieil universitaire, je lui en exprime d'avance toute ma reconnaissance. (Marques d'approbation sur divers bancs.)

26 juin 1880.

IV. — Traitements des professeurs des lycées

M. Beaussire. Messieurs, je ne viens pas contester, et j'aurais mauvaise grâce à le faire, l'augmentation qui vous est demandée sur le crédit affecté au personnel enseignant des lycées départementaux. Cette augmentation se justifie par les considérations les plus sérieuses, les plus respectables. Je désire seulement soumettre à M. le Ministre de l'instruction publique quelques observations sur la répartition proposée.

Il est bien entendu, ainsi que M. le Président le faisait observer tout à l'heure, que cette répartition n'a aucun caractère légalement obligatoire, que le Ministre de l'instruction publique est libre, dans les limites du chapitre pour lequel le crédit est voté, d'en effectuer la répartition comme il l'entendra, au mieux des intérêts du service. C'est sous le bénéfice de ce principe que je vous demande la permission de vous exposer en peu de mots mes réserves sur le mode de répartition qui avait été proposé par le précédent Ministre de l'instruction publique et auquel la commission a donné son assentiment. Il s'agit, dans les intentions généreuses de la commission, d'accorder une augmentation de 500 francs à tous les fonctionnaires des lycées pourvus du titre d'agrégé. Or nul n'est professeur dans un lycée s'il n'est agrégé. Le titre de professeur est attaché à l'agrégation.

Il s'agit donc d'augmenter en bloc uniformément, sans tenir compte de leurs services, les traitements de tous les professeurs des lycées.

Il s'agit de rémunérer de la même façon ceux qui ne comptent pas même une année d'agrégation et de services, aussi bien que les plus vieux serviteurs de l'Université. C'est là un procédé qui me paraît contraire à toutes les règles d'une bonne administration et qui nulle part ne serait plus regrettable que dans l'instruction publique; en effet, messieurs, ce qui manque le plus à l'Université, ce sont les garanties d'un avancement régulier et sérieux. Il n'y a pas de carrière où les débuts soient entourés de plus d'avantages. Un élève sortant de l'Ecole normale, reçu agrégé, reçoit, à ses débuts dans un lycée, 3 000 francs de traitement.

Ce n'est pas le Pactole, mais assurément ce n'est pas sur

ce traitement de début que le besoin d'une augmentation de 500 francs se fait véritablement sentir. Ce qu'il faut au jeune professeur, c'est l'avenir, c'est l'avancement assuré alors que l'âge viendra, alors que viendront les charges de famille, alors qu'aussi on aura la conscience d'avoir mérité, par de continuels et utiles labeurs, un sérieux supplément de bien-être.

Dans nos lycées des départements, messieurs, il y a pour l'avancement un luxe de classifications. Les lycées sont partagés en quatre catégories, et il y a dans chacune de ces catégories trois classes de professeurs.

Cela fait donc douze échelons pour l'avancement. Or savez-vous quelle est la différence d'appointements entre le premier et le douzième échelon? La différence n'est que de 2 000 francs.

Ainsi un professeur qui débute avec 3 000 francs a besoin de gravir successivement 12 degrés pour arriver, s'il y arrive jamais, à un traitement de 5 000 francs. C'est là qu'est le vice, et ce vice est encore plus grand qu'il ne paraît au premier abord; en effet, messieurs, les titres des classes et des catégories supérieures sont tellement rares, que très peu de professeurs atteignent la fin de leur carrière après avoir obtenu le titre tant convoité de professeur de première classe dans un lycée de première catégorie.

M. le Ministre de l'instruction publique aura, suivant l'usage, à signer dans quelques jours les arrêtés de promotions de classes pour les professeurs des lycées : il verra alors combien peu de services il peut récompenser par ces promotions. Que M. le Ministre use donc avec discernement de la liberté qui lui est laissée dans la répartition des 600 000 francs que la commission du budget veut bien mettre à sa disposition et que l'Assemblée, j'en suis convaincu, ne lui refusera pas. Qu'il ne se contente pas de cette augmentation uniforme des traitements, qui lui est proposée. Qu'il sache prendre une série de mesures pour augmenter les traitements des classes et des catégories supérieures, et pour accroître également le nombre de de ceux qui, chaque année, peuvent obtenir une promotion de classe.

De cette façon, monsieur le Ministre, vous encourageriez les efforts des professeurs au lieu de récompenser, dès le début, un mérite assurément très digne d'encouragement, mais qui peut attendre et qui a même tout intérêt à attendre.

Messieurs, je vous demande pardon d'arrêter votre attention sur un sujet aussi spécial; mais, puisque l'Assemblée vote le budget de l'enseignement secondaire, c'est assurément son devoir de se rendre compte de l'usage qui sera fait des crédits accordés par elle.

Les nouveaux agrégés ne sont pas tous des débutants; beaucoup n'arrivent à l'agrégation qu'après plusieurs années d'enseignement avec le titre de chargés de cours; mais, messieurs, un clargé de cours qui est reçu agrégé est aussitôt nommé titulaire; il obtient par là une augmentation de traitement qui, dans la plupart des cas, n'est pas moindre de 800 francs. Il n'y a, en effet, que les plus jeunes chargés de cours, ceux de la dernière classe, qui se présentent d'ordinaire à l'agrégation; or, entre la dernière classe des chargés de cours et la dernière classe des titulaires, la différence est de 800 francs. Une telle différence constitue un avancement assez considérable pour qu'il ne soit pas nécessaire d'y ajouter de prime abord une augmentation de 500 francs.

Réservons donc, messieurs, pour les services les plus méritants, le nouveau crédit ouvert au budget de l'instruction publique. Développons l'avancement au choix sur les bases établies, qu'il n'y a pas lieu de modifier, mais seulement d'élargir. Ajoutons-y l'avancement à l'ancienneté, qui n'a pas moins sa raison d'être dans l'Université que dans l'armée. Jamais peut-être semblable occasion ne se présentera pour opérer une amélioration vainement attendue jusqu'ici par le corps enseignant.

Avec les 302 000 francs d'augmentation qui vous sont donnés, vous pouvez faire un bien énorme, monsieur le Ministre, et vous aurez bien mérité, l'Assemblée et vous, de l'Université; vous aurez bien mérité de ce modeste enseignement secondaire, où se forment les classes dirigeantes de la société.

Je le répète donc, je n'oppose aucune objection au crédit demandé; je regrette même qu'il ne soit pas plus élevé : mes critiques ne s'adressent qu'à la répartition. J'exprime le vœu que l'administration de l'instruction publique veuille bien en étudier une meilleure en s'inspirant, s'il y a lieu, de mes observations.

15 décembre 1873.

V. — Collèges communaux.

M. Beaussire. Messieurs, la question est très grave ; elle intéresse l'instruction dans un nombre considérable d'établissements ; je vous prie de m'accorder quelques minutes d'attention. (Parlez ! parlez !)

Je ne viens pas défendre absolument l'amendement de l'honorable M. Hérault ; lui-même a reconnu que son chiffre pouvait paraître excessif. Pour moi, je serais disposé à accepter le chiffre proposé par M. le Ministre de l'instruction publique ; mais ce que je ne puis admettre, c'est que nous devions refuser toute augmentation ayant une destination spéciale, parce que ce serait engager l'avenir. Alors nous ne devrions rien voter, pas même la subvention qui nous est demandée par la commission du budget, d'accord avec M. le Ministre, au chapitre qui nous occupe actuellement. En effet, que nous dit le rapport de l'honorable M. Bardoux ? « La commission, donnant satisfaction à un amendement présenté par l'honorable M. Lanel, accepte une augmentation de 200 francs sur les traitements des professeurs des collèges communaux qui ont le grade de licencié ès lettres ou ès sciences. »

Eh bien, ne pourrait-on pas dire, en s'emparant de l'argumentation de M. le Ministre de l'instruction publique : Ne votez pas cette augmentation, car c'est engager l'avenir, car vous sortez du caractère que doit avoir votre subvention, qui est purement facultative et annuelle ! Messieurs, nous verrons l'année prochaine si nous devons rester fidèles à notre vote de cette année ; l'avenir est toujours libre ; mais nous ne pouvons refuser une amélioration vraiment utile, vraiment urgente, sous prétexte que le crédit qu'elle exige pourrait engager l'avenir.

Eh bien, le même raisonnement qui justifie l'augmentation en faveur des licenciés s'applique dans toute sa force à la proposition de l'honorable M. Hérault. M. Hérault se plaint, avec juste raison, que les professeurs de nos collèges communaux parcourent toute leur carrière sans espoir d'avancement. A part un petit nombre qui peuvent entrer dans les lycées ou devenir principaux de collèges, presque tous restent toute leur vie professeurs de collèges communaux, avec un traitement dont le maximum ne dépasse guère 2 000 francs. Eh bien, il n'est pas d'une bonne administration de maintenir cet état de choses.

Comment pourrait-on y porter remède? On le pourrait, je crois, sans toucher au caractère municipal que doivent conserver les collèges communaux. Les collèges communaux, tout le monde le reconnaît, ne se suffisent pas à eux-mêmes : de là la nécessité d'une subvention de l'Etat. L'Etat peut dire aux villes qui entretiennent ces collèges : Je vous accorde une subvention de 600 000 francs, et je voudrais qu'elle fût de 1 million; mais il faut, d'un autre côté, que vous, conseils municipaux, vous preniez l'engagement d'établir dans vos collèges l'avancement sur place ; il faut que vous preniez l'engagement d'accorder à vos professeurs, après dix ans d'exercice, une augmentation; après dix autres années, une autre augmentation. Il y a là un marché parfaitement légitime, dans lequel chacun est libre, mais que l'Etat a le droit ou plutôt le devoir de proposer et que, j'en suis sûr, les conseils municipaux ne repousseront pas. Ce marché est celui-ci :

Vous voulez une subvention de l'Etat, vous, conseils municipaux : nous vous l'accordons; mais nous, l'Etat, qui vous donnons des professeurs, qui engageons notre responsabilité dans leur nomination et dans leur maintien, qui leur laissons, avec le caractère de fonctionnaires municipaux, celui de fonctionnaires publics et de membres de l'Université, nous vous demandons de leur assurer, dans le cours de leur carrière, une augmentation progressive de traitement. Il n'y a rien là qui sorte des règles ; il n'y a rien qui porte dérogation aux principes.

Je désirerais donc que M. le Ministre de l'instruction publique voulût bien entrer dans cette voie pour la subvention que nous lui accordons actuellement. S'il nous donnait satisfaction sur ce point, j'engagerais mon honorable collègue et ami M. Hérault à retirer son amendement pour cette année. Ce que nous voulons, c'est que ces fonctionnaires si utiles, si dévoués des collèges communaux aient un avancement assuré. Je remettrais l'augmentation progressive de leur traitement à de nouveaux budgets; mais il y a un principe que je ne puis pas abandonner : c'est la nécessité d'établir dans les collèges communaux, comme dans les lycées et les autres établissements de l'Université, l'avancement sur place; il faut que les professeurs qui débutent aient devant eux une carrière ; il faut qu'ils sachent que, s'ils se dévouent à l'enseignement, ils ne sont pas exposés, après dix ans, après quinze ans, souvent après trente ans de services, à végéter avec le minime traitement de leurs débuts.

Voilà, messieurs, les observations que je voulais présenter et sur lesquelles je ne serai pas, je l'espère, en désaccord avec M. le Ministre de l'instruction publique. (Très bien ! très bien ! sur divers bancs.)

28 juillet 1876.

VI. — Inspecteurs généraux et fonctionnaires des Académies.

M. Emile Beaussire. L'honorable M. Villiers reprochait tout à l'heure à la commission du budget d'avoir été trop large pour la dotation de l'instruction publique. Je lui ferai, quant à moi, le reproche contraire.

Elle a supprimé un certain nombre de crédits qui me paraissent indispensables et dont le rétablissement, je l'espère, sera demandé par M. le Ministre de l'instruction publique. Elle a notamment refusé la création de deux inspecteurs généraux de l'enseignement secondaire.

Cette création, messieurs, est devenue absolument nécessaire pour deux motifs : le premier, c'est la nécessité, reconnue désormais par le gouvernement comme par vous-mêmes, d'exercer sur l'enseignement libre, aussi bien que sur l'enseignement public, une inspection véritablement efficace. De là, pour les inspecteurs généraux, un travail plus considérable et qui suffirait pour justifier la création de deux emplois nouveaux.

De plus, le nombre des lycées et des collèges augmente tous les ans, et pour cette raison encore le nombre actuel des inspecteurs est manifestement insuffisant. J'espère donc que M. le ministre maintiendra sa demande.

Mais, dans tous les cas, je ne crois pas devoir laisser passer sans protestation la théorie que, pour la seconde fois, la commission du budget a exposée dans son rapport pour justifier la réduction qu'elle vous propose.

D'après cette théorie, on pourrait se contenter du nombre actuel des inspecteurs généraux en supprimant ou restreignant les tournées annuelles. Il suffirait, suivant M. le rapporteur et suivant la commission qui a adopté son rapport, d'envoyer les inspecteurs généraux sur les différents points du territoire où leur présence pourrait être nécessaire soit pour réprimer tel abus, soit pour constater tel besoin particulier de l'enseignement secondaire; mais il n'y aurait plus lieu de leur demander des tournées régulières.

Eh bien, messieurs, je crois que les tournées régulières des inspecteurs généraux doivent être conservées et qu'elles devraient plutôt être développées.

Quel est, en effet, le but de ces tournées? C'est d'éclairer le Ministre de l'instruction publique sur l'état de l'enseignement dans toute la France et sur les titres des professeurs à l'avancement. Et je crois que, pour ce double objet, rien ne saurait remplacer les inspecteurs généraux.

Par qui, en dehors de ces hauts fonctionnaires, se fait l'inspection de l'enseignement? D'abord, par les chefs mêmes des lycées et des collèges, par les proviseurs et les principaux. Evidemment, ils n'ont pas assez d'autorité pour se rendre compte des besoins généraux de l'enseignement et pour apprécier d'une manière également générale les titres des professeurs. J'en dirai autant des inspecteurs d'académie, qui sont placés, eux aussi, dans un cercle beaucoup trop étroit pour cette double appréciation.

Quant aux recteurs, ayant sous leur juridiction plusieurs départements, ils peuvent offrir au Ministre de meilleures garanties d'une enquête éclairée. Mais les recteurs, qui ont une compétence parfaite pour l'administration, n'en ont qu'une très restreinte pour ce qui concerne l'enseignement.

Comment sont choisis les recteurs? Parmi les docteurs des divers ordres : docteurs en droit, docteurs en médecine, docteurs ès sciences ou ès lettres. On peut même — et j'en ai connu un, — être recteur si l'on est docteur en théologie.

Eh bien, un recteur qui est docteur en droit ou en médecine n'a aucune compétence pour l'enseignement des lettres et des sciences.

Un docteur ès sciences n'a aucune compétence pour les lettres; un docteur ès lettres n'a aucune compétence pour les sciences.

M. le rapporteur. Comment font donc les inspecteurs généraux?

M. Emile Beaussire. Les inspecteurs font leurs tournées toujours au nombre de deux : un inspecteur des sciences et un inspecteur des lettres ; ils représentent ainsi les deux grandes divisions de l'enseignement secondaire. De plus, ils sont tous choisis parmi les anciens professeurs de l'enseignement secondaire, tandis que les recteurs peuvent être absolument étrangers à cet enseignement. Je dis donc que les tournées des recteurs, très utiles pour constater les besoins administratifs, sont absolument insuffisantes pour constater les besoins de l'enseignement.

Par conséquent, je prie instamment M. le Ministre de ne pas adopter la théorie de la commission du budget, et de maintenir les tournées annuelles obligatoires des inspecteurs généraux, en imposant, s'il le faut, aux inspecteurs actuels un surcroît de travail, s'il ne peut pas obtenir la création des deux nouveaux inspecteurs qu'il a très justement demandée.

Voilà les quelques observations que je crois devoir soumettre à la Chambre et à M. le Ministre de l'instruction publique sur le chapitre 3.

Messieurs, sur le chapitre j'ai encore à signaler un acte de parcimonie, à mes yeux excessif, de la commission du budget.

M. le ministre de l'instruction publique avait demandé une augmentation de crédit pour élever les traitements des secrétaires et des commis d'académie, ainsi que ceux des commis d'inspection académique. La commission lui accorde l'élévation de traitement pour les commis d'inspection ; elle la lui refuse pour les commis d'académie et les secrétaires.

Eh bien, messieurs, je suis très content de voir augmenter les traitements de ces modestes et très utiles fonctionnaires, les commis d'inspection. Mais, par le refus qu'elle fait d'une augmentation pour des fonctionnaires plus élevés et non moins méritants, la commission du budget crée une véritable anomalie, je pourrais dire une véritable injustice.

Le traitement des commis d'inspection académique devient égal à celui des commis d'académie. Or les commis d'académie, résidant dans de plus grandes villes, non seulement occupent une position plus haute, mais ils ont plus de difficultés pour la vie. Ce n'est pas tout : les commis d'académie, ayant dans leurs attributions l'enseignement supérieur et l'enseignement secondaire, doivent être pris dans des catégories plus élevées que les commis d'inspection, qui n'ont à s'occuper que de l'instruction primaire. Vous pouvez vous contenter, pour les commis d'inspection, d'un simple instituteur, tandis que, pour les commis d'académie, il faut des bacheliers ès sciences ou ès lettres, et souvent même on choisit d'anciens professeurs de l'Université.

J'ajoute, messieurs, que les commis d'inspection touchent, en général, un supplément de traitement sur les fonds des départements, tandis que les commis d'académie ne reçoivent rien en dehors du modeste traitement de 2 000 francs qui leur est attribué. Je crois donc que M. le Ministre de l'instruction publique avait eu toute raison de demander pour les commis d'académie le supplément de traitement que la commission du budget lui a refusé.

Je ne présente pas d'amendement sur ce chapitre, pas plus que sur le chapitre 3; je m'en rapporte à M. le Ministre : s'il croit ce point trop secondaire pour lutter avec la commission du budget, j'espère du moins que, l'année prochaine, satisfaction sera donnée à la pensée généreuse à laquelle il avait obéi.

M. le Ministre. Ce n'est qu'ajourné; le principe de la dépense est admis.

M. Emile Beaussire. Je n'insiste pas, du moment qu'il est bien entendu que cette augmentation n'est qu'ajournée et qu'elle sera inscrite au budget de 1883.

9 juillet 1881.

IV

INSTRUCTION PRIMAIRE

I. — Proposition de loi.

Exposé des motifs.

La proposition de loi que j'ai l'honneur de présenter à l'Assemblée nationale a pour but d'assurer la diffusion universelle de l'instruction primaire. Elle repousse expressément, pour atteindre ce but, l'enseignement gratuit et ce qu'on appelle l'enseignement laïque. Elle accepte l'enseignement obligatoire, en lui donnant la sanction des récompenses et des encouragements de préférence à celle des pénalités, qu'elle réserve comme une ressource extrême et qu'elle tempère de façon à ne pas compromettre la légitime autorité des familles. Elle tend surtout, sans sacrifier les droits de l'Etat, à favoriser, en leur accordant des garanties nouvelles, la liberté et la décentralisation de l'enseignement. Elle ne fait intervenir l'Etat qu'après le département, le département qu'après le canton, le canton qu'après la commune, la commune qu'après l'initiative individuelle ou collective des particuliers, cette initiative elle-même qu'après la famille, à qui appartiennent, dans l'éducation de l'enfance, les premiers droits et les premiers devoirs.

TITRE Ier. — DE L'INSTRUCTION PRIMAIRE EN GÉNÉRAL.

ART. 1er. — L'instruction primaire a pour base un enseignement moral et religieux, approprié aux cultes professés par les familles.

Elle comprend, outre cet enseignement :

1° La lecture ;

2° L'écriture ;

3° Les éléments de la langue française ;

4° Le calcul et le système légal des poids et mesures ;

5° Des notions pratiques d'arithmétique, de géométrie, de sciences physiques et naturelles ;

6° Les éléments de l'histoire et de la géographie ;

7° Des notions élémentaires sur l'agriculture, le commerce, l'industrie, l'économie politique, le droit usuel et l'hygiène, appropriées aux localités ;

8° Le dessin, le chant et la gymnastique ;

9° Les rudiments de l'instruction militaire pour les garçons ;

10° Les travaux à l'aiguille pour les filles.

Les matières énoncées aux quatre premiers numéros constituent un minimum indispensable pour l'accomplissement éclairé des devoirs du citoyen.

La loi civile, la loi électorale et la loi militaire détermineront les incapacités ou les désavantages dont pourront être frappés ceux qui ne justifieraient pas de ce minimum, ainsi que les avantages qui pourront être faits à ceux qui posséderaient une instruction primaire complète.

ART. 2. — Tout père de famille ou tuteur est obligé de pourvoir, sous la forme et suivant le mode qui lui convient, à l'instruction primaire de ses enfants ou pupilles. Il ne peut être exempté d'en supporter les charges qu'en cas d'insuffisance dûment constatée de ses ressources.

ART. 3. — Toute association formée dans le but de donner l'instruction primaire est reconnue *ipso facto* comme établissement d'utilité publique, à la condition de faire connaître, par une déclaration en forme, au Ministère de l'instruction publique, les noms, professions et domiciles de ses fondateurs ou administrateurs, le siège de son principal établissement et ses statuts.

Le Ministre peut former opposition, devant le Conseil supérieur de l'instruction publique, dans l'intérêt de l'ordre social et des bonnes mœurs, contre la reconnaissance légale d'une association enseignante.

L'opposition n'est recevable que si elle est notifiée aux parties dans les trois mois qui suivent leur déclaration. Le jugement du Conseil ne peut avoir d'effet que s'il est rendu dans les trois mois qui suivent l'opposition.

L'opposition est suspensive.

Le Conseil supérieur peut également, pour les mêmes motifs, retirer aux associations enseignantes le bénéfice de la reconnaissance légale. Ce retrait ne peut être prononcé que sur la demande du Ministre de l'instruction publique et dans les trois mois qui suivent cette demande.

Les associations auxquelles la reconnaissance légale a été refusée ou retirée restent soumises aux lois qui régissent les associations ordinaires.

Art. 4. — Les associations enseignantes légalement reconnues peuvent obtenir la faculté de délivrer à leurs membres des certificats de capacité ayant la même valeur que les certificats de capacité exigés, pour l'enseignement primaire public ou libre, par l'article 25 de la loi du 15 mars 1850. Cette faculté leur est accordée et peut leur être retirée par le Conseil supérieur de l'instruction publique.

Les certificats de capacité délivrés par les associations ne sont valables que s'ils portent la mention d'examens subis avec satisfaction sur les mêmes matières que les examens institués par la loi précitée.

L'article 49 de la loi du 15 mars 1850, relatif aux *lettres d'obédience*, est abrogé.

Art. 5. — Les établissements d'instruction primaire dont les directeurs ou les maîtres ne reçoivent pas leur institution de l'Etat ou des autorités qui le représentent ont le caractère d'*écoles libres*, quel que soit leur mode de fondation ou d'entretien.

Ont seuls le caractère d'*écoles publiques* les établissements d'instruction primaire dont les directeurs ou les maîtres sont des fonctionnaires de l'Etat, placés sous la dépendance directe des autorités préposées à l'instruction publique.

Art. 6. — Les écoles, soit libres, soit publiques, peuvent être *mixtes*, pour les sexes et pour les cultes.

Les écoles mixtes, pour les sexes, doivent être dirigées par des institutrices, ayant satisfait aux mêmes examens que les instituteurs.

Les écoles mixtes, pour les cultes, doivent être tenues de façon à éviter tout ce qui peut blesser la foi de leurs élèves et à leur fournir tous les moyens de recevoir, soit à l'école même, soit au dehors, une instruction religieuse appropriée à leurs cultes respectifs.

TITRE II. — DES INSTITUTIONS MUNICIPALES CONCERNANT L'INSTRUCTION PRIMAIRE.

ART. 7. — Les dépenses de l'instruction primaire, dans chaque commune, sont assurées au moyen :

1° Du produit de la rétribution scolaire payée par les familles;

2° Des dons, legs et fondations des particuliers ;

3° Des ressources ordinaires et extraordinaires des communes jusqu'à épuisement d'une imposition spéciale de trois centimes sur les contributions de toute nature perçues dans chaque commune;

4° Des ressources ordinaires et extraordinaires des cantons jusqu'à épuisement d'une imposition spéciale de trois centimes sur les contributions perçues dans chaque canton;

5° Des ressources ordinaires et extraordinaires des départements jusqu'à épuisement d'une imposition spéciale de trois centimes sur les contributions perçues dans chaque département;

6° D'une subvention sur les fonds portés chaque année au budget de l'Etat.

Il ne sera recouru aux trois dernières catégories de ressources que si les trois premières sont insuffisantes. La quatrième reste d'ailleurs subordonnée à l'institution d'une organisation administrative des cantons.

ART. 8. — Les dépenses de l'instruction primaire auxquelles il doit être pourvu avant toutes les autres sur le budget de chaque commune comprennent :

1° La création, l'entretien ou la subvention d'un nombre d'écoles en rapport avec la population;

2° Le payement, en totalité ou en partie, dans les écoles choisies par les parents, de la rétribution scolaire pour les enfants des familles les plus nécessiteuses.

ART 9. — Toute commune ou arrondissement municipal, de même que toute section de commune distante de plus de quatre kilomètres du chef-lieu de la commune et comptant une population agglomérée de plus de trois cents habitants, doit posséder au moins une école.

Les communes, arrondissements municipaux ou sections de communes d'une population de trois mille habitants et au-dessus doivent posséder autant d'écoles qu'ils comptent de fois trois mille habitants, sans qu'il soit tenu compte des fractions.

Les communes dont la population est inférieure à trois cents habitants peuvent être autorisées à s'annexer pour l'instruction primaire à d'autres communes.

Même autorisation peut être accordée aux communes, quelle que soit leur population, pour les enfants à qui elles ne pourraient offrir des écoles appropriées à leurs cultes.

Art. 10. — Lorsqu'une commune, un arrondissement municipal ou une section de commune, dans les conditions spécifiées à l'article précédent, ne possède qu'une école, cette école doit être apte à recevoir des enfants des deux sexes.

Art. 11. — Lorsqu'il n'existe qu'une école dans une commune où sont célébrés plusieurs cultes, cette école doit être mixte, à moins que l'autorisation spécifiée au paragraphe 4 de l'article 9 n'ait été obtenue.

Art. 12. — Les écoles créées et entretenues directement par les communes portent le nom d'écoles communales.

L'entretien d'écoles communales n'est obligatoire pour les communes que si l'initiative privée, avec ou sans subvention de leur part, ne suffit pas pour les doter du nombre d'écoles qu'elles sont tenues de posséder, en raison de leur population.

Art. 13. — Les communes ont la faculté d'option, pour les écoles communales, entre des écoles libres et des écoles publiques.

Elles ont également la faculté d'option entre des écoles distinctes et des écoles mixtes, soit pour les sexes, soit pour les cultes, sauf les cas spécifiés aux articles 10 et 11 et sous cette réserve que, si un seul culte est célébré sur le territoire d'une commune, l'école communale ne peut qu'être appropriée à ce culte.

Art. 14. — Les communes sont représentées, pour ce qui concerne l'instruction primaire, sauf le vote des ressources qui lui sont affectées, par une commission scolaire, composée ainsi qu'il suit pour chaque commune ou arrondissement municipal :

Le maire ou un de ses adjoints désigné par lui, président ;

Le ministre, ou s'il y en a plusieurs, le plus élevé en

dignité, ou à dignité égale, le plus ancien des ministres de chacun des cultes célébrés dans la commune ou dans l'arrondissement municipal ;

Des membres élus par les pères de famille, au nombre de trois pour une population de moins de trois mille âmes; de six pour une population de trois à dix mille âmes; de neuf pour une population de plus de dix mille âmes.

Art. 15. — Sont électeurs, pour la nomination des membre élus de la commission scolaire, les pères de famille ou tuteurs inscrits sur la liste électorale pour les élections municipales, dont les enfants ou pupilles ont plus de cinq et moins de vingt et un ans.

L'élection a lieu au scrutin de liste, à la majorité absolue des suffrages pour le premier tour de scrutin, ou, s'il y a lieu à un second tour, à la majorité relative.

Les membres élus sont renouvelés par tiers tous les trois ans. Le sort désignera les deux premiers tiers qui devront sortir. Les membres sortants sont indéfiniment rééligibles.

Art. 16. — La commission scolaire dispose de toutes les ressources affectées d'une manière générale à l'instruction primaire dans la commune ou l'arrondissement municipal par la commune elle-même, par le département, le canton ou l'Etat, par la libéralité des particuliers, ainsi que des fonds provenant des amendes édictées par les articles 35, 38 et 39 ci-après.

Elle a qualité pour recevoir des dons et legs et pour agir, en tout ce qui concerne les intérêts dont elle est chargée, comme personne civile.

Art. 17. — La commission statue sur tous les intérêts de l'instruction primaire dans la commune ou l'arrondissement municipal.

Elle accorde ou refuse aux familles qui en font la demande l'exemption de la rétribution scolaire, conformément aux articles 2 et 8 ci-dessus.

Elle peut accorder des indemnités aux parents qui auraient besoin du travail de leurs enfants, à la condition que ceux-ci fréquentent assidument les écoles.

Elle surveille le régime des écoles de tout ordre, au point de vue des mœurs, de l'hygiène et de la discipline.

Elle accorde ou retire les subventions aux écoles privées.

Elle pourvoit directement aux dépenses des écoles communales, soit pour le matériel, soit pour le payement du traitement des instituteurs.

Elle exerce, au nom de la commune, la faculté d'option spécifiée à l'article 13.

ART. 18. — Si la commission opte pour une école libre, elle traite directement avec l'instituteur ou avec une association vouée à l'enseignement.

Si elle opte pour une école publique, elle traite avec le chef de service de l'Instruction publique dans le département, aux charges suivantes : fournir un local approprié à l'instruction primaire; — placer et entretenir dans ce local le mobilier nécessaire; — garantir pour cinq ans au moins le maintien de l'école publique et le traitement de l'instituteur.

ART. 19. — Le chef de service de l'Instruction publique, dans chaque département, nomme sous l'autorité du recteur, à titre provisoire, les instituteurs ou institutrices attachés aux écoles publiques.

Nul n'est chargé, à titre définitif, de la direction d'une école publique qu'à la suite d'un examen professionnel, auquel on ne peut être admis qu'après deux ans d'exercice.

L'examen a lieu devant une commission désignée par le recteur.

La nomination définitive est faite par le recteur au nom du Ministre de l'instruction publique.

ART. 20. — Les salles d'asile sont assimilées aux écoles pour les dispositions des articles 12, 13, 17, 18 et 19. Toutefois l'examen prescrit par l'article 19 ne sera pas exigé pour la direction à titre définitif d'une salle d'asile publique.

TITRE III. — DES INSTITUTIONS CANTONALES CONCERNANT L'INSTRUCTION PRIMAIRE.

ART. 21. — Chaque canton est représenté pour tout ce qui concerne l'instruction primaire, sauf le vote des ressources qui lui sont affectées, par un comité cantonal composé ainsi qu'il suit :

Le membre du Conseil général représentant le canton, président;

Le juge de paix;

Le plus élevé en dignité ou, à dignité égale, le plus ancien des ministres de chacun des cultes célébrés dans le canton ;

Trois membres au moins nommés au scrutin de liste, à la majorité absolue ou, s'il y a lieu à un second tour de scrutin, à la majorité relative, par les commissions scolaires du canton. Ces membres portent le nom de délégués cantonaux.

Le nombre des délégués cantonaux sera porté à six dans les cantons qui compteront plus de dix communes ou dont la population dépassera cinquante mille habitants.

Les délégués cantonaux sont renouvelés par tiers tous les trois ans, à la suite du renouvellement partiel des commissions scolaires. Le sort désignera les deux premiers tiers qui devront sortir. Les membres sortants sont indéfiniment rééligibles.

Art. 22. — Les communes partagées en plusieurs cantons ou en plusieurs arrondissements municipaux sont considérées, avec les communes rurales faisant partie de leurs cantons, comme ne formant qu'un canton unique, et ne sont représentées que par un seul comité cantonal.

Art. 23. — Le comité cantonal a la surveillance générale de toutes les écoles du canton. Cette surveillance est exercée particulièrement sous la forme de visites trimestrielles ou plus fréquentes, s'il y a lieu, par les délégués cantonaux, qui se partagent, pour ces visites, les communes du canton.

Art. 24. — Le comité cantonal est appelé à statuer :

Sur le taux de la rétribution scolaire dans les écoles et les salles d'asile communales ;

Sur l'annexion de pensionnats aux écoles communales ;

Sur l'autorisation à donner aux communes qui voudraient se réunir à d'autres communes pour l'entretien d'une école, dans les cas prévus par les deux derniers paragraphes de l'article 9 ;

Sur les récompenses et encouragements à accorder aux instituteurs publics ou libres.

Il prononce, en premier ressort, sur la plainte d'un inspecteur de l'instruction primaire, contre les instituteurs publics ou libres, après les avoir entendus dans leurs moyens de défense, des peines disciplinaires, telles que la suspension, la révocation ou l'interdiction. Néanmoins, en cas d'urgence, la peine de la suspension peut être prononcée par le chef de service de l'Instruction publique dans le département. Elle ne pourra, dans ce cas, durer plus d'un mois si elle n'a pas été confirmée par le comité cantonal.

L'instituteur frappé d'une peine disciplinaire peut en appeler au conseil départemental et, en dernier ressort, au Conseil supérieur de l'instruction publique. L'appel n'est pas suspensif.

Art. 25. — Le comité cantonal accorde ou retire les subventions pour l'instruction primaire aux communes du canton.

Il statue sur la création, l'entretien ou la subvention des écoles cantonales.

Il dispose à cet effet de toutes les ressources affectées d'une manière générale à l'instruction primaire dans le canton, soit par le canton lui-même, lorsqu'il aura reçu une organisation administrative, soit par le département ou l'État, soit par la libéralité des particuliers.

Il a qualité pour recevoir des dons et legs et pour agir, en tout ce qui concerne les intérêts dont il est chargé, comme personne civile.

Art. 26. — Lorsque les cantons seront organisés administrativement, chaque canton devra posséder au moins une école du degré supérieur où seront enseignées toutes les matières de l'instruction primaire et où pourront être enseignées d'autres matières facultatives, telles que les langues vivantes, la littérature générale, les éléments théoriques des principales sciences, etc. Le comité cantonal devra pourvoir à la création et à l'entretien de cette école, si elle n'est pas établie et soutenue, avec ou sans subvention de sa part, par l'initiative privée.

Art. 27. — Les écoles créées et entretenues directement par les cantons portent le nom d'écoles cantonales.

Le comité cantonal a la faculté d'option, pour les écoles cantonales, entre des écoles libres et des écoles publiques.

Il exerce cette faculté de la même façon que la commission scolaire à l'égard des écoles communales.

Les nominations, dans les écoles cantonales publiques, se font comme dans les écoles communales publiques.

TITRE IV. — DES INSTITUTIONS DÉPARTEMENTALES CONCERNANT L'INSTRUCTION PRIMAIRE.

ART. 28. — Chaque département est représenté, pour tout ce qui concerne l'instruction primaire, sauf le vote des ressources qui lui sont affectées, par le conseil départemental, dont la composition et les attributions générales sont maintenues, telles qu'elles ont été établies par les lois antérieures.

ART. 29. — Le conseil départemental accorde ou retire les subventions pour l'instruction primaire aux cantons et aux communes du département.

Il statue sur la création, l'entretien ou la subvention des écoles normales.

Il dispose, à cet effet, de toutes les ressources affectées d'une manière générale à l'instruction primaire dans le département, soit par le département lui-même, soit par l'État ou la libéralité des particuliers.

Il a qualité pour recevoir des dons et legs et pour agir, en tout ce qui concerne les intérêts dont il est chargé, comme personne civile.

ART. 30. — Chaque département doit posséder deux écoles normales, l'une pour les instituteurs, l'autre pour les institutrices. Ces deux écoles normales peuvent avoir des cours communs.

La création et l'entretien des deux écoles normales sont obligatoires pour les départements, si elles ne sont pas établies et soutenues, avec ou sans subvention de la part des conseils départementaux, par l'initiative privée.

Deux ou plusieurs départements peuvent être autorisés par le Conseil supérieur de l'instruction publique, sur la demande des conseils généraux, et après avoir pris l'avis des conseils départementaux, à pourvoir, en commun, à l'entretien d'une seule école normale, soit d'instituteurs, soit d'institutrices.

ART. 31. — Les départements ont la faculté d'option, pour les écoles normales créées et entretenues par eux, entre des écoles libres et des écoles publiques.

Les conseils départementaux exercent cette faculté, au nom des départements, de la même façon que les comités cantonaux et les commissions scolaires à l'égard des écoles cantonales ou communales.

Les nominations, dans les écoles normales publiques, sont faites, pour les directeurs ou directrices, par le Ministre de l'instruction publique; pour les professeurs, par les recteurs.

ART. 32. — Des écoles normales publiques peuvent être établies directement aux frais de l'État, par des décrets du pouvoir exécutif, sauf approbation, en ce qui concerne leurs ressources, par le pouvoir législatif.

TITRE V. — DE LA SANCTION DE L'INSTRUCTION PRIMAIRE.

ART. 33. — Les chefs d'établissements publics ou libres d'instruction primaire ou secondaire sont autorisés, sous leur responsabilité, à délivrer à leurs élèves des certificats constatant qu'ils possèdent soit le minimum, soit la totalité des connaissances qui forment l'objet de l'instruction primaire.

Des copies authentiques de ces certificats devront être remises aux commissions scolaires des communes dans lesquelles résident les parents ou tuteurs des élèves.

En cas de changement de résidence, les parents ou tuteurs ont le droit de se faire délivrer gratuitement de nouvelles copies, qu'ils devront remettre aux commissions scolaires de leurs nouvelles résidences.

Tout certificat reconnu mensonger soit à la suite d'une inspection, soit par tout autre moyen de constatation, donnera lieu à des poursuites disciplinaires contre le chef d'établissement qui l'aura signé. La peine sera la suspension et, en cas de récidive, la révocation ou l'interdiction, suivant que le chef d'établissement appartiendra à l'enseignement public ou à l'enseignement libre. Le certificat sera déclaré non avenu, et avis sera donné de cette déclaration aux commissions scolaires qui en auront reçu copie.

ART. 34. — Chaque année, dans le courant des mois de mars, d'avril et de mai, les inspecteurs de l'instruction primaire se transporteront dans les communes ou arrondissements municipaux de leurs circonscriptions respectives, et tiendront, dans chaque commune ou arrondissement municipal, avec l'assistance de la commission scolaire, une session d'examens sur toutes les matières de l'instruction primaire.

Des certificats seront délivrés à ceux qui auront satisfait à ces examens.

Ces certificats porteront mention, pour chaque matière et pour l'ensemble, de la façon *passable, bonne, très bonne* ou *parfaitement bonne* dont les examens auront été subis. Ils ne pourront être obtenus que s'il a été répondu au moins d'une façon passable sur les matières formant le minimum de l'instruction primaire.

Des copies authentiques de ces certificats devront être remises à la commission scolaire et de nouvelles copies devront être délivrées en cas de changement de résidence, comme pour les certificats qui font l'objet de l'article précédent.

ART. 35. — Toute falsification dans les certificats institués par les deux articles précédents, toute supposition de personne dans les examens à la suite desquels ils ont été obtenus ou dans l'usage qui en est fait, donnent lieu à des poursuites disciplinaires contre leurs auteurs ou complices devant le comité cantonal, avec faculté d'appel devant le conseil départemental, et en dernier ressort devant le Conseil supérieur de l'instruction publique, sans préjudice des poursuites correctionnelles ou criminelles s'il y a connexité avec un délit ou un crime de droit commun. La peine est une amende égale au montant et, en cas de récidive, au double de la contribution personnelle et mobilière du coupable ou de ceux qui sont civilement responsables de ses actes. Si la peine est prononcée contre un instituteur ou une institutrice, elle entraîne de plus, de plein droit, la suspension pour un an, et, en cas de récidive, l'interdiction ou la révocation.

ART. 36. — Les jeunes gens qui auront mérité à leurs examens la mention *parfaitement bien* pour le tiers au moins des matières et la mention *très bien* ou *bien* pour l'ensemble pourront obtenir, sur les fonds dont disposent les commissions scolaires, les comités cantonaux et les conseils départementaux, des bourses dans les écoles des cantons, dans les écoles normales, ainsi que dans les établissements publics ou libres d'instruction secondaire. Ces bourses seront personnelles et n'entraîneront, pour ceux qui les auront obtenues, que l'obligation de suivre régulièrement, dans un établissement au choix de leurs familles, le genre d'enseignement auquel elles auront été affectées. Les commissions scolaires, les comités cantonaux et les conseils départementaux veilleront, en ce qui concerne les bourses qu'ils auront accordées, à ce que cette obligation soit remplie.

Des récompenses pécuniaires pourront également être accordées, sur les mêmes fonds, soit aux familles des jeunes gens qui auront mérité lesdites mentions, soit aux écoles dans lesquelles ils auront reçu leur instruction.

ART. 37. — Sont admis à se présenter aux examens tous les enfants ou jeunes gens mineurs âgés de plus de dix ans et résidant dans la commune ou dans l'arrondissement municipal.

Les examens sont obligatoires pour les enfants ou jeunes gens mineurs âgés de plus de treize ans qui ne possèdent pas les certificats institués par les articles 33 et 34.

ART. 38. — Huit jours au moins avant la session d'examens, la commission scolaire convoque, au domicile de leurs parents ou tuteurs, de leurs maîtres ou de leurs patrons, les enfants ou les jeunes gens pour lesquels les examens sont obligatoires.

Elle cite devant elle, dans un délai d'un mois après les examens, les parents ou tuteurs, les maîtres ou les patrons dont les enfants ou pupilles, les domestiques, les apprentis ou ouvriers ne se sont pas rendus à ladite convocation ou bien n'ont pu satisfaire, sur le minimum prescrit, aux conditions de l'examen, et, si elle juge qu'il y ait de leur faute, elle leur inflige un avertissement. Si l'année suivante ils n'ont pas tenu compte de cet avertissement, elle peut les frapper d'une amende égale au maximum de la rétribution scolaire dans les écoles de la commune ou de l'arrondissement municipal. Ils restent passibles de la même amende jusqu'à la majorité des jeunes gens, tant qu'ils se rendent coupables de la même négligence. La faculté de recevoir des secours publics peut en outre leur être retirée. Communication de cette dernière décision est faite au bureau de bienfaisance ainsi qu'à toute autre institution charitable dont le bénéfice appartient ou s'étend à la commune ou à l'arrondissement municipal.

ART. 39. — En cas de mauvais vouloir constaté des enfants ou jeunes gens, les parents ou tuteurs, sur l'avis conforme de la commission scolaire, peuvent user des droits que leur confèrent les articles 373 à 393, ainsi que l'article 468 du Code civil.

L'amende édictée par l'article précédent peut, d'ailleurs, être infligée, directement, aux jeunes gens âgés de plus de seize ans.

TITRE VI. — DISPOSITIONS GÉNÉRALES.

ART. 40. — Un délai d'un an est accordé aux associations enseignantes actuellement existantes et légalement reconnues pour user des droits que leur confère l'article 4. Jusqu'à l'expiration de ce délai, les congrégations religieuses de femmes continueront à jouir de la faculté qui leur est accordée par l'article 49 de la loi du 15 mars 1850.

ART. 41. — Un délai de deux ans est accordé aux communes pour se conformer aux prescriptions de l'article 9.

Pareil délai sera accordé aux cantons, lorsqu'ils auront reçu une organisation administrative, pour se conformer aux prescriptions de l'article 26.

ART. 42. — Les commissions scolaires et les conseils départementaux qui voudraient user, au préjudice d'établissements publics d'instruction primaire actuellement existants, de la faculté d'option qui leur est conférée par les articles 13, 17 et 31 devront notifier leur intention à cet égard, par la voie hiérarchique, au Ministre de l'instruction publique. L'option n'aura d'effet que dans un délai d'un an à partir de cette notification.

ART. 43. — Les pénalités édictées par les articles 38 et 39 ne pourront être appliquées que deux ans après la promulgation de la présente loi.

ART. 44. — Les dispositions des lois antérieures contraires à la présente loi sont et demeurent abrogées.

26 janvier 1872.

II. — Loi du 9 août 1879 : Ecoles normales primaires.

Paragraphe additionnel à l'article premier :

Un décret du Président de la République pourra, sur l'avis conforme du Conseil supérieur de l'instruction publique, autoriser deux départements à s'unir pour fonder et entretenir en commun, soit l'une ou l'autre de leurs écoles normales, soit toutes les deux. Les départements procéderont, dans ce cas, conformément aux dispositions des articles 89 et 90 de la loi du 10 août 1871 sur les Conseils généraux.

18 mars 1879.

Développement de cet amendement.

Premier discours.

M. Emile Beaussire. Messieurs, la loi de 1833, à laquelle tout le monde rend hommage lorsqu'il est question d'enseignement primaire, en créant pour les départements l'obligation de fonder et d'entretenir des écoles normales, autorisait la réunion de plusieurs départements dans le but de soutenir en commun ces établissements si nécessaires.

L'amendement que nous présentons, l'honorable M. Marcel Barthe et moi, a pour but de rétablir cette disposition.

Nous y apportons cependant certaines restrictions; nous demandons non seulement un décret du chef d'Etat, mais un avis conforme du Conseil supérieur de l'instruction publique.

De plus, la loi de 1833 permettait la réunion de plusieurs départements. Notre amendement se restreint à deux départements.

Dans ces limites, messieurs, il me semble que notre amendement répond à la seule objection vraiment sérieuse qui ait été élevée contre le projet de loi. Cette objection, ce sont les charges qu'il impose, soit aux départements, soit à l'Etat. Messieurs, nous ne marchandons pas les crédits lorsqu'il s'agit de la diffusion de l'enseignement populaire. Cependant, même pour ce besoin si urgent, pour ce besoin si patriotique, nos finances ne sont pas inépuisables. Il me semble donc que vous devriez accepter tout ce qui, sans rien sacrifier du résultat que nous cherchons tous, peut atténuer les dépenses.

La faculté que nous vous proposons d'introduire dans la loi ne sera qu'une exception; mais enfin c'est une exception qui pour certains départements pauvres peut être un bienfait précieux de nature à faire accepter plus aisément votre nouvelle loi. Il ne faut pas oublier d'ailleurs, messieurs, qu'à la suite de cette loi il en viendra plusieurs autres non moins utiles, non moins dignes d'être votées, mais qui mettront encore à la charge de nos communes, à la charge des départements et à la charge de l'Etat de très graves dépenses.

Ainsi, dans quelques jours vous discuterez la proposition de notre honorable collègue M. Camille Sée sur l'enseignement secondaire des jeunes filles. Voilà une source de dépenses considérables.

Dans quelques jours encore, vous aurez à discuter le projet de loi que M. Bardoux a présenté, comme Ministre de l'instruction publique, sur l'enseignement primaire supérieur. Ce seront encore là des charges considérables pour les budgets locaux comme pour le budget de l'Etat.

Eh bien, messieurs, je crois que personne ne voudra se dérober à ces charges, si elles sont justifiées, si elles sont nécessaires. Toutefois, s'il est possible de les atténuer, je crois qu'il ne serait ni sage ni politique de ne pas l'essayer, et c'est sous le bénéfice de ces observations que je vous prie de vouloir bien prendre en considération notre amendement. (Marques d'assentiment.)

Second discours.

M. Beaussire. L'honorable rapporteur n'a donné aucune raison, qu'il me permette de le lui dire, contre mon amendement. (Assentiment sur divers bancs.)

M. le rapporteur. Il est inutile.

M. Beaussire. M. le rapporteur a dit seulement qu'il était inutile, parce qu'il ne serait jamais appliqué. Mais alors il n'y a aucun inconvénient à le voter. (Marques d'assentiment.)

M. Laurençon. Au contraire : il y aurait avantage pour les départements pauvres.

M. Janvier de La Motte (Eure). Comment feront les départements où les centimes spéciaux ne rapportent que 7 000 francs ?

M. Beaussire. Et d'ailleurs est-il bien certain que cette disposition, si elle est votée, ne sera pas mise en pratique ?

Les annexes très intéressantes que contient le rapport de M. Paul Bert me fournissent des arguments péremptoires contre sa thèse. En effet, dans l'état actuel, alors qu'il n'existe aucune obligation pour la fondation et l'entretien des écoles normales, il y a un certain nombre de départements qui ne répugnent pas à envoyer, soit leurs garçons, soit leurs filles, à l'école normale d'un département voisin. Ainsi, je vois, sur la liste dressée par l'honorable M. Paul Bert, que la Charente envoie ses boursiers à l'école normale de Poitiers.

Un membre à gauche. Les garçons !

M. Beaussire. Le Gard reçoit les boursières des départements voisins.

Le Jura envoie ses boursiers à Vesoul.

M. Lelièvre. Du tout ! c'est une erreur !

M. Beaussire. Je me trompe, c'est Belfort qui envoie ses boursiers à Vesoul ; Saône-et-Loire envoie ses boursiers à Besançon.

La Savoie et la Haute-Savoie ont une école normale commune. (Interruption.)

M. Parent (Savoie). Ce n'est pas une école ; c'est un cours normal.

M. Beaussire. Ainsi, suivant M. Paul Bert, — et les tableaux que lui-même a présentés lui donnent tort, — mon amendement serait inutile. Je soutiens, moi, qu'il est avantageux, et les exemples que j'ai cités prouvent qu'il pourra être accueilli avec reconnaissance par plus d'un département.

Personne ne le conteste, personne ne le combat comme désavantageux. J'estime donc que vous ne devez avoir aucun scrupule à le voter. (Nombreuses marques d'assentiment.)

J'ajoute que la loi de 1871, en réglant les formalités à remplir pour la réunion de deux départements quand ils ont à pourvoir à une œuvre commune, rend l'application de cette disposition plus facile qu'elle ne l'était sous le régime de la loi de 1833. (Très bien ! Aux voix ! aux voix !)

M. le Président. Je consulte la Chambre sur la prise en considération de l'amendement. La Chambre, consultée, prend l'amendement en considération.

18 mars 1879.

Troisième discours.

M. Emile Beaussire. L'honorable rapporteur de la commission n'avait fait, dans la séance d'avant-hier, qu'une seule objection à l'amendement que j'ai présenté de concert avec M. Marcel Barthe : c'est qu'il était inutile et qu'il ne serait pas appliqué.

Cette objection a encore été reproduite aujourd'hui devant vous. J'y ai répondu précédemment, et je ne crois pas nécessaire d'y revenir. L'expérience seule permettra de juger si la disposition que nous vous présentons est de nature à être appliquée ou non. Je crois qu'elle le sera, qu'elle sera même acceptée comme un grand bienfait par les départements pauvres ; mais je ne veux pas insister sur ce point, sur lequel toute discussion nouvelle me paraît sans objet.

Mon honorable ami M. Paul Bert fait à l'amendement une autre objection : il est mauvais, il est dangereux, suivant la commission.

Et pourquoi est-il dangereux? C'est parce qu'il encouragerait certaines mauvaises volontés, certaines résistances.

Messieurs, si notre amendement devait avoir cette conséquence, je serais le premier à vous demander de le repousser. Mais l'honorable M. Paul Bert a oublié les restrictions dont l'amendement lui-même a entouré la faculté qu'il prétend laisser aux départements : deux départements ne pourront être autorisés à s'entendre pour avoir en commun des écoles normales que si leur demande a été l'objet d'un avis favorable de la part du Conseil supérieur de l'instruction publique. De sorte que ces mauvaises volontés que vous affectez de craindre, il faudrait qu'elles fussent encouragées, d'abord par le Conseil supérieur de l'instruction publique et ensuite par le chef de l'Etat, c'est-à-dire par le cabinet responsable. Eh bien, vraiment, je crois que l'objection n'est pas sérieuse. (Marques d'assentiment.)

Ah ! je la comprendrais si nous avions laissé les départements absolument maîtres d'échapper aux obligations de la loi. Mais non, nous leur accordons une pure faculté, et nous soumettons cette faculté à deux conditions : 1° l'avis du Conseil supérieur de l'instruction publique ; 2° l'autorisation du chef de l'Etat. Ne trouvez-vous pas là toutes les garanties désirables ?

J'ajoute que nous n'allons pas aussi loin que la loi de 1833, qui admettait un concert entre plusieurs départements, qui supposait la création d'écoles normales régionales ; non, nous n'admettons que la réunion de deux départements voisins. Il est des départements pauvres ; il en est aussi qui, réellement, par leur configuration, ne font qu'un, en quelque sorte, avec un des départements limitrophes. Je citerai, par exemple, les départements de la Drôme et de l'Ardèche, séparés par le Rhône.

La ville de Valence, chef-lieu du département de la Drôme, pourrait être tout aussi bien le chef-lieu du département de l'Ardèche. Quel inconvénient y aurait-il à la réunion, pour une école normale, de ces deux départements ? Je citerai également les deux départements des Hautes et des Basses-Alpes, qui peuvent être comptés à la fois parmi ceux qui ont le plus d'affinités entre eux et parmi les plus pauvres.

M. le rapporteur. On leur donnera des subventions !

M. Emile Beaussire. M. le rapporteur me dit : On leur donnera des subventions ! Si vous dégagez ainsi l'intérêt des finances départementales, celui des finances de l'Etat vous est-il donc indifférent ? Il semble que ce soit une réponse à tout quand on dit : si les départements sont pauvres, l'Etat viendra à leur aide ! Mais, messieurs, les ressources de l'Etat, si grandes qu'elles soient, ne sont pas inépuisables. L'Etat a fait énormément déjà pour l'instruction publique ; nous voudrions qu'il pût faire encore davantage ; nous ne reculerons devant aucun progrès dès qu'il s'agira de l'instruction, nous ne reculerons devant aucun sacrifice ; mais si, sans rien compromettre, nous pouvons alléger les charges des contribuables, nous le devons pour l'Etat comme pour les départements.

Pour toutes ces raisons, messieurs, je persiste à vous demander de vouloir bien voter mon amendement. (Très bien ! très bien ! sur divers bancs.)

20 mars 1879.

III. — Loi du 7 juillet 1881. Gratuité.

M. Beaussire. Messieurs, le projet de loi qui vous est soumis en ce moment forme la première partie de cette trilogie fameuse qui se résume dans ces mots : « gratuité, obligation, laïcité » de l'enseignement primaire.

Quand les deux autres parties viendront en discussion, j'aurai, si vous me permettez de prendre part au débat, à vous présenter plus d'une objection relativement aux moyens d'application qui vous seront proposés ; mais je ne contesterai ni le principe de l'obligation ni celui de la laïcité, et je ne contesterai pas davantage l'opportunité d'une application sage et modérée de ces deux principes, en tenant compte de l'état des mœurs et de tous les intérêts engagés.

Ici, messieurs, je viens combattre et l'opportunité et le principe même de la laïcité.

M. le président. Pardon, de la gratuité. Il n'y a que la gratuité en discussion en ce moment.

M. Beaussire. Oui, de la gratuité. Je me trompais.

Si j'en crois l'exposé des motifs du projet de loi, cette discussion serait oiseuse. J'y lis en effet que la question n'est plus entière, qu'elle est résolue implicitement depuis le vote de la loi de 1867; que, depuis cette époque, la gratuité absolue est devenue un fait acquis dans le plus grand nombre des communes; qu'il y a vers la gratuité absolue un courant irrésistible, et qu'à ce flot envahissant on ne peut plus opposer de digues.

Le gouvernement pense donc, suivant en cela une politique qui, je l'avoue, n'est pas la mienne, qu'il vaut mieux rompre les digues, aussitôt qu'il devient difficile de s'opposer au torrent.

Messieurs, je crois qu'il y a entre le système inauguré par la loi de 1867 et celui qui vous est proposé par la loi nouvelle des différences radicales. Qu'est-ce que la gratuité d'après la loi de 1867 ? C'est une obligation pour les communes en faveur des familles pauvres ; à l'égard des autres familles, c'est une simple faculté. Qu'est-ce la gratuité, d'après la loi nouvelle? C'est une obligation pour toutes les communes au profit de toutes les familles riches ou pauvres. En un mot, messieurs, on vous demande d'inscrire parmi les dépenses obligatoires des communes le payement des frais d'école pour tous les enfants sans exception.

Et pour assurer ce payement des frais d'école, pour remplacer la rétribution scolaire, on impose d'office toutes les communes de 4 centimes additionnels, à moins que leurs ressources ordinaires ne soient déjà suffisantes.

Messieurs, je crois qu'il faut y regarder de très près avant d'introduire dans les budgets municipaux de nouvelles dépenses obligatoires.

Quelle est dans l'état actuel la situation des communes? La gratuité absolue, étant une pure faculté, est une question municipale. Les conseils municipaux la votent, ou ne la votent pas; les partisans et les adversaires de la gratuité absolue se comptent dans les élections municipales; ceux qui sont battus ont l'espoir de triompher aux élections suivantes. Ni la politique du gouvernement ni l'intérêt de la République ne sont en jeu.

Quelle sera au contraire la situation, après l'adoption du projet de loi? La question cesse d'être municipale, elle devient politique.

Les adversaires de la gratuité absolue n'auront plus à s'en prendre à la majorité de leur conseil municipal, ils s'en prendront au gouvernement.

Quelques membres. C'est vrai!

M. Beaussire. Eh bien, je ne dis pas, pour le moment, que ce soit mauvais, mais je dis que la question demande à être examinée; je dis, contrairement à l'exposé des motifs, qu'il y a lieu d'examiner et de discuter le principe.

Et, en effet, messieurs, il s'agit de mettre obligatoirement à la charge des communes une somme d'une douzaine de millions, qui actuellement est fournie par la rétribution scolaire. La rétribution scolaire, d'après le gouvernement et la commission, rapporte 18 millions. L'Etat prend à sa charge environ un tiers de cette somme; les deux autres tiers devront être fournis par les centimes additionnels, qui seront imposés, je le répète, obligatoirement aux communes. Et à quelles communes imposerez-vous cette charge? Ce n'est pas aux communes riches : elles ont déjà établi chez elles la gratuité; ce n'est pas aux communes les plus pauvres : elles reçoivent une subvention qui les met à l'abri de toute charge nouvelle; c'est aux communes intermédiaires, c'est à ce grand nombre de communes rurales, qui ne sont pas tout à fait pauvres et où cependant chacun regarde, et regarde de très près, à l'impôt dont il est frappé.

Et quel est cet impôt? Ce sont les centimes additionnels, c'est-à-dire une contribution dont tout le monde fait aisément le compte. Lorsque l'impôt se présente sous la forme de droits d'octroi, il est dur assurément, mais il est noyé, en quelque sorte, dans la masse des dépenses auxquelles il doit suffire.

Ici, il en est tout autrement; ce sont 4 centimes nouveaux affectés à une destination spéciale, la gratuité absolue de l'enseignement, c'est-à-dire le payement de l'instruction pour les familles riches aux frais de la commune.

Eh bien! messieurs, je crois que, à moins de raisons d'une évidence incontestable, ce que vous allez faire soulèvera, dans un grand nombre de communes, un très vif mécontentement, non plus contre tel ou tel conseil municipal, mais contre vous, contre le gouvernement, contre nos institutions républicaines.

Examinons donc les raisons qui nous sont données à l'appui de cette innovation, qui tend à transformer une dépense facultative en une dépense obligatoire.

Si les rédacteurs de l'exposé des motifs ont écarté la question de principe comme inutile et oiseuse, le rapporteur de votre commission en a jugé autrement; il discute le principe, il le discute en termes très éloquents, mais il me permettra de lui dire que l'éloquence ne remplace pas les raisons décisives.

La première raison donnée par M. Paul Bert, c'est que la gratuité absolue est une conséquence de l'obligation: vous allez bientôt décréter l'obligation de l'instruction primaire; eh bien, elle appelle la gratuité; sans la gratuité l'obligation paraîtra une charge insupportable.

S'il en est ainsi, messieurs, je ne vois pas pourquoi vous avez tenu à faire discuter la gratuité avant l'obligation : si la gratuité est une conséquence de l'obligation, la conséquence devait venir après le principe.

A droite. Très bien! très bien!

M. Beaussire. Ecartons cette raison d'ordre, et considérons la question en elle-même.

La gratuité, nous dit mon honorable ami M. Paul Bert, est une conséquence de l'obligation. Eh bien, messieurs, moi je suis d'un sentiment absolument contraire. La gratuité est en contradiction avec le principe de l'obligation; elle ajoutera aux difficultés que l'obligation doit soulever.

En effet, qu'entend-on par obligation? C'est le devoir qu'ont les pères de famille de donner ou de faire donner l'instruction à leurs enfants. Or vous représentez-vous un devoir sérieux qui ne coûte rien, un devoir qui n'exige aucun sacrifice? Il est de la nature du devoir d'être pénible, et c'est là précisément ce qui le rend méritoire.

Quelle est la conséquence de ce devoir pour les familles pauvres, pour les familles auxquelles la gratuité est acquise? Ne croyez pas que la gratuité les dispense de sacrifices : il y a pour elles une très grande et très lourde charge, même en l'absence des frais d'école, à se priver du travail de leurs enfants et du profit qu'elles en pourraient retirer. Pour les familles riches, au contraire, il n'y a plus de sacrifices, si elles sont dispensées des frais d'école; il n'y a pas de sacrifice si l'enseignement est entièrement gratuit; et j'ajoute que l'instruction y perd, par là même, une partie de son prix.

Je lis dans le rapport qu'il n'y a pas à discuter cette allégation que le prix de l'instruction est d'autant mieux senti que l'instruction coûte quelque chose. Eh bien, je me suis renseigné auprès d'un grand nombre de personnes qui se sont occupées, comme moi, avec beaucoup de zèle, des questions d'instruction, et voici quel a été leur constant témoignage : les familles auxquelles on accorde la gratuité sont celles qui tiennent le moins à l'instruction, qui sont le plus portées à trouver des excuses et des prétextes pour dispenser leurs enfants d'aller à l'école.

Et maintenant, messieurs, je ne crains pas de répéter, et j'espère vous démontrer, que la gratuité, loin d'être une conséquence de l'obligation, lui serait un obstacle. L'obligation, de quelque manière que vous l'établissiez, sera très dure pour les familles; elle sera accueillie, n'en doutez pas, avec beaucoup de murmures. Ce n'est pas une raison pour ne pas tenter cette grande épreuve, mais c'est une raison, du moins, pour essayer d'en atténuer les difficultés et les charges.

Eh bien, messieurs, que faites-vous, quand vous ajoutez la gratuité absolue à l'obligation, c'est-à-dire quand vous mettez partout quatre centimes obligatoires à la charge des contribuables?

Il y aura ainsi deux causes de murmures : l'obligation d'abord et l'impôt de la gratuité ensuite, les quatre centimes additionnels.

Il n'y a donc aucune raison de rattacher la gratuité absolue à l'obligation, et il y a plutôt de fortes raisons de les séparer.

Mais je trouve dans le rapport de l'honorable M. Paul Bert un autre motif : la gratuité absolue est la conséquence du principe de l'égalité. « Quoi! dit le rapport, vous installez l'inégalité sur les bancs de l'école, à titre de principe, alors que sur le fronton de l'édifice vous avez inscrit : Egalité! »

Messieurs, il faut bien nous entendre. Qu'est-ce que l'égalité dans notre société démocratique? C'est l'égalité des droits; c'est la répudiation de tout privilège. L'égalité ainsi entendue, c'est-à-dire l'égalité vraie, existe entièrement dans nos écoles, alors même que l'instruction n'y est pas entièrement gratuite. Il n'y a de privilège ni pour les riches ni pour les pauvres; tous dans les écoles reçoivent la même instruction, nul n'est l'objet d'un privilège, d'une faveur à cause de sa fortune. Mais ce qui n'existe pas et ce que vous n'avez aucun moyen d'y introduire, c'est l'égalité des conditions: voilà la chimère sur laquelle, je le crains, repose le prétendu principe de la gratuité absolue; chimère irréalisable, car, alors que vous aurez supprimé la rétribution scolaire, vous ne supprimerez pas l'inégalité entre les familles, vous ne la supprimerez pas entre les enfants. (Mouvements divers.)

Vous n'empêcherez pas que les uns ne soient mieux vêtus, mieux nourris que les autres, et ne trahissent par une foule de signes, aux yeux de leurs petits camarades, une certaine supériorité sociale.

Que gagnez-vous donc à vouloir que tous soient dispensés des sacrifices qu'exige l'instruction?

Bien loin de chercher à détruire les conséquences naturelles, inévitables de l'inégalité des conditions, il serait plus sage de les accepter comme une leçon d'égalité dans une société antipathique à tout privilège. (Très bien! sur plusieurs bancs.)

Savez-vous ce qui fait le mieux pénétrer dans l'esprit de nos enfants le sentiment d'égalité? C'est quand le petit enfant pauvre, le petit enfant mal vêtu, assis dans l'école à côté de son voisin riche et bien mis, peut se dire : Je vaux autant que lui, et si je travaille bien, si je montre de l'intelligence et du zèle, je vaux plus que lui; c'est quand, à la distribution des prix, l'enfant pauvre est recompensé, alors que l'enfant riche qui n'a pas travaillé rentre chez lui sans couronne. Oh! les enfants le sentent très bien, et ils sortent de là avec une leçon d'égalité. (C'est vrai! — Très bien! à droite.)

Mais si ce n'est pas l'égalité pure qui réclame la gratuité absolue, c'est, suivant l'honorable M. Paul Bert, la dignité des pères de famille, et la dignité des enfants eux-mêmes; il y a quelque chose d'humiliant à recevoir l'instruction sous la forme d'une aumône :

« J'envoie mon enfant à l'école, et l'accomplissement de ce devoir naturel et légal entraîne un examen blessant de ma situation de fortune! Vous m'imposez par la loi une sorte de mendicité spéciale! Vous placez mon enfant parmi ses camarades plus favorisés de la fortune dans une catégorie inférieure! »

C'est là, messieurs, un beau mouvement d'éloquence; ce n'est pas un argument solide.

Je ne crois pas qu'il y ait rien d'humiliant, pour un père de famille, à solliciter un secours quand il s'agit de l'instruction de ses enfants. Ce n'est plus là ce qu'on appelle l'aumône, le secours matériel. Nul père de famille ne se sent blessé, quand il ne peut suffire à l'instruction de ses enfants, d'avoir à demander à sa commune ou à l'Etat un allègement de ses sacrifices.

En voulez-vous la preuve? Voyez ce qui se passe pour l'instruction secondaire. Voyez les demandes innombrables de bourses que nous sommes obligés de recommander à M. le Ministre de l'instruction publique. Ce ne sont pas de pauvres gens, dans le sens propre du mot, qui font ces demandes. Elles se concilient très bien avec une aisance relative, elles se produisent partout sans la moindre humiliation. Se sentira-t-on davantage humilié pour demander l'exemption des frais d'école en matière d'instruction primaire?

Vous ne le pensez pas, et j'en trouve la preuve dans l'exposé des motifs du gouvernement et dans le rapport de M. Paul Bert.

On vous dit, dans ces deux documents, que la gratuité limitée impose à l'Etat des charges qui vont toujours croissant, parce que la plupart des familles la demandent et que les communes, comptant sur le concours de l'Etat, ne savent pas la refuser.

Si tant de familles demandent l'exemption, s'il y a un flot montant auquel on ne peut opposer aucune digue, c'est la preuve qu'on n'est pas humilié d'avoir à solliciter la gratuité en alléguant l'insuffisance de sa fortune.

M. Dethou. Ce sont les communes qui demandent la gratuité et non pas les familles.

M. Beaussire. Les communes la demandent parce les familles l'ont demandée.

M. Dethou. Je vous demande pardon. Je connais des communes qui ont spontanément demandé la gratuité.

M. Beaussire. Dans l'esprit de la loi, on ne devrait inscrire sur les listes de gratuité que les familles peu fortunées, et, si l'on en inscrit d'autres, c'est qu'elles ne sont pas humiliées de demander cette inscription; non, messieurs, la dignité des familles n'est pas compromise par la gratuité restreinte.

La dignité des enfants l'est-elle davantage? Je rougis d'avoir à discuter cette question. D'abord les enfants ne savent pas quels sont ceux qui obtiennent l'instruction gratuitement, quels sont ceux qui la payent. Ils ne le savent pas plus qu'on ne sait dans les collèges ceux qui ont des bourses et ceux qui n'en ont pas.

Mais je suppose qu'ils le sachent, qu'il y ait une démarcation connue entre les élèves gratuits et les élèves payants.

J'ai vécu au milieu des enfants, je les connais bien : l'enfant pauvre est auprès de ses camarades l'objet de plus d'égards que l'enfant riche. (Mais non! mais non! Si! si!)

M. Dethou. Cela ne signifie rien !

M. Bourgeois. Vous avez raison, monsieur Beaussire. C'est parfaitement vrai !

M. Beaussire. Voici un fait que j'ai constaté à toutes les distributions de prix, soit d'écoles primaires, soit de collèges. Quand un enfant tout à fait pauvre, un enfant qui est connu pour être élevé par charité, obtient une haute récompense, les applaudissements redoublent.

M. Trarieux. Certainement, et cela fait honneur aux enfants !

M. Beaussire. Ne calomniez pas le cœur de l'enfant! Assurément je ne veux pas exagérer les vertus enfantines, mais il y a chez l'enfant une antipathie profonde pour le privilège, un sentiment très vif de la véritable égalité.

M. Labuze. C'est ce que nous voulons établir !

M. Beaussire. Mais il y a autre chose; il y a en même temps un sentiment profond de douceur et de compassion envers les déshérités de la fortune. (Exclamations à gauche.)

Ne niez pas cela, messieurs! ne le niez pas parce que vous connaîtriez quelques exemples contraires : les exceptions n'infirment pas la règle.

J'en ai fini, messieurs, avec les raisons — raisons, je

le répète, oratoires plutôt que démonstratives — que j'ai trouvées dans le rapport de l'honorable M. Paul Bert.

Je trouve un autre argument dans l'exposé des motifs de MM. les Ministres de l'instruction publique et de l'intérieur :

« La gratuité absolue, est-il dit dans cet exposé des motifs, n'est qu'une façon de percevoir la rétribution scolaire, sous une forme moins blessante pour les pauvres, plus proportionnelle pour les riches, moins précaire pour l'instituteur, moins onéreuse pour tout le monde. »

Qu'elle soit moins blessante, messieurs, je crois avoir fait justice de ce qu'il y a d'exagéré dans cette allégation; dans tous les cas, elle blesse profondément le sentiment de la justice. En effet, qu'est-ce que cette gratuité absolue? C'est, je le répète, le payement des frais d'études des enfants riches par tous les contribuables, par les contribuables pauvres aussi bien que par les contribuables riches. (Très bien! très bien! à droite!)

Jamais vous ne ferez comprendre aux familles que ce soit parfaitement juste.

L'exposé des motifs dit que c'est plus proportionnel; mais qu'y a-t-il de plus proportionnel qu'une rétribution payée en raison du service rendu?

Il nous manque, pour la gratuité absolue, 18 millions. Ces 18 millions sont payés aujourd'hui par les pères de famille dont les enfants reçoivent l'instruction dans les écoles publiques.

M. de Tillancourt. La gratuité existe dans un grand nombre de communes.

M. Beaussire. Je ne parle pas des communes où la gratuité existe; elle y existe parce que ces communes le veulent bien, elle est facultative. Ce que je combats, c'est la gratuité absolue devenant obligatoire, imposée par l'Etat aux communes et laissée par lui à leur charge.

Les communes qui ont établi la gratuité ont consulté les convenances et les vœux de leurs habitants; elles ont usé d'un droit que je respecte et que je n'entends pas discuter; il n'y a rien là de commun avec cette gratuité que vous voulez imposer obligatoirement aux communes.

Je reprends mon argumentation.

Vous dites, monsieur le Ministre, que c'est plus proportionnel. Comment cela? Voilà des contribuables pauvres qui aujourd'hui sont dispensés de payer pour l'instruction de leurs enfants, et cependant, comme ils sont contribuables, ils auraient, de par votre projet, leur part dans vos nouveaux centimes additionnels, ils payeraient aussi pour l'instruction des enfants des riches. (C'est cela! Très bien! à droite.)

Mais voici d'autres contribuables qni n'ont pas d'enfants. (Exclamations à gauche.)

Vous me direz que c'est l'impôt des célibataires. Ce n'est pas seulement l'impôt des célibataires, messieurs; c'est l'impôt des vieillards peut-être, l'impôt des infirmes, l'impôt des veuves.

M. Dethou. Et des jésuites!

M. Beaussire. Je ne crois pas devoir répondre à cette interruption.

M. le président. Messieurs, la question est trop sérieuse et traitée trop sérieusement pour qu'on interrompe ainsi. (Très bien.)

M. Bourgeois. On a été bien heureux, messieurs, d'avoir saint Vincent de Paul pour recueillir les enfants dans la rue.

M. Beaussire. Des vieillards ayant une petite aisance qui suffit à peine à leurs besoins, contribuables cependant, ayant à payer leur part de centimes additionnels, qui n'ont plus d'enfants à élever, qui souvent ont abandonné à leurs enfants la plus grande partie de leur patrimoine : vous allez les frapper d'un impôt nouveau; et pourquoi? Pour subvenir à l'instruction des enfants riches. Et vous appelez cela proportionnel! Vous appelez cela juste! (Interruptions. — Bruits divers.)

M. le président. Je réclame le silence.

Je fais de nouveau remarquer à la Chambre qu'elle a refusé le renvoi à la session prochaine et qu'elle a en outre déclaré l'urgence; qu'elle doit par conséquent toute son attention à l'orateur qui parle devant elle. (Oui! oui! — Très bien!)

M. de La Biliais. Il faut remettre la discussion à demain si l'on n'écoute pas!

M. Beaussire. Messieurs, pensez encore à ce que sont les centimes additionnels, à ce que sont les contributions directes.

Les contributions directes, suivant un usage général, et de par les conventions entre propriétaires et fermiers, sont à la charge des fermiers; d'où il suit que le fermier paye plus que sa part proportionnelle dans l'impôt. Il y a donc à faire grande attention avant d'ajouter sans nécessité des centimes additionnels, qui vont porter, non sur le riche, mais le plus souvent sur le pauvre cultivateur : rien n'est plus propre à augmenter le nombre des mécontents dans les campagnes.

Songez encore que, par suite de la diffusion de la propriété, de tout petits propriétaires, de tout petits cultivateurs ont souvent des lopins de terre dans différentes communes, qu'ils payent ainsi l'impôt foncier, et qu'ils payeront les centimes additionnels, en dehors des communes où existe pour eux un intérêt scolaire.

Enfin, — je vais peut-être susciter encore le spectre des jésuites, mais je veux vous dire toute ma pensée, — vous avez des parents qui, pour des raisons très respectables, dont personne ici ne conteste la légitimité, ne croient pas devoir envoyer leurs enfants aux écoles publiques, mais les envoient aux écoles privées. Eh bien, est-il juste, est-il proportionnel de leur faire payer pour les écoles publiques quand ils n'y envoient pas leurs enfants? (Interruptions à gauche.)

Vous me direz peut-être que ceux-là ne sont pas de bons citoyens, que ce sont des ennemis du gouvernement. (Bruit à gauche.)

Non, messieurs, je connais, dans nos communes rurales et dans nos villes, des pères de famille très attachés à nos institutions, qui, cependant, envoient leurs enfants dans les écoles libres et, pour dire le mot, dans les écoles congréganistes.

M. Charles Floquet. Ceux qui ne vont pas à l'Eglise payent bien l'Eglise !

M. le comte de Maillé. Et ceux qui ne vont pas à l'Opéra !

M. Deschanel. C'est la réciproque.

M. Beaussire. Ah ! je vous en prie, messieurs, ne mêlons pas la question du budget des cultes à celle des écoles primaires ; nous la traiterons quand elle viendra en discussion ; pour le moment, je ne répondrai qu'un mot : c'est que, précisément pour le culte, vous avez la gratuité relative. Est-ce que vous croyez que toutes les dépenses du culte sont à la charge du Trésor public ou du budget des communes? Est-ce qu'il n'y a pas une portion qui reste à la charge des fidèles?

Eh bien, ce que je vous demande, c'est d'en faire autant pour l'école et de ne pas mettre obligatoirement à la charge de tous la totalité des dépenses scolaires.

M. le comte de Maillé. Tous les contribuables ne vont pas au Théâtre-Français ni à l'Opéra, et cependant tous payent leur part de la subvention que ces théâtres reçoivent de l'Etat.

M. Paul Bert. Nous ne parlons ni de l'Opéra ni de l'Eglise; nous parlons de l'école.

M. Beaussire. C'est la réponse que j'ai déjà faite; il ne faut pas mêler ces questions essentiellement distinctes.

Je me résume : messieurs, ni l'intérêt de l'obligation, ni l'intérêt de l'égalité, ni l'intérêt de la distribution proportionnelle des charges publiques, n'appellent ce système de la gratuité absolue; et, si je voulais qualifier ce système, je ne pourrais mieux dire que M. le Ministre de l'instruction publique dans son exposé des motifs : « L'écolage n'est pas supprimé, dit-il, ce qui en soi est une simple chimère, mais il est autrement perçu. »

Je crois vous avoir prouvé que l'écolage, dans votre système, est loin d'être perçu plus équitablement, mais je garde votre aveu. C'est une chimère de vouloir le supprimer; et quelle est donc cette chimère? C'est précisément ce que vous proposez : c'est la gratuité absolue!

Mais j'admets pour un moment que je n'aie rien prouvé du tout, j'admets que la gratuité absolue soit bonne et légitime, qu'elle ne fasse peser sur les contribuables que des charges très légères; la France est assez riche pour payer largement l'instruction de ses enfants, elle est assez riche pour donner satisfaction même à cette chimère de l'égalité absolue.

Je vous accorde cela, pour un instant; mais il y a une chose que vous m'accorderez : c'est que nous n'avons pas encore fait pour l'instruction publique tout ce que nous voudrions faire, et que, si nous pouvons disposer de 18 millions, nous pouvons en faire un meilleur emploi. Examinez quel est l'état vrai du pays; voyez les lacunes que présente l'enseignement dans la plupart de nos communes, je pourrais dire dans toutes nos communes, même dans les plus riches.

Comment! est-ce que vous avez des écoles dans toutes les communes? est-ce que vous avez dans toutes les communes la double école qui est nécessaire, d'après l'esprit de nos lois, l'école de garçons et l'école de filles?

Est-ce que vous avez des écoles dans tous les hameaux un peu importants?

Et dans les villes, est-ce que vous avez des écoles en nombre suffisant pour le nombre des enfants?

Est-ce que, dans chaque école, nous avons des classes en nombre suffisant? Quiconque d'entre nous remplit les fonctions si utiles de délégué cantonal...

M. Bourgeois. On nous a revoqués!

M. Beaussire... a gémi en entrant dans une école où il voyait réunis quatre-vingts enfants sous la direction impuissante d'un seul maître.

Vous avez encore d'énormes créations à faire. Et dans ces écoles en nombre insuffisant, pourvues de classes insuffisantes, est-ce que le mobilier scolaire est partout ce qu'il devrait être?

Si nous voulons combler toutes les lacunes de notre instruction primaire, ce n'est pas 18 millions qu'il nous faudrait, mais bien 100 millions.

M. Jules Ferry, *Ministre de l'instruction publique.* Non, pas 100 millions!

M. Beaussire. Vous voulez demander aujourd'hui aux contribuables 18 millions. Eh bien, s'ils peuvent les supporter, appliquez-les aux besoins les plus urgents, et quand vous n'aurez plus un seul hameau d'une certaine importance qui ne possède ses deux écoles, quand vous aurez dans toutes les communes les écoles nécessaires, quand elles seront pourvues de tout le mobilier nécessaires, oh! alors, si vous pouvez encore demander 18 millions, établissez la gratuité absolue!... Mais actuellement, messieurs, permettez-moi de vous le dire, je crois que le projet que vous proposez est au moins prématuré; je crois qu'il ne sert ni les intérêts de l'enseignement, ni les intérêts de la démocratie, ni les intérêts de la République.

J'ai fini, messieurs. Je ne voterai pas le projet de loi. (Très bien! sur divers bancs.)

5 juillet 1880.

IV. — Loi du 28 mars 1882. — A. Laïcité. Discussion générale.

M. Emile Beaussire. Je remercie M. le Ministre de l'instruction publique des importantes déclarations qu'il a fait entendre. Je le remercie tout d'abord des éloges si mérités qu'il a décernés à l'Université nationale.

Oui, messieurs, M. le Ministre a eu raison de le dire, l'Université de France est en très grande majorité spiritualiste, et spiritualiste sans esprit sectaire...

Plusieurs membres à gauche. Assez ! assez ! On nous l'a déjà dit !

M. le président. Messieurs, M. Beaussire est auteur d'un amendement sur l'article; veuillez l'écouter.

M. Emile Beaussire. Monsieur le président, je ne défends pas en ce moment mon amendement ; je réponds à M. le Ministre.

Quant à moi, messieurs, membre de cette Université, je professe hautement cette doctrine spiritualiste...

A gauche. Qu'est-ce que cela nous fait? — Ce n'est pas la question! (Exclamations et rires à droite.)

M. Emile Beaussire. Je vous demande pardon; c'est la question...

A gauche. Non! non!

M. le président. Messieurs, il vous sera loisible de venir à la tribune professer d'autres doctrines; mais, je vous en prie, laissez l'orateur parler en toute liberté!

M. Emile Beaussire. Je remercie M. le Ministre de l'éloquent langage qu'il a tenu ; je suis d'accord avec lui sur presque tous les points; comme lui, je veux que l'école publique représente notre société moderne, notre société laïque... (Très bien! à gauche), et voilà pourquoi, messieurs, avant-hier, sans hésiter, j'ai voté contre l'amendement de notre éminent collègue, monseigneur l'évêque d'Angers. (Réclamations sur quelques bancs à gauche.)

M. Benjamin Raspail. Il n'y a pas de monseigneur ici! (Rires à droite.)

M. Emile Beaussire. Je veux que l'école ne garde aucun caractère confessionnel; mais je veux aussi, comme M. le Ministre, que la liberté des instituteurs, tant publics que privés, soit entièrement respectée en ce qui concerne l'enseignement religieux. (Très bien! au centre.)

Je remercie donc M. le Ministre de la déclaration qu'il a fait entendre au commencement de son discours, quand il vous a dit : Avec notre loi, l'enseignement religieux ne sera plus obligatoire dans les écoles d'aucun ordre, mais il sera facultatif. Et il n'est venu à la pensée de personne, a-t-il ajouté, d'empêcher les instituteurs publics, aussi bien que les instituteurs privés, de donner cet enseignement en dehors des heures de classe.

M. le rapporteur. Au cachet! (Protestations à droite.)

M. le baron Etienne de Ladoucette. Je demande la parole.

M. Emile Beaussire. C'est bien là le langage de M. le Ministre. Mais, j'ai le regret de le dire, ce langage est en contradiction complète avec le texte qui nous est proposé par la commission.

A droite. C'est évident!

M. Emile Beaussire. M. le Ministre, se reportant à sa rédaction, avait le droit de dire : L'enseignement religieux sera facultatif.

Voici, en effet, quelle était cette rédaction :

« L'enseignement religieux ne fera plus partie des matières obligatoires de l'enseignement primaire. »

M. le président du conseil. « L'enseignement religieux ne fera plus partie du programme. » Voyez l'article!

M. Emile Beaussire. Mais voici quelle était hier encore la rédaction de la commission :

« L'instruction religieuse ne sera plus donnée dans les écoles primaires publiques des différents ordres. Elle sera facultative dans les écoles privées. »

Ainsi, d'après la commission, l'instruction religieuse n'était facultative que pour les écoles privées, elle ne l'était pas pour les écoles publiques ; elle en était exclue par le texte même qui nous était soumis.

La commission a modifié sa rédaction ; elle a supprimé le premier paragraphe, qui déclarait que l'instruction religieuse ne serait plus donnée dans les écoles publiques ; elle a maintenu le second : « L'instruction religieuse sera facultative dans les écoles privées. »

Il me semble qu'il n'y a rien de changé quant au fond. Si nous votons cette rédaction, si vous déclarez que l'instruction religieuse n'est facultative que pour les écoles privées, vous déclarez par là même qu'elle n'est pas facultative pour les écoles publiques. (C'est cela!

— Très bien! très bien! à gauche et au banc de la commission.)

On me dit : Très bien! Vos « très bien! » sont la condamnation du langage tenu par M. le Ministre.

M. le Ministre. Pas du tout! Vous jouez sur le mot facultative.

M. le rapporteur. On vous expliquera cela!

M. Emile Beaussire. Messieurs, je ne demande pas mieux que la commission se mette d'accord avec M. le Ministre.

M. le rapporteur. Elle est d'accord!

M. Emile Beaussire. Si vous êtes d'accord, il faut évidemment modifier votre rédaction.

M. Charles Floquet. Mais non!

M. le président. N'interrompez pas!

M. Emile Beaussire. Comment, messieurs, voici d'abord l'article 1er qui définit les matières obligatoires de l'enseignement primaire; il exclut l'instruction religieuse, et puis voici un article 2 qui dit : « L'instruction religieuse sera facultative dans les écoles privées. »

La conséquence, c'est que l'enseignement religieux n'est pas facultatif dans les écoles publiques!

M. Charles Floquet. Pendant les heures de classe.

M. Emile Beaussire. Si je me trompe, je ne demande pas mieux que d'être rassuré, mais il faut que cette question soit posée, qu'elle soit éclaircie. Actuellement, avec le texte de la commission, on aura toujours le droit d'interdire à un instituteur public, même à un instituteur congréganiste, de donner dans le local de l'école, même en dehors des heures de classe, l'instruction religieuse. Si c'est là ce que vous voulez, dites-le; si, d'accord avec le Ministre, vous ne le voulez pas, dites-le encore ; il ne faut jamais d'équivoque dans une loi, et surtout dans les matières qui touchent à la conscience. (Très bien! à droite.) Il me semble qu'il y a là une question de liberté religieuse, une question de respect pour la conscience d'un grand nombre d'instituteurs que vous n'entendez pas bannir, au moins pour le moment, de vos écoles laïques.

M. le Ministre vous a dit avec une grande raison : Nous n'admettrons jamais que des instituteurs congréganistes, qui se vouent à l'enseignement par vocation religieuse encore plus que par vocation pédagogique, ne puissent pas, en dehors des heures de classe, donner l'instruction religieuse. Si c'est là votre pensée, dites-le, j'y applaudis de tout mon cœur; si ce n'est pas là votre pensée, dites-le encore, j'aurai le regret de voter contre vous; mais, je vous en supplie, faites cesser l'équivoque qui subsiste encore sur cette question. (Marques d'adhésion à droite.)

23 décembre 1880.

Paragraphe additionnel.

Les ministre des cultes pourront être suppléés par les instituteurs ou les institutrices, qui ne seront astreints, dans ce cas, qu'à surveiller la récitation purement littérale des textes religieux.

9 décembre 1880.

Développement de cet amendement.

M. Emile Beaussire. Messieurs, mon amendement n'est qu'un paragraphe additionnel. Il a pour but de compléter et d'éclaircir le texte de l'article 2. Je persiste à croire qu'il y a, sur ce texte, une équivoque. Je vous ai signalé tout à l'heure cette équivoque; elle vous a été indiquée également par monseigneur Freppel.

M. le président du conseil. Quelle équivoque? Vous trouvez qu'on manque de franchise ici?

M. Emile Beaussire. Je ne dis pas qu'il y a manque de franchise de votre part, monsieur le Ministre...

M. le rapporteur. Alors c'est nous qui manquons de franchise!

M. Emile Beaussire..., puisque je vous ai remercié de vos paroles et que je les ai trouvées parfaitement claires; mais j'ai pensé et je persiste à croire qu'elles sont en contradiction flagrante avec le texte de la commission (Très bien! à droite), et je soutiens qu'il y a équivoque si la rédaction n'est pas complétée par mon paragraphe additionnel.

Je résume, messieurs, le point sur lequel porte, suivant moi, la confusion. D'après le texte de la commission, l'instruction religieuse n'est facultative que dans les écoles privées; d'après le langage du gouvernement, l'instruction religieuse est facultative dans toutes les écoles.

M. le président du conseil. Mais non !

M. Emile Beaussire. Seulement, voici la différence : c'est que, dans les écoles privées, l'instruction religieuse pourra se donner à toute heure, selon le bon plaisir de l'instituteur; dans les écoles publiques, au contraire, suivant M. le Ministre, et je suis entièrement d'accord avec lui sur ce point, l'instruction religieuse ne devra se donner qu'en dehors des heures de classe. Eh bien, messieurs, s'il en est ainsi, et si la commission est d'accord avec le gouvernement, il faut qu'elle accepte la prise en considération de mon amendement. D'après le texte de la commission, voici quel sera le régime des écoles publiques :

Dans ces écoles, deux jours par semaine, si le conseil départemental y consent, les ministres des cultes pourront venir donner l'instruction religieuse; si les ministres des cultes ne sont pas autorisés à venir donner cet enseignement, les élèves recevront l'instruction religieuse hors de l'école, dans l'église.

Mais le texte ne dit pas que les instituteurs, facultativement, pourront être admis à suppléer ou à remplacer les ministres des cultes et à donner l'instruction religieuse dans certaines conditions déterminées. Le texte ne dit rien, mais il semble exclure cette faculté en déclarant que l'enseignement religieux n'est facultatif que pour les écoles privées.

Au banc de la commission. En dehors des heures de classe.

M. Emile Beaussire. L'équivoque est tellement certaine que lorsque j'ai posé la question en disant : D'après le texte de la commission, l'instruction religieuse ne pourra plus facultativement être donnée dans les écoles publiques, de ce côté de la Chambre (la gauche), on m'a répondu : Très bien !

Il faut donc absolument que nous sachions ce que nous allons faire; je soutiens que vous faites une chose mauvaise et dangereuse, si vous n'admettez pas expressément que les instituteurs et les institutrices puissent suppléer les ministres des cultes pour l'instruction religieuse.

Je dis d'abord, messieurs, que vous faites violence à la liberté de conscience des instituteurs. Vous réclamez le respect de la liberté de conscience pour les instituteurs qui n'appartiennent à aucune croyance religieuse. Je suis d'accord avec vous pour respecter la liberté de conscience des libres penseurs, mais je vous demande de respecter également la liberté de conscience des croyants. (Très bien! à droite.)

Vous avez dans vos écoles un grand nombre d'instituteurs qui non seulement sont des croyants convaincus, mais qui n'ont embrassé la profession d'instituteur qu'au nom et dans l'intérêt de leur foi. (Réclamations sur divers bancs à gauche.)

Mais, messieurs, vous avez d'abord tous les instituteurs qui ont été nommés à titre confessionnel : ainsi les instituteurs protestants et les instituteurs israélites sont nommés non pas comme instituteurs d'une façon générale, mais comme protestants ou israélites. Ils sont nommés sur la présentation des consistoires. Evidemment dans leur vocation l'idée religieuse a sa place au moins autant que l'idée pédagogique. A côté de ces instituteurs protestants ou israélites, vous avez les instituteurs congréganistes qui, en grand nombre, sont des instituteurs publics, des instituteurs communaux, et qui certainement dans leur profession d'instituteur apportent, et avant tout, une préoccupation religieuse.

Eh bien, s'il peut être entendu, s'il peut être soupçonné que ces instituteurs devront s'abstenir, même en dehors des classes, de toute instruction religieuse, je dis que vous portez une atteinte grave, l'atteinte la plus grave à leur liberté de conscience. Si vous vouliez être logiques, vous devriez leur demander de dépouiller l'habit religieux, car cet habit sort déjà de la neutralité.

Si vous tenez à respecter la liberté de conscience de toute une catégorie d'instituteurs, que vous conservez forcément, — à regret peut-être, — il est absolument nécessaire qu'ils sachent s'ils pourront continuer dans certaines conditions à enseigner ce qui est pour eux leur suprême intérêt, leur foi religieuse.

Cela est tellement évident que dans la discussion générale on nous a dit, sans rencontrer aucune contradiction : La conséquence de notre loi, la conséquence hautement acceptée par nous, c'est que les instituteurs congréganistes s'en iront, qu'ils ne voudront pas enseigner sous le régime de cette loi.

Si telle est la conséquence, l'acceptez-vous unanimement, et avez-vous le moyen de remplacer ces milliers d'instituteurs que vous allez placer entre les devoirs de leur profession et les devoirs de leur foi?

M. Duvaux. Quand nous voudrons!

M. Emile Beaussire. Ce n'est pas là le seul intérêt; il y a l'intérêt de la loi elle-même, l'intérêt de la loi que vous allez faire.

A gauche. Aux voix!

M. Emile Beaussire. Que voulez-vous par cette loi? Vous voulez d'un côté développer l'instruction primaire et de l'autre donner satisfaction à tous les vœux légitimes des familles.

Eh bien, vous avez reconnu que parmi les vœux des familles, de la très grande majorité des familles, il y en a un avec lequel vous ne pouvez vous dispenser de compter: ce vœu, c'est que l'enfant ait toutes facilités pour recevoir l'instruction religieuse. Je ne sais pas, messieurs, quel est dans notre pays le chiffre proportionnel des familles appartenant à tel ou tel culte ou n'appartenant à aucun culte; mais ce que je sais, c'est que l'énorme majorité, on peut le regretter, mais on doit aussi le constater, paraît attacher encore plus de prix à la première communion des enfants qu'à l'instruction elle-même. Nous savons tous que la plupart des enfants ne sont envoyés à l'école que pendant la période de la préparation à la première communion, et dès que la première communion est faite, — c'est là un fait très regrettable, mais un fait qu'on ne peut contester, — dès que la première communion est faite, on retire les enfants des écoles. Eh bien, messieurs, vous reconnaissez ce fait, vous le subissez. Qu'arrivera-t-il si votre loi ne reçoit pas le complément que je vous demande par mon amendement?

Plusieurs membres à gauche. Aux voix! aux voix!

M. Emile Beaussire. Messieurs, je suis à la tribune pour développer mon amendement, et les clameurs des sectaires ne m'en empêcheront pas.

M. le Président. Messieurs, vous ne pouvez pas demander à aller aux voix en ce moment; vous savez que, lorsqu'un orateur est à la tribune, il faut l'écouter jusqu'au bout.

M. Emile Beaussire. Nous sommes en face, comme M. le Ministre nous l'a dit, de deux catégories de sectaires. Je n'appartiens ni aux sectaires de gauche, ni aux sectaires de droite, et je m'en fais honneur; je fais appel à tous ceux qui ont le sentiment des réalités pratiques, c'est pour eux que je parle.

Eh bien, messieurs, actuellement la première communion de l'enfant est préparée dans l'école et dans l'église. Si vous supprimez absolument la préparation dans l'école, vous placez les enfants de vos écoles publiques dans une situation d'infériorité à l'égard des enfants qui fréquentent les écoles libres. Vous comptez — et vous avez peut-être raison — sur le zèle des ministres des cultes qui viendront faire dans vos écoles des leçons complémentaires. J'espère qu'ils les feront ; mais enfin, j'ai l'exemple d'un pays voisin, d'un pays qui avait déclaré également dans une loi récente que l'enseignement religieux ne serait plus donné par les instituteurs : c'est la Belgique.

Eh bien, vous savez qu'en Belgique le clergé s'est absolument refusé à profiter de la facilité qu'on lui donnait, et alors qu'a fait l'éminent Ministre de l'instruction publique en Belgique, un homme dévoué comme vous à la cause de l'enseignement populaire laïque, mais un homme qui sait comprendre le respect qui est dû aux vœux légitimes des familles? Il a, par une circulaire, corrigé ce qu'il y avait de trop rigoureux dans la disposition légale.

Voici ce que dit cette circulaire :

« Si le clergé ne se charge pas de l'enseignement religieux à l'école primaire communale, l'instituteur pourra faire réciter les leçons de religion aux enfants, mais il ne saurait y être contraint. S'il ne croit pas pouvoir accepter ce surcroit de travail, une personne remplissant les conditions voulues pour répondre aux vœux des pères de famille sera appelée à le remplacer. »

Et la circulaire ajoute :

« Les instituteurs qui se sont chargés jusqu'ici de l'enseignement religieux le continueront, je n'en doute pas. Il est désirable qu'il n'éprouve aucune interruption. »

Ainsi voilà la nécessité qui a été reconnue en Belgique immédiatement après le vote de la loi : c'est d'abord qu'il est à désirer que l'enseignement religieux ne subisse aucune interruption, et, en second lieu, qu'il est également désirable que cet enseignement soit donné par les instituteurs.

Ainsi, d'un côté, le respect de la liberté de conscience des instituteurs vous oblige à leur laisser la faculté que je demande, et, d'un autre côté, le respect du vœu des familles vous y oblige encore davantage.

Mais, indépendamment de toute question de principe, je dis que l'intérêt de votre loi exige impérieusement que vous ne laissiez pas subsister l'équivoque que j'ai signalée et que vous autorisiez expressément les instituteurs à donner l'enseignement religieux.

Et, en effet, messieurs, vous maintenez, et vous avez raison de maintenir à côté des écoles publiques les écoles libres. Vous déclarez que dans les écoles libres l'enseignement religieux pourra toujours se donner, sans aucune restriction; et ne voyez-vous pas qu'aux yeux des pères de famille vous donnez un avantage considérable aux écoles libres? Messieurs, j'ai passé ma vie à m'occuper des choses de l'instruction; je sais très bien quelle est la situation des écoles et à quelles nécessités pratiques elles sont obligées de subvenir.

Eh bien, assurément, s'il est entendu, de par la loi ou de par le silence de la loi, que l'enseignement religieux ne peut plus être donné par les instituteurs, même comme préparation à la première communion, même comme simple récitation du catéchisme, partout où les familles trouveront des écoles libres congréganistes dans lesquelles l'instituteur ou l'institutrice pourra donner cet enseignement, les familles préféreront l'école libre, l'école congréganiste.

Eh! mon Dieu! messieurs, en Belgique, où le gouvernement pouvait se sentir plus à l'aise, en Belgique, où il y a deux grands partis qui divisent la nation par moitié, le gouvernement pouvait se dire : Les enfants des familles catholiques pourront aller dans les écoles congréganistes, mais tous ceux des familles libérales iront dans nos écoles. Cependant il a compris que même les familles libérales, les familles anticléricales, obéissaient à cet intérêt que je cherche à vous expliquer. Voilà pourquoi le Ministre a fait cette circulaire.

Mais, messieurs, la même division n'existe pas chez nous d'une façon aussi radicale. Chez nous, malgré les passions qui sont surexcitées depuis plusieurs années, nos divisions politiques ne sont pas avant tout des divisions religieuses. Ce n'est pas la moitié, c'est l'immense majorité de la nation qui tient à honneur de garder et de revendiquer hautement le nom de catholique. Que pensez-vous donc que feront nos familles catholiques, si elles reconnaissent que les enfants sont mieux préparés pour la première communion dans les écoles libres que dans les écoles publiques? S'il arrive que deux enfants du même âge, étant en présence du prêtre pour faire leur première communion, l'un soit admis et l'autre ajourné, parce que l'un a reçu dans l'école libre et l'autre n'a pas reçu dans l'école publique une instruction religieuse suffisante, soyez sûrs que votre loi sera compromise; soyez sûrs que vous ferez les affaires de l'enseignement libre.

On a fait dans la discussion générale des objections auxquelles je demande à répondre très brièvement.

La première objection a été faite par l'honorable rapporteur. Il a dit : Nous réunissons dans une même école les enfants appartenant à des communions différentes; nous voulons que, tant qu'ils sont sur les bancs de l'école, ils oublient leurs divisions confessionnelles; or ils retrouveraient ces divisions si, à l'école, ils retrouvaient l'enseignement religieux.

A cela je réponds : Du moment que vous écartez, et vous avez raison, l'enseignement purement confessionnel, vous admettez que des enfants de communions différentes, sachant qu'ils appartiennent à des communions différentes, soient réunis dans une même école, et vous pensez qu'il y a là une leçon de tolérance. Vous avez raison, mais alors que craignez-vous? Que le fait de donner aux uns une instruction religieuse, et de ne pas la donner aux autres, ou d'en donner une différente, n'entretienne et n'aggrave les divisions parmi eux? Ce fait ne fera que leur rappeler ce qu'ils savent parfaitement : qu'on peut être de très braves petits garçons, tout en étant les uns catholiques, les autres protestants, les autres israélites et les autres libres penseurs. Ils y puiseront une leçon de tolérance.

L'honorable M. Jozon a fait une autre objection; il a dit : Le rôle de l'instituteur est d'enseigner la science certaine; c'est par là qu'il a de l'autorité. Si vous le chargez, même par de simples répétitions, d'enseigner la religion, si vous permettez qu'il l'enseigne, car tel était le langage de M. Jozon, vous le placez sur un terrain contesté; vous affaiblissez son autorité.

Eh bien, j'en demande pardon à mon honorable ami M. Jozon, mais, à part quelques propositions mathématiques, il n'y a rien dans l'enseignement qui soit absolument incontesté ; même dans les mathématiques, les méthodes sont contestées, et, si vous sortez des mathématiques, tout est sujet à contradiction.

Comment, vous enseignerez l'histoire et vous vous figurez que sur l'histoire il y a un accord parfait! Vous vous figurez que l'instituteur pourra enseigner l'histoire de la Révolution française sans s'exposer à blesser les opinions des pères de famille qui lui enverront leurs enfants! Les uns trouveront qu'il fait la part trop belle à la Révolution; et les autres qu'il ne la fait pas assez belle.

Et la morale elle-même, est-ce que vous vous figurez qu'elle ne rencontrera aucune contradiction? Mais en morale il y a une contradiction qui domine tout. Les uns croient que la morale peut se suffire à elle-même, sans un support religieux, les autres se refusent absolument à le croire. Ces deux opinions soulèvent les discussions les plus ardentes; il y a là matière à des controverses qui pénètrent dans toutes les familles et que vos enfants retrouveront inévitablement lorsqu'ils iront à l'église, où vous les envoyez recevoir les leçons du prêtre.

Ah! vous craignez que l'autorité de l'instituteur ne soit ébranlée, parce qu'il enseignera des choses contestées? Croyez-vous qu'à l'église on ne contestera pas cet enseignement moral, ne reposant sur aucune base religieuse?

Plusieurs membres. Aux voix! aux voix!

D'autres membres. Parlez! parlez!

M. Emile Beaussire. Dans un pays divisé d'opinions comme le nôtre, il faut accepter la contradiction, la contestation; et là encore, à côté de l'inconvénient du doute, vous trouvez un très grand avantage pour l'éducation de vos enfants, vous y trouvez une leçon de tolérance.

Vous n'avez donc aucune raison pour repousser cette faculté, qui permettrait à l'instituteur d'enseigner la religion; mais je dis plus : non seulement vous ne devez pas repousser d'une façon absolue l'enseignement religieux donné par l'instituteur, mais vous devez au contraire, comme en Belgique, l'encourager en le limitant, en déclarant que cet enseignement ne sera que la récitation purement littérale du texte religieux.

Et alors, messieurs, qu'est-ce que vous pouvez craindre pour la liberté de conscience des instituteurs? Est-ce que la liberté de conscience est compromise par la récitation purement littérale d'un texte? Mais, s'il en était ainsi, aucun enseignement ne serait possible, non seulement à l'école primaire, mais au lycée. Les professeurs font sans cesse expliquer des textes qui peuvent se rapporter à des croyances religieuses différentes des leurs; ils s'abstiennent de tout commentaire dogmatique, ils ne font réciter ces textes, ils ne les expliquent qu'au point de vue grammatical ou littéraire, et leur conscience n'a rien à souffrir.

Eh bien, il en est de même pour ces récitations de textes religieux. Vous pouvez, comme l'a fait le Ministre de l'instruction publique de Belgique, demander d'une façon expresse aux instituteurs de continuer à donner cet enseignement : soyez sûrs qu'ils ne pourront alléguer aucune raison de conscience pour s'y refuser.

Mais on me fera peut-être une dernière objection : on me dira que mon amendement maintient la dépendance de l'instituteur à l'égard du clergé; je dis qu'il n'en est rien.

J'accepte entièrement tout ce que vous propose le projet de loi pour faire cesser cette dépendance; j'accepte que l'école ne soit soumise à aucune inspection de la part de l'autorité religieuse; j'accepte que l'instruction religieuse ne tienne aucune place dans les programmes. Pour les brevets de capacité, vous n'avez pas besoin de vous informer de l'instruction religieuse de l'instituteur, s'il ne doit donner qu'une instruction littérale, ou plutôt s'il ne doit que surveiller la récitation des textes.

Non, messieurs, avec mon amendement l'école reste parfaitement neutre, l'instituteur garde l'indépendance de ses croyances, vous ne lui demandez rien qu'un acte de condescendance purement mécanique, si je puis ainsi parler, un acte de condescendance pour les vœux légitimes des pères de famille.

Vous maintenez le caractère laïque, le caractère neutre de l'école; elle n'a plus aucun caractère confessionnel. Elle a si peu, dans le système de mon amendement, le caractère confessionnel, que j'admettrais très bien qu'un instituteur public fît réciter des textes religieux aux enfants de toutes les communions, non seulement aux enfants catholiques, mais aux enfants protestants et aux enfants israélites.

Est-ce que ce n'est pas là ce qui se passe dans les familles où les parents sont divisés de religions? Est-ce qu'une mère protestante a jamais fait aucune difficulté de faire réciter le catéchisme à son fils catholique?

La société ne repose pas seulement sur la liberté des cultes, elle repose aussi sur les égards mutuels envers les cultes; c'est là la véritable tolérance.

Eh bien, décrétez l'instruction laïque aussi largement que possible, mais ne faites pas violence aux mœurs, n'aggravez pas les divisions, permettez que dans vos écoles... (Aux voix! aux voix! — Parlez! parlez!)

M. le baron Reille. C'est très intéressant!

M. Beaussire. ... permettez que dans vos écoles la société laïque soit représentée fidèlement. Or la société laïque, c'est une société où les religions ont leur place, d'où les religions ne sont pas exclues. Eh bien, n'excluez pas davantage les religions de votre école laïque; c'est ainsi que vous aurez des écoles à l'image de la société.

J'insiste donc pour que mon amendement soit pris en considération, afin que votre loi soit dégagée des équivoques et des confusions qui pèsent sur elle, et que satisfaction soit donnée aux intérêts que je viens de défendre. (Très bien! très bien! sur plusieurs bancs au centre et à droite.)

23 décembre 1880.

Seconde délibération. Discussion générale.

M. Emile Beaussire. Messieurs, il me paraît impossible, à l'heure qu'il est, de discuter utilement et de résoudre d'une façon définitive les graves questions qui ont amené un désaccord ou, pour employer l'euphémisme de M. le rapporteur, un malentendu entre les deux Chambres.

Votre commission, en repoussant le projet du Sénat et en vous apportant un texte nouveau, vous propose en réalité un ajournement indéfini. (Exclamations à gauche.)

M. Dethou. Mais non! c'est l'ancien texte.

M. Emile Beaussire. J'accepte pour ma part cet ajournement... (Rumeurs diverses.)

Voix à gauche. Ce n'est pas un ajournement!

M. Emile Beaussire. C'est mon opinion, et je l'exprime.

M. Germain Casse. Vous faites le jeu de M. Jules Simon. Voilà tout!

M. Emile Beaussire. Je considère que le vote, s'il a lieu, du nouveau texte apporté par la commission est un ajournement, et, je le répète, j'accepte cet ajournement, qui permettra, à la prochaine session, une discussion plus éclairée et plus approfondie.

Je me borne à faire les réserves les plus expresses sur les doctrines du rapport, qui ont blessé mes convictions les plus anciennes et les plus chères, et je renonce à la parole. (Nouvelles exclamations à gauche. — Marques d'approbation sur divers bancs.)

28 juillet 1881.

B. Obligation.

Contre-projet.

Art. 3. — L'enseignement primaire est obligatoire pour les enfants des deux sexes.

Art. 4. — Une commission scolaire est instituée dans chaque commune pour assurer l'application du principe énoncé en l'article précédent.

Art. 5. — Il est institué un certificat d'études primaires ; il est décerné après un examen public auquel pourront se présenter les enfants dès l'âge de *dix* ans.

Art. 6. — Les examens sont faits dans chaque commune ou section de commune possédant une ou plusieurs écoles, par les inspecteurs primaires assistés de deux membres au moins de la Commission scolaire désignés par cette Commission.

Art. 7. — Les certificats délivrés à la suite des examens porteront mention, pour chaque matière et pour l'ensemble, de la façon *passable, bonne, très bonne* ou *parfaitement bonne* dont les examens auront été subis. Ils ne pourront être obtenus que s'il a été répondu au moins d'une façon passable sur les matières obligatoires de l'instruction primaire.

Art. 8. — Des copies authentiques des certificats devront être conservées sur les registres des Commissions scolaires. En cas de changement de résidence, l'inscription sur les registres de la Commission scolaire de la nouvelle commune pourra être requise.

Art. 9. — Toute falsification dans les certificats, toute

supposition de personne dans les examens à la suite desquels ils ont été obtenus ou dans l'usage qui en est fait, donnent lieu contre les auteurs ou complices, s'ils appartiennent à l'enseignement public ou libre, à des poursuites disciplinaires, sans préjudice des poursuites correctionnelles ou criminelles, s'il y a connexité avec un délit ou un crime de droit commun.

Art. 10. — Les enfants qui auront mérité à leurs examens la mention *parfaitement bien* pour le tiers au moins des matières et la mention *très bien* ou *bien* pour l'ensemble, auront droit à des bourses dans les établissements d'enseignement primaire supérieur ou d'enseignement secondaire classique ou spécial, sur les fonds dont disposent pour cet objet les communes, les départements ou l'État.

Des récompenses pourront également être accordées par les communes, les départements et l'État, soit aux familles dont les enfants auront mérité lesdites mentions, soit aux écoles dans lesquelles ils auront reçu leur instruction.

Art. 11. — Les examens en vue du certificat d'études primaires sont obligatoires pour tous les enfants âgés de treize ans au moins et de seize ans au plus qui n'ont pas encore satisfait à ces examens.

Art. 12. — Huit jours au moins avant la session d'examens, la commission scolaire convoque, au domicile de leurs parents ou tuteurs, les enfants pour lesquels les examens sont obligatoires.

Elle cite devant elle, dans le délai d'un mois après les examens, les parents ou tuteurs dont les enfants ou pupilles ne se sont pas rendus à ladite convocation ou bien n'ont pu satisfaire, sur le minimum prescrit, aux conditions de l'examen. S'ils ne répondent pas à la citation sans excuse valable ou s'ils ne produisent pas une justification suffisante, la Commission scolaire leur inflige un avertissement. En cas de récidive, elle *ordonnera l'inscription pendant quinze jours ou un mois, à la porte de la mairie, des noms, prénoms et qualités de la personne responsable avec indication du fait relevé contre elle.*

(Art. 13. — Comme au projet.)

Art. 14. — Seront considérés comme suffisamment justifiés, dans les cas prévus par les deux articles précédents, les pères de famille ou tuteurs qui pourront établir qu'ils ont pourvu régulièrement à l'instruction de leurs enfants ou pupilles pendant six ans au moins, sauf les empêchements légitimes.

Art. 15. — En cas de mauvais vouloir obstiné des enfants, les parents ou tuteurs, sur l'avis conforme de la Commission scolaire, pourront user des droits que leur confèrent les articles 375 et suivants, ainsi que l'article 468 du Code civil.

28 juin 1880.

Développement de ce contre-projet.

M. Emile Beaussire. Messieurs, mon amendement et la série des dispositions qu'il comprend ont pour but de consacrer l'obligation de l'enseignement en écartant la scolarité obligatoire.

Tous les orateurs qui ont traité, dans la discussion générale, la question de l'obligation, se sont prononcés contre la contrainte scolaire. Ils ont déclaré qu'ils voulaient que l'enseignement fût obligatoire, mais qu'il fût obligatoire en respectant la liberté des familles. Et cependant, messieurs, toutes les dispositions du projet de loi établissent la contrainte scolaire, excepté pour un nombre infiniment petit d'enfants, ceux qui sont élevés dans la famille.

Pour tout enfant qui ne peut pas recevoir une éducation privée, ce n'est pas seulement l'instruction, c'est l'école qui est obligatoire.

Il y a, messieurs, à ce système, des inconvénients qui ont été maintes fois signalés et sur lesquels a porté en grande partie la discussion générale.

Je n'y reviendrai qu'en très peu de mots.

La contrainte scolaire, c'est une inquisition de tous les jours, exercée sur les familles. C'est le droit donné à une commission locale, animée de toutes les passions locales, de s'ingérer dans la vie intime des familles, d'apprécier souverainement tous les motifs que peut avoir un père pour envoyer ou pour ne pas envoyer tel jour son enfant à l'école.

Ce système rencontrerait, de plus, dans l'application, des difficultés extrêmes ; je ne veux signaler qu'une de ces difficultés.

Le projet de loi suppose que tous les enfants sont élevés dans la commune même où les parents ont leur domicile, et en effet il charge une commission purement communale de s'assurer si les enfants vont ou ne vont pas à l'école. Eh bien, il y a un très grand nombre d'enfants qui vont à l'école dans d'autres communes que celles qu'habitent leurs parents. Dans mon canton, je sais certaines communes où près de la moitié des enfants va à l'école dans les communes voisines. Vous en avez même qui reçoivent l'instruction primaire dans des établissements d'enseignement secondaire souvent très éloignés du domicile de leurs familles.

Je me demande quelle surveillance peut être exercée sur ces enfants, quelle autorité peut avoir la commission scolaire d'une commune où les parents n'ont pas leur domicile pour s'assurer si les écoles ont été fréquentées ou non?

J'ajoute, messieurs, que l'efficacité de la contrainte scolaire est très douteuse.

En effet, que constaterez-vous si votre loi reçoit son application? Vous constaterez seulement que pendant sept ans les enfants auront fréquenté à peu près assidûment une école, sous la réserve de toutes les exceptions qui seront admises et de tous les actes d'indulgence et de condescendance des commissions scolaires.

Mais pendant ce laps de temps se sont-ils instruits véritablement, ont-ils appris quelque chose? Vous ne vous en occupez pas.

S'ils ont passé sept ans à essuyer, comme on dit, les bancs de l'école sans rien apprendre, les familles sont indemnes; et vous croyez que vous avez réalisé l'enseignement obligatoire!

Eh bien, messieurs, le projet de loi lui-même nous indique un autre moyen beaucoup moins vexatoire, beaucoup moins inquisitorial, et en même temps beaucoup plus efficace d'assurer l'obligation de l'enseignement.

Le projet de loi consacre l'institution des examens scolaires avec leur sanction naturelle : les certificats d'études primaires. Pour les enfants élevés dans la famille, le projet de loi rend cet examen scolaire obligatoire. Ce que vous faites pour les enfants élevés dans leurs familles, pourquoi ne pas le faire pour tous les enfants? Vous auriez une constatation sérieuse de l'enseignement, et en même temps tout ce luxe de précautions, auquel vous êtes obligés de recourir, disparaîtrait. Les familles pourraient faire instruire leurs enfants comme elles voudraient, les envoyer à l'école tel jour et ne pas les y envoyer tel autre jour; mais, si le jour de l'examen l'enfant ne justifie pas des connaissances obligatoires, vous faites venir le père de famille et vous lui dites : Votre fils a tel âge et il ne sait rien; qu'avez-vous fait pour l'instruire? Si le père ne fournit pas d'explications ou d'excuses suffisantes, il encourt la réprimande et les autres sanctions qui sont dans votre loi.

C'est un système évidemment beaucoup plus simple, beaucoup plus libéral et, je le répète, beaucoup plus efficace que celui du projet de loi. Je me borne à indiquer le principe, car c'est le principe seul qui est contenu dans mon amendement sur l'article 3; cet amendement conserve la première phrase de l'article proposé par la commission : « L'instruction est obligatoire pour les enfants des deux sexes. » Il supprime le reste. En effet, vous n'avez plus dans mon système à vous occuper de la fréquentation des écoles de tel âge à tel âge, mais seulement des résultats.

Si vous voulez adopter mon amendement, vous rejeterez la suite de l'article, et alors je viendrai vous développer les moyens que j'ai proposés dans une série d'autres articles pour appliquer le système de mon amendement. Si quelques-uns de ces moyens ne lui paraissaient pas suffisamment étudiés, la commission pourra demander que le contre-projet lui soit renvoyé. Je ne veux pas entrer pour le moment dans tous les détails de ce contre-projet; mais, pour m'en tenir à la question de principe et pour la résumer, vous êtes en présence de deux systèmes sur l'obligation de l'enseignement : le système de la contrainte scolaire, et le système des examens; c'est à vous de choisir. Quant à moi, je crois que le meilleur système est celui qui écarte toute inquisition, toute vexation, et qui cherche à s'assurer non pas seulement si des enfants ont été pendant tel ou tel temps dans une école, mais s'ils savent véritablement quelque chose. Tel est l'objet de mon amendement. J'espère que la Chambre voudra bien l'adopter.

24 décembre 1880.

Amendement subsidiaire.

Modifier ainsi la dernière partie de l'article 3 :

Elle est donnée, soit dans les établissements publics ou libres d'enseignement primaire ou secondaire, soit dans une maison privée, par le père de famille lui-même ou par toute autre personne agréée par lui.

Développement de cet amendement.

M. Emile Beaussire. Messieurs, il m'a semblé que l'énumération faite par l'article 3 des divers moyens de donner l'instruction aux enfants n'était pas complète.

La commission suppose d'un côté l'école publique ou libre et, d'un autre côté, la famille.

Eh bien, il y a un grand nombre d'enfants qui reçoivent l'instruction primaire, non pas proprement dans l'école primaire, mais dans un établissement d'instruction secondaire. Beaucoup d'enfants — les enfants de la bourgeoisie, par exemple — sont, avant treize ans, dans un collège ou dans une institution libre.

Je sais qu'on pourra dire que le mot « école » comprend tout, mais il ne faut pas qu'il y ait d'équivoque, il ne faut pas qu'un père de famille soit exposé à des poursuites, parce qu'il aura fait instruire son enfant dans un collège, au lieu de le faire instruire dans une école. Sur ce point, je crois qu'il n'y aura pas de contestation.

Le second point ne me paraît pas moins évident.

Vous admettez que des enfants puissent être instruits dans leurs familles, par leur parents. Eh bien, il y a des enfants qui sont confiés par leurs parents à une autre personne. Ainsi un enfant peut se trouver en domesticité chez une personne qui se charge de l'instruire. Un autre peut être recueilli soit par un ami de sa famille, soit par un patron ou par toute autre personne qui se charge de son instruction. Je crois que ces différents cas doivent être prévus.

Je sais qu'on me dira : C'est toujours la famille. Non, ce n'est pas la famille de l'enfant.

Vous pouvez encore prévoir ce cas qu'un enfant soit envoyé chaque jour par ses parents chez un maître habitant une autre maison; on pourra dire que cet enfant n'est pas élevé dans sa famille, et cependant je ne pense pas que vous entendiez exclure un tel cas, qui rentre évidemment dans l'éducation domestique.

Il n'y a aucun inconvénient à rendre la loi aussi claire et aussi précise que possible. Songez que la sanction de la loi est confiée à des commissions scolaires qui peuvent être ignorantes ou animées d'un esprit intolérant et tracassier.

Ne craignez donc pas d'examiner dans votre article tous les moyens que vous laissez à la disposition des parents.

N'oubliez pas que vous faites une loi de contrainte ; il faut au moins que cette contrainte reçoive tous les tempéraments compatibles avec l'objet de la loi et qu'elle puisse s'exercer dans des conditions d'absolue sincérité et de parfaite clarté. Sous le bénéfice de ces observations, je prie la Chambre de vouloir bien voter mon amendement. Je crois du reste que la commission l'adopte, au moins en partie.

24 décembre 1880.

V. — Instruction des sourds-muets et des aveugles. Amendement au budget de 1882.

(Ministères de l'Intérieur et des Cultes, de l'Instruction publique et des Beaux-Arts.)

Transférer du Ministère de l'Intérieur (chapitre 27, Subventions aux établissements généraux de bienfaisance) au Ministère de l'instruction publique (chapitre 35, Allocations diverses) les sommes suivantes :

Institution nationale des sourds-muets de Chambéry	50 000 fr.
Institution nationale des sourds-muets de Paris	168 000 »
Institution nationale des sourdes-muettes de Bordeaux	100 000 »
Institution nationale des jeunes aveugles	170 000 »
Total	488 000 fr.

24 mars 1881.

Développement de cet amendement.

M. Emile Beaussire. L'amendement que j'ai présenté avec mes honorables collègues Jeanmaire, Alfred Naquet et Jules Philippe a pour objet de transférer du ministère de l'intérieur au ministère de l'instruction publique les écoles nationales de sourds-muets et d'aveugles.

La commission du budget, par l'organe de l'honorable M. Liouville, rapporteur du budget de l'intérieur, a émis un avis favorable à la réforme que nous proposons, et elle a demandé aux ministres compétents de vouloir bien ordonner une enquête en vue d'assurer la prompte réalisation de cette réforme.

L'honorable M. Liouville, dans son rapport, rappelle que tous les congrès spéciaux depuis plusieurs années se sont prononcés dans le même sens, et il aurait pu invoquer également l'opinion de tous les hommes compétents.

Dès l'année 1838, la commission du budget de la Chambre des députés, par l'organe de l'honorable M. Léon de Malleville, réclamait ce changement « au nom de la raison et du bon sens ».

Depuis cette époque, des pétitions nombreuses, quelques-unes émanées du corps enseignant de ces écoles, ont été adressées, soit au Ministre de l'intérieur, soit aux Chambres, pour faire cesser un état de choses extrêmement préjudiciable aux intérêts de l'enseignement.

Enfin, messieurs, tout dernièrement il a paru au *Journal officiel* un document qui me paraît décisif. C'est un rapport d'un homme considérable, M. Adolphe Franck, membre de l'Institut, professeur au Collège de France, envoyé par M. le Ministre de l'intérieur pour étudier en Italie le régime des écoles de sourds-muets.

M. Franck n'avait aucun parti pris sur la question. Il ne se prononce pas dans son rapport, mais ses conclusions sont accablantes contre le régime de nos écoles de sourds-muets comparé à celui des écoles semblables qui existent en Italie. En Italie, des progrès énormes ont été accomplis. Non pas que l'idée première de ces progrès appartienne à ce pays, qui n'a fait que s'approprier des méthodes qui ont été conçues en France il y a plus de cent ans et que nous avons laissées dépérir. Et comment l'Italie a-t-elle ainsi distancé la patrie de l'abbé de L'Epée, la patrie adoptive de Jacob Rodrigue Péreire? C'est qu'en Italie les écoles de sourds-muets appartiennent au ministère de l'instruction publique, tandis qu'en France elles restent sous l'autorité d'une administration absolument incompétente.

Comment, messieurs, la France s'est-elle laissée distancer sur cette question par les nations voisines?

Vous savez que pendant très longtemps les attributions des deux ministères de l'instruction publique et de l'intérieur ont été confondues. Quand on a créé un ministère spécial de l'instruction publique, on ne lui a donné que les établissements d'enseignement qui appartenaient à l'Université; on a laissé les autres au ministère de l'intérieur, qui a gardé longtemps le Muséum, le Collège de France, l'Institut; il garde encore et il tient à conserver les écoles de sourds-muets et d'aveugles. Pourquoi le ministère de l'intérieur refuse-t-il de lâcher cette dernière proie qui ne lui appartient à aucun titre?

J'ai interrogé à ce sujet un chef de bureau du ministère, qui m'en a donné naïvement le motif : c'est qu'une administration n'aime pas à se dépouiller de ce qu'elle possède. Cette raison bureaucratique ne saurait vous toucher.

Je sais bien qu'on allègue d'autres raisons, qui sont un peu plus spécieuses. On prétend d'abord que les écoles de sourds-muets et d'aveugles sont des établissements de bienfaisance, et voilà pourquoi, au ministère de l'intérieur, ils sont portés au même chapitre que ces établissements. Mais, messieurs, entre ces écoles et les établissements de bienfaisance, il n'y a aucune analogie; ce sont des écoles comme les autres, où l'on enseigne ce qu'on enseigne dans toutes les écoles : la lecture, l'écriture, la grammaire, la géographie, l'histoire, etc. Ce sont des écoles placées, quant à leur administration aussi bien que quant à leur personnel enseignant, dans des conditions semblables à celles des autres écoles

Dira-t-on que ce sont des établissements de bienfaisance parce qu'une grande partie des élèves sont boursiers? Mais, messieurs, la gratuité ne fait rien à la chose; autrement, on pourrait dire que les écoles primaires, qui désormais sont entièrement gratuites, rentrent dans les établissements de bienfaisance.

Les écoles de sourds-muets et d'aveugles ne sont pas des hospices. On n'y guérit pas des infirmes, on ne les retient pas comme des malades incurables; on les instruit afin de les rendre à la société. Ces écoles rendent des services tout à fait du même genre que les autres écoles : elles n'en diffèrent que par certains procédés pédagogiques; mais ces procédés, messieurs, relèvent, comme tous les procédés pédagogiques, du ministère de l'instruction publique et non pas du ministère de l'intérieur.

En ce moment, j'appuie les conclusions de la commission du budget qui demande une enquête.

M. le ministre de l'instruction publique. Nous l'acceptons.

M. Emile Beaussire. Permettez-moi, toutefois, pour convaincre la Chambre de la nécessité de cette enquête, de résumer les raisons qui la justifient.

On allègue encore que ces écoles ont un caractère professionnel. Ce n'est pas une raison pour les laisser au ministère de l'intérieur, où l'on ne s'occupe pas d'enseignement professionnel.

Si cette raison était bonne, elle conduirait à les rattacher au ministère de l'agriculture et du commerce.

Enfin, on prétend qu'un patronage est exercé utilement sur les élèves qui sortent de ces écoles, par les soins des préfets. Mais les préfets reçoivent des ordres du Ministre de l'instruction publique comme du Ministre de l'intérieur; il n'y a donc aucune raison pour maintenir l'état actuel, et j'espère que M. le Ministre de l'instruction publique voudra bien insister auprès de son collègue de l'intérieur pour obtenir que l'enquête demandée par la commission du budget soit faite activement et aboutisse à un résultat prochain; c'est son droit et son devoir.

En effet, dans la loi sur l'enseignement obligatoire telle que vous l'avez votée et telle que le Sénat l'a votée jusqu'à présent, il a été introduit un article proposé par M. Jules Philippe, aux termes duquel un règlement devra être fait par les soins de M. le Ministre de l'instruction publique pour assurer l'enseignement aux sourds-muets et aux jeunes aveugles. Si M. le Ministre de l'instruction publique, conformément à cette loi, doit faire un règlement pour l'enseignement des sourds-muets et des jeunes aveugles, il faut qu'il devienne maître de cet enseignement; il ne peut le laisser désormais entre les mains de son collègue de l'intérieur.

Sous le bénéfice de ces observations, je retire mon

amendement, et je me joins à la commission du budget pour demander une enquête et pour exprimer l'espoir qu'il sortira de cette enquête une réforme trop longtemps ajournée et hautement désirable. (Très bien! très bien!)

11 juillet 1881.

V

RETRAITE DES FONCTIONNAIRES DE L'INSTRUCTION PUBLIQUE

Proposition de loi.

Exposé des motifs.

Messieurs, la proposition que j'ai l'honneur de présenter à la Chambre des députés a été adoptée à l'unanimité, il y a trois ans, par une commission instituée par un arrêté ministériel en date du 12 mars 1873, à l'effet de rechercher les modifications à introduire dans la loi du 9 juin 1853 sur les pensions civiles, en ce qui concerne les fonctionnaires de l'instruction publique. Les fréquents changements qui sont survenus depuis cette époque au ministère de l'instruction publique et l'annonce d'une révision générale de la loi du 9 juin 1853 ont toujours retardé la présentation de ce projet par le gouvernement. La Chambre des députés, en renvoyant d'urgence à ses bureaux une proposition de notre honorable collègue M. Paul Bert, sur la retraite des instituteurs, s'est prononcée pour une prompte solution de cette question. Quelque digne d'intérêt que soit la position des instituteurs, celle des autres serviteurs de l'enseignement ne l'est pas moins. Les mêmes maux appellent les mêmes remèdes et les appellent avec la même urgence. L'enseignement, à tous ses degrés, est meurtrier. Très peu de professeurs atteignent l'âge légal de soixante ans, exigé pour l'admission à la retraite dans le service sédentaire. Chaque année en voit mourir un grand nombre, frappés avant l'âge, sans laisser aucun droit assuré à leurs veuves et à leurs enfants mineurs. Chaque année en voit également un grand nombre forcés, par l'affaiblissement prématuré de leurs forces physiques, d'attendre quelquefois pendant plusieurs années, avec un traitement d'inactivité, le moment tardif où ils pourront faire valoir leurs droits à une modeste pension. La commission ministérielle de 1873 n'avait pas voulu séparer la cause des professeurs de l'enseignement secondaire et de l'enseignement supérieur de celle des instituteurs primaires. Elle avait réclamé pour les uns et pour les autres les mêmes avantages, les mêmes garanties. Les pouvoirs publics institués par la constitution du 25 février et qui ont déjà si hautement manifesté leur zèle pour les besoins de l'enseignement, n'en jugeront pas autrement.

Historique de la question.

Les pensions de retraite, pour les fonctionnaires de l'enseignement, ont été instituées par la loi du 11 floréal an X (1er mai 1802).

Cette loi porte :

1° Qu'il sera établi, sur les traitements des professeurs des lycées, une retenue qui n'excédera pas le vingtième de ces traitements;

2° Que le droit à la retraite sera acquis après *vingt ans* de services, sans condition d'âge.

Cette première loi fut modifiée par le décret du 17 mars 1808, qui exigea *trente ans* de services, au lieu de *vingt.*

Elle fut complétée par le décret du 18 octobre 1810, qui, sauf quelques modifications de détail, a régi la matière jusqu'à la loi du 9 juin 1853.

Voici les principales dispositions de ce décret :

I. Le titre d'*émérite* est acquis aux membres de l'Université après trente ans de services non interrompus. Il donne droit à la pension de retraite.

II. La pension est égale aux *trois quarts* du traitement fixe dont aura joui le fonctionnaire pendant les trois dernières années de son exercice.

Elle s'accroît d'un *vingtième* du traitement fixe pour chaque année de service au delà de trente ans.

Elle n'augmente plus passé le terme de trente-cinq ans, car elle devient alors égale au traitement fixe.

III. Tout membre de l'Université âgé de plus de soixante ans ou attaqué de quelque infirmité dans l'exercice de ses fonctions peut obtenir une pension de retraite avant l'époque fixée pour l'éméritat.

Lorsque le motif de la retraite a été jugé légitime par le Conseil de l'Université, la pension est réglée sur les bases suivantes :

De *dix* à *quinze* ans de services, un *quart* du traitement fixe;

De *quinze* à *vingt* ans de services, *trois huitièmes* du traitement fixe;

De *vingt* à *vingt-cinq* ans de services, une *moitié* du traitement fixe;

De *vingt-cinq* à *trente* ans de services, *cinq huitièmes* du traitement fixe.

Dans tous les cas, le minimum de la pension est fixé à *cinq cents francs*.

L'ordonnance royale du 19 avril 1820 modifia sur deux points seulement les règles établies par le décret de 1810.

Elle fixa aux *trois cinquièmes*, au lieu des *trois quarts* du traitement des trois dernières années, la pension de l'éméritat, et, par suite, à trente-huit ans de services au lieu de trente-cinq, le terme après lequel la pension atteignait le chiffre du traitement moyen.

Elle réduisit aux deux, trois, quatre et cinq dixièmes du traitement moyen, suivant les catégories établies par le décret de 1810, les pensions accordées à titre exceptionnel, pour cause de vieillesse ou d'infirmités.

Un peu moins libérale que les décrets antérieurs, l'ordonnance de 1820 l'était cependant beaucoup plus que la loi actuelle; mais elle ne l'était pas au détriment du Trésor. Elle a pu subsister pendant plus de trente ans sans exiger, pour la caisse spéciale des retraites universitaires, une subvention exceptionnelle [1].

Nulle raison financière n'appelait donc la suppres-

1. La subvention, lors de la suppression de cette caisse, n'était que de 750 000 francs, sur plus de 14 millions pour l'ensemble des caisses de retraite. L'écart entre les produits des fonds de retenue et les pensions à servir est aujourd'hui, pour les seules pensions civiles, de plus de 24 millions.

sion de cette caisse et l'abrogation de la législation qui la régissait. Le législateur de 1853 obéit à une seule préoccupation : celle d'introduire l'uniformité dans les conditions d'admission à la retraite et dans le règlement des pensions pour les diverses catégories de fonctionnaires.

D'après la loi du 9 juin 1853, toutes les fonctions publiques sont partagées arbitrairement en deux classes : les *fonctions* dites *sédentaires*, parmi lesquelles sont rangées celles de l'enseignement, et les *fonctions actives*.

Les premières donnent droit à la retraite après *soixante* ans d'âge et *trente* ans de services ; les secondes, après *cinquante-cinq* ans d'âge et *vingt-cinq* ans de services. En cas d'infirmités, les fonctionnaires du service sédentaire ne peuvent obtenir leur retraite qu'après *cinquante* ans d'âge et *vingt* ans de services ; ceux du service actif, qu'après *quarante-cinq* ans d'âge et *quinze* ans de services. Dans l'une et dans l'autre classes la pension est réglée sur le traitement moyen des *six* dernières années. Elle se compose, pour les fonctions sédentaires, d'autant de soixantièmes ; pour les fonctions actives, d'autant de cinquantièmes qu'il y a d'années de services. L'arithmétique est satisfaite par ce système ; mais elle ne l'est qu'aux dépens de l'équité ou de la véritable égalité. L'âge naturel de la retraite n'est pas le même pour toutes les fonctions qualifiées légalement soit de sédentaires, soit d'actives. Dans les conditions ordinaires, un magistrat de soixante ans peut fournir encore, sans user ses forces et sans briser sa vie, une longue et utile carrière, et il se plaint, non sans raison, de n'avoir plus devant lui, d'après une loi qui n'a pas cessé de soulever de vives protestations, qu'un avenir de dix ans. Un instituteur ou un professeur sent en général dès cinquante ans, et souvent même beaucoup plus tôt, les atteintes de la vieillesse ; ses forces le trahiront presque toujours avant la limite fatale de soixante ans.

Les résultats de la loi de 1853 démontrent, avec la dernière évidence, combien cette loi a été inique à l'égard des membres de l'enseignement. Elle a augmenté leurs charges, puisqu'elle a reculé jusqu'à l'âge de soixante ans le temps pendant lequel ils subissent la retenue en vue de la retraite. Elle a diminué leurs avantages de trois façons : 1° en privant de toute pension de retraite ceux qui n'atteignent pas l'âge de soixante ans, ou, en cas d'infirmités, celui de cinquante ; 2° en faisant subir à toutes les pensions une réduction d'un sixième ; 3° en prenant pour base de la pension le traitement moyen, non plus des *trois*, mais des *six* dernières années. Or, comme elle a augmenté d'un autre côté, dans une proportion considérable, les charges du Trésor pour l'ensemble des retraites de tout ordre, il n'est pas douteux que les fonctionnaires de l'Université ne soient traités plus défavorablement, dans la répartition de ces charges, que les autres catégories de fonctionnaires avec lesquels ils sont confondus sous la rubrique arbitraire de fonctionnaires sédentaires.

Un tel état de choses, si contraire à l'équité, a soulevé, dès l'origine, les réclamations des membres de l'Université. Ce n'est toutefois qu'en 1871 qu'un ministre libéral, M. Jules Simon, a essayé d'y porter remède par un premier projet de loi, applicable aux seuls instituteurs, qu'il faisait passer du service sédentaire dans le service actif. En 1873, le même ministre, comprenant que les autres membres du corps enseignant avaient les mêmes droits que les instituteurs, réunit une Commission à laquelle il soumit la révision générale de la loi des retraites, en ce qui concerne les fonctionnaires de l'instruction publique. Cette Commission était composée du Ministre, *président* ; de MM. Jourdain, inspecteur général de l'enseignement supérieur, *vice-président* ; Wallon et Beaussire, députés ; du Mesnil, directeur de l'enseignement supérieur ; Mourier, directeur de l'enseignement secondaire ; Gréard, directeur de l'enseignement primaire ; Bouin, chef de la division de comptabilité au ministère de l'instruction publique ; Ourry, délégué du Ministre des finances, et de Serravalle, chef du bureau des pensions à l'instruction publique, *secrétaires*. Elle ne tint qu'une seule séance, dans laquelle elle adopta, à l'unanimité, la proposition actuellement soumise à la Chambre des députés.

Au début de cette séance unique, M. Jules Simon avait exposé, avec une éloquence irrésistible, les raisons d'humanité et de justice qui militent en faveur du premier article de cette proposition :

« Parmi les vœux exprimés par les membres de tout ordre de l'enseignement public, avait-il dit, au sujet des modifications à introduire dans la loi de 1853 sur les pensions de retraite, il en est un qui se reproduit dans chacune des pétitions : c'est celui qui consiste à voir assimiler les fonctions de l'enseignement aux emplois du service actif [1]. Cette assimilation, qui a pour effet le droit à la pension acquis par *vingt-cinq* ans de services et *cinquante-cinq* ans d'âge, serait une mesure de justice et d'humanité tout à la fois.

« Il n'est pas d'état, en effet, où le fonctionnaire use plus rapidement ses forces physiques et morales que celui de professeur. L'expérience fait reconnaître qu'après vingt-cinq ans de services le maître ne peut plus utilement exercer. La statistique démontre qu'un QUART des fonctionnaires à peine atteignent l'âge de la retraite ; les autres, dans des proportions diverses, ou attendent, en congé de disponibilité, soit le temps de service soit l'âge réglementaire, ou font prématurément liquider leur pension pour cause d'infirmités, ou meurent avant d'avoir acquis aucun droit. Quant aux premiers, à qui leur santé permet d'atteindre le temps voulu, ils n'en sont pas moins, sous d'autres rapports, soumis aux influences de l'âge : leur mémoire s'altère, leur zèle s'émousse ; ils n'ont plus l'ardeur ni la force nécessaires pour acquérir des connaissances nouvelles, et leur enseignement, s'il ne s'affaiblit pas, demeure du moins stationnaire, au grand détriment du progrès des études. Une autre considération milite en faveur de la disposition projetée. Parmi les fonctionnaires qui meurent avant d'avoir été admis à la retraite, ceux-là seuls qui comptent trente ans accomplis d'exercice transmettent à leur veuve un droit à réversion. Il est donc désirable, à tous les points de vue, que l'assimilation dont il s'agit soit prononcée, non seulement en faveur des instituteurs primaires dont les fonctions semblent être les plus pénibles, mais au profit des membres des autres enseignements dont les fatigues ne sont pas moindres. »

Cette première réforme en appelait une autre, dans le double intérêt des fonctionnaires et du Trésor. On pouvait craindre qu'une administration mal inspirée n'abusât des facilités de la loi nouvelle pour mettre à la retraite

1. Cette assimilation avait été proposée dès la présentation de la loi de 1853, par un amendement de M. Brohier de Littinières

des fonctionnaires encore valides. M. Wallon proposa et la Commission adopta à l'unanimité certaines garanties pour prévenir cet abus. Ces garanties consistent dans l'avis obligatoire du comité consultatif de l'instruction publique. Elles forment l'article 2 de la proposition.

L'article 3, proposé à la Commission par MM. Wallon et Mourier, fut également adopté à l'unanimité. Il a pour objet de faire compter dans les services effectifs le temps d'études passé dans les écoles normales, comme cela a lieu, au profit d'autres fonctionnaires, pour le temps d'études de l'Ecole polytechnique et des écoles militaires.

Tels sont les trois points en faveur desquels s'est prononcée, sur l'initiative éclairée et généreuse d'un membre éminent du gouvernement, une Commission particulièrement compétente. Leur adoption par les pouvoirs publics n'aurait pas pour effet de concéder à l'Université des avantages nouveaux, mais de lui restituer en partie ceux qu'elle a perdus. Ce serait un retour non à la faveur, mais à la justice ; car la loi de 1853, en ne tenant pas compte du caractère exceptionnel des services universitaires, a violé, au préjudice du corps si méritant de l'enseignement public, toutes les règles de la justice distributive.

Documents justificatifs.

Sur 149 pensions de retraite portées au *Bulletin des lois de* 1874, pour services rendus dans l'ordre judiciaire, 37 seulement, soit un peu moins de 25 pour 100, sont concédées pour cause d'infirmités ; sur 1123 pensions portées au même Bulletin pour services dans l'instruction publique, les causes d'infirmités comptent pour 427, soit plus de 38 pour 100. Ces chiffres se décomposent ainsi :

Instruction primaire........	Total des pensions...	955
	Infirmités...........	355
	Chiffre proportionnel.	37 0/0
Autres services universitaires.	Total des pensions...	168
	Infirmités........ ...	72
	Chiffre proportionnel.	42 0/0

On voit par ces chiffres combien la loi de 1853 a été peu équitable en imposant à l'instruction publique et à la magistrature les mêmes conditions d'âge et de services pour la retraite, alors que, dans la première, les infirmités contractées avant le terme légal s'élèvent aux deux cinquièmes, tandis que, dans la seconde, elles ne comptent que pour un quart. On voit également que, parmi les diverses fonctions de l'instruction publique, les plus meurtrières ne sont pas celles de l'instruction primaire.

Si l'on compare, d'un autre côté, l'âge moyen de la retraite dans l'instruction publique et dans la magistrature, on trouve pour la première soixante-trois ans et pour la seconde soixante-neuf. Or, pour la plupart des magistrats, la retraite est forcée à soixante-dix ans, ce qui diminue nécessairement le chiffre de l'âge moyen. Dans l'instruction publique, au contraire, il n'y a pas de limite d'âge obligatoire, et certaines retraites ont pu être reculées au delà de quatre-vingts ans. Si, malgré ces causes en sens inverse, l'âge moyen de la retraite, dans la magistrature, se tient très près du *maximum* fixé par la loi (69, 70), et si, dans l'instruction publique, l'âge moyen ne s'élève pas beaucoup au-dessus du *minimum* légal des retraites ordinaires (60, 63), n'est-ce pas une preuve nouvelle et frappante de la différence des deux ordres de fonctions quant à l'épuisement des forces?

L'instruction publique rentre évidemment dans ces fonctions actives auxquelles la loi de 1853 a voulu faire des conditions moins défavorables pour la retraite. Jusqu'à quel point le Trésor public serait-il affecté par cette réforme si légitime et si nécessaire? Les chiffres officiels permettent de répondre approximativement à cette question.

L'instruction publique entrant pour un peu plus d'un sixième dans le chiffre annuel des pensions de retraite inscrites au Trésor (715 000 fr. sur 4 200 000 fr. en 1875), c'est forcer les chiffres que de leur attribuer le cinquième du total des pensions civiles. Ce total étant, en nombre rond, environ 40 millions, donnerait donc au plus 8 millions pour l'instruction publique.

La réforme proposée élèverait ce chiffre d'un cinquième et le porterait à 9 600 000 fr.

Il serait également augmenté, dans une certaine proportion, par suite de l'abaissement de la limite d'âge et de services.

Toutefois cette dernière augmentation ne serait pas

très considérable, parce que le chiffre des retraites pour cause d'infirmités se trouverait, par le fait même, sensiblement diminué. Elle ne doit pas être évaluée à plus de 400 000 francs, ce qui porterait le total des pensions de l'Instruction publique à dix millions, soit, en tout, un accroissement de deux millions.

Cette double augmentation serait d'ailleurs purement nominale pour l'instruction primaire ; car elle viendrait en déduction d'une partie des subventions destinées à porter le chiffre des pensions, soit à 360, soit à 500 francs. Ces subventions sont inscrites au budget pour 1 071 504 francs. L'augmentation des pensions permettrait également de diminuer le chiffre des secours accordés aux fonctionnaires sans emploi, aux anciens fonctionnaires ou à leurs veuves, soit pour compléter une pension insuffisante, soit pour tenir lieu d'une pension à laquelle, par suite de la rigueur de la loi, ils n'ont aucun droit. Ces secours sont portés au budget pour une somme de 934 110 francs; mais ce chiffre est inférieur à la réalité, car il ne tient pas compte des indemnités payées sur les fonds des lycées. Les sommes payées à titres divers par l'Etat, pour suppléer à l'insuffisance ou à l'absence des pensions de retraite, ne s'élèvent pas à moins de deux millions ; avec une loi plus équitable, elles pourraient être réduites à un million et l'augmentation totale ne serait plus elle-même que d'un million.

Mais cette augmentation ne viendrait pas tout de suite et en bloc charger nos budgets. Les lois sur les retraites n'ont pas d'effet rétroactif. Il faudrait une période de vingt-cinq ans pour que la loi produisît tous ses effets. On peut donc évaluer à un vingt-cinquième l'augmentation annuelle, qui se réduirait ainsi à la somme insignifiante de 40 000 francs.

Un accroissement progressif de quarante mille francs par année, un accroissement total d'un million au bout de vingt-cinq ans, voilà à quoi se réduit la charge imposée au Trésor par une réforme que réclament les plus graves et les plus touchants intérêts. Une réforme aussi modeste ne saurait effrayer les financiers les plus soucieux de l'équilibre de nos budgets[1].

1. Cette réforme a été consacrée, pour l'enseignement primaire, par la loi du 17 août 1876. Les charges nouvelles qu'elle

Dispositif.

Art. 1er. — Les membres de l'enseignement sont compris dans la catégorie des fonctionnaires du service actif. Leur pension de retraite est réglée conformément aux dispositions relatives aux emplois de ce service. Ils seront ajoutés au tableau no 2 annexé à la loi du 29 juin 1853.

Art. 2. — Les fonctionnaires de l'enseignement secondaire et de l'enseignement supérieur ne pourront être admis à la retraite que sur leur demande ou sur l'avis conforme du Comité consultatif de l'instruction publique. Dans ce dernier cas, l'avis sera visé dans l'acte qui prononcera l'admission du fonctionnaire à la retraite.

Art. 3. — Les années que les fonctionnaires de l'enseignement public auront passées, à partir de l'âge de vingt ans, en qualité d'élèves à l'Ecole normale supérieure, à l'Ecole normale de Cluny et dans les écoles normales primaires, seront comprises dans le compte de leurs années de services lors de la liquidation de leur pension de retraite.

7 avril 1876.

ferait peser sur nos budgets, si elle était étendue aux deux autres degrés d'enseignement, doivent donc être diminuées d'autant, c'est-à-dire au moins de moitié.

FIN

TABLE DES MATIÈRES

Coulommiers. — Typ. Paul BRODARD et Cie.

www.ingramcontent.com/pod-product-compliance
Ingram Content Group UK Ltd.
Pitfield, Milton Keynes, MK11 3LW, UK
UKHW012009240726
13965UKWH00001B/248